权威·前沿·原创

皮书系列为
"十二五""十三五"国家重点图书出版规划项目

BLUE BOOK

智库成果出版与传播平台

广州教育蓝皮书

BLUE BOOK OF
GUANGZHOU EDUCATION

广州教育发展报告
（2019~2020）

ANNUAL REPORT ON EDUCATION OF GUANGZHOU
(2019-2020)

广州市教育研究院 / 编
主　编 / 方晓波　查吉德
执行主编 / 杜新秀　刘　霞　李柯柯

社会科学文献出版社
SOCIAL SCIENCES ACADEMIC PRESS (CHINA)

图书在版编目(CIP)数据

广州教育发展报告.2019-2020/方晓波,查吉德主编.--北京:社会科学文献出版社,2020.11
(广州教育蓝皮书)
ISBN 978-7-5201-6590-7

Ⅰ.①广… Ⅱ.①方…②查… Ⅲ.①教育事业-研究报告-广州-2019 Ⅳ.①G527.651

中国版本图书馆CIP数据核字(2020)第069104号

广州教育蓝皮书
广州教育发展报告(2019~2020)

主　　编 / 方晓波　查吉德
执行主编 / 杜新秀　刘　霞　李柯柯

出 版 人 / 王利民
责任编辑 / 陈晴钰

出　　版 / 社会科学文献出版社·皮书出版分社 (010)59367127
　　　　　 地址:北京市北三环中路甲29号院华龙大厦　邮编:100029
　　　　　 网址:www.ssap.com.cn
发　　行 / 市场营销中心 (010)59367081　59367083
印　　装 / 天津千鹤文化传播有限公司

规　　格 / 开　本:787mm×1092mm　1/16
　　　　　 印　张:21.75　字　数:324千字
版　　次 / 2020年11月第1版　2020年11月第1次印刷
书　　号 / ISBN 978-7-5201-6590-7
定　　价 / 128.00元

本书如有印装质量问题,请与读者服务中心(010-59367028)联系

版权所有 翻印必究

广州教育蓝皮书编委会

主　　编　方晓波　查吉德

执行主编　杜新秀　刘　霞　李柯柯

编委成员　陈发军　郭海清　李小娃　李　媛　史丽晶

主要编撰者简介

方晓波 法学博士，现任广州市教育研究院党委书记、院长。长期从事基础教育教学研究工作，曾任湖北省教研室常务副主任。2017年，作为广州市基础教育高层次人才引进到广州工作。承担基础教育课程与教学研究项目多项，主编经审定通过的国家课程教材4套，公开发表《道德情感教育》等学术论文40余篇（核心期刊发表15篇），编著《思想品德教育理论与实践》《哲学与生活》等专业著作10部。在实验研究基础上，提出了"培育道德情感，提升道德情商"的教育理念，主持的德育课程教学实践成果获得2014年首届基础教育国家级教学成果奖。在人民出版社出版反映个人学术思想的专著《道德情感教育研究》。

查吉德 研究员，北京师范大学教育学博士，广州市教育研究院副院长，广州市教育政策研究专业委员会理事长，主要从事职业教育、教育政策和高等教育研究。主持承担国家、省部级等各级各类课题30多项，主持承担十余项政府委托的教育政策研制项目。在《现代大学教育》《江苏高教》《外国教育研究》等中文核心期刊或CSSCI来源期刊发表论文80多篇，其中有9篇论文被人大复印报刊资料全文转载，独著和合作出版著作8部，主笔完成各类政策咨询报告及政策文本草案30余份。获国家级教学成果二等奖一项（合作），广东省教学成果一等奖一项（合作）、二等奖一项（合作），广州市教学成果特等奖一项（合作），广州市哲学社会科学优秀成果二等奖一项（独立）。

摘 要

《广州教育发展报告（2019~2020）》通过理论和实践研究，以年度报告的形式总结了广州市各级各类教育在2018~2019年迈向高质量发展过程中取得的成就、经验及面临的挑战，分析了广州市各级各类教育高质量发展的现状及存在的问题，并提出相应的对策和建议。全书分为总报告、各级各类教育高质量发展篇、调查篇和区域实践篇。总报告分析了2018年广州教育高质量发展的新进展和新举措，展望了2019年广州教育高质量发展面临的新形势和新挑战。各级各类教育高质量发展篇，从义务教育财政保障条件、基础教育集团化办学、智慧教育等角度阐述了广州教育高质量发展的典型形态。调查篇，在幼儿园教育经费支出的园际差异、普通高中教育资源配置、公办中小学临聘教师、中小学校内课后430实践课程等方面开展实证调查研究，深入把握现状、分析存在的问题并提出有针对性的对策与建议。区域实践篇，多角度呈现了广州市各区域在促进教育高质量发展方面的探索与研究，包括构建区域0~3岁婴幼儿科学养育指导服务体系、提升区域普惠性幼儿园保教质量、构建区域学前教育公共服务体系、培养小学生阅读力、教研创新推动区域义务教育高质量发展、区域推进高中学生发展指导工作、提升民办中小学教学质量、探索教育智库与区域合作模式、探索"人工智能+智慧教育"、开展初中学位供给侧结构性改革等。

关键词： 广州教育 高质量发展 区域教育

目　录

Ⅰ 总报告

B.1 2018年广州教育高质量发展形势分析与2019年展望
　　　　　　　　　　　　　　　　　　　　　査吉德　李　媛 / 001
　　一　2018年广州市教育发展概况 ………………………………… / 002
　　二　2018年广州市教育发展创新性举措 ………………………… / 004
　　三　2019年广州市教育发展面临的新形势和新挑战 …………… / 010
　　四　2019年广州教育展望 ………………………………………… / 013

Ⅱ 各级各类教育高质量发展篇

B.2 2018年广州市义务教育财政保障条件发展报告 ………… 张海水 / 017
B.3 2019年广州基础教育集团化办学发展报告 ……………… 李柯柯 / 028
B.4 2019年广州智慧教育发展报告 ……………… 李赞坚　简铭儿 / 047

Ⅲ 调查篇

B.5 2018年广州幼儿园教育经费支出园际差异的调查报告
　　　　　　　　　　　　　　　　　　　　　　　　　　刘　霞 / 064
B.6 2016~2018年广州市普通高中教育资源配置调查报告
　　　　　　　　　　　　　　　　　　　　　　　　　　杜新秀 / 089

B.7　2019年广州市公办中小学临聘教师调查报告………… 杨　静 / 112

B.8　2019年广州市中小学校内课后430实践课程调查报告…… 郑家裕 / 133

Ⅳ　区域实践篇

B.9　构建区域0～3岁婴幼儿科学养育指导服务体系的实践研究报告
　　——以广州市天河区为例………………… 田美萍　关瑞珊 / 146

B.10　2015～2018年荔湾区提升区域普惠性幼儿园保教质量研究
　　……………………………………………………… 周　玮 / 159

B.11　构建区域学前教育公共服务体系的实践研究报告
　　………………………………… 李　珈　曾伟杰　蒋轶菁 / 177

B.12　2018年广州市海珠区小学生阅读力培养的实践研究报告
　　………………………………… 陈海燕　谢李文　林玉莹 / 203

B.13　教研创新推动区域义务教育高质量发展研究报告 …… 吴幸萍 / 221

B.14　区域推进高中学生发展指导工作的实践研究报告
　　………………………………………… 黎耀威　李进成 / 234

B.15　广州市花都区民办中小学教学质量提升研究报告 …… 骆艳红 / 251

B.16　教育智库与区域合作模式研究报告
　　——以荔湾教育院区合作为例 ………………… 徐启贵 / 266

B.17　2019年南沙区"人工智能+智慧教育"发展报告
　　………………………………… 杨子莹　吴伟超　汤　普 / 279

B.18　2015～2018年黄埔区初中学位供给侧结构性改革研究报告
　　………………………………… 许　逊　周南旋　焦非非 / 295

Abstract ……………………………………………………………… / 315
Contents ……………………………………………………………… / 317

总报告

General Report

B.1
2018年广州教育高质量发展形势分析与2019年展望

查吉德 李 媛[*]

摘 要： 2018年，广州市以教育供给侧结构性改革为主线，加快推进教育高质量发展，全面提升各级各类教育质量。学前教育普及普惠水平不断提升；义务教育均衡发展成果持续巩固；普通高中教育质量显著提高；职业与终身教育体系更加完善；高水平大学建设取得新突破。为更好地迎接粤港澳大湾区新战略、城市功能新定位、经济社会发展新要求及人民对教育新需求所带来的机遇和挑战，广州教育必须以新发展理念为导向，坚持创新驱动发展；扩大优质资源供给；深化育人方式

---

[*] 查吉德，教育学博士，广州市教育研究院副院长、研究员，主要研究方向为职业教育理论、教育政策和高等教育研究；李媛，教育学博士，广州市教育研究院助理研究员，主要研究方向为教育史、职业教育研究。

改革；完善服务型教育体系建设；全面提升教育国际化水平。

关键词： 高质量发展　供给侧结构性改革　广州

一　2018年广州市教育发展概况

2018年，在市委、市政府领导下，广州教育系统紧紧围绕打造"世界前列、全国一流、广州特色、示范引领"的现代化教育发展目标，深入实施教育事业发展"十三五"规划的主要任务，持续加快区域教育现代化建设步伐，加快推进教育高质量发展，致力于办好人民满意的教育，全市各级各类教育得到协调发展和高水平高质量普及。

（一）基础教育发展概况

1. 学前教育普及普惠水平不断提升

2018年全市共有幼儿园1821所，比上年增加23所，增长1.28%；在园幼儿数49.81万人，比上年增加1.46万人，增长3.02%。规范化幼儿园1681所，占全市幼儿园总数的92.3%。普惠性幼儿园1419所，占全市幼儿园总数的77.9%，其中公办幼儿园（含教育部门、机关、国有企业、事业单位、集体和部队办园）551所、民办普惠性幼儿园868所。特殊儿童随班就读幼儿园122所。各区园长学历达标率均为100%，教职工学历达标率高达99%以上。

2. 义务教育均衡发展成果持续巩固

2018年全市共有小学965所，其中，民办学校148所，其他办学机构817所。其中标准化小学（公办+民办）910所，在全市小学覆盖率为94.3%。全市公办标准化初中207所，全市公办初中覆盖率为96.72%。2018年小学生师比为18.52∶1，初中生师比为12.09∶1，在学生规模不断扩大的情况下，此项指标与上一年的18.31∶1、12.00∶1相比波动幅度不大。2018年全市小学专任教师学历达标率为99.99%，专科及以上学历覆盖率为99.22%，较上一年增长0.33个百分点；本科及以上学历占全市专任教师总数的74.34%，较上一年增长3.6个百分点。初中专任教师学历达标率为99.99%，本科及以上学历占全市专任教师总数的92.69%，较上一年增长0.92个百分点。

3. 普通高中教育质量显著提高

2018年全市共有普通高中118所，其中国家级示范性普通高中43所，在校生9.11万人，全市普高在校生占比55.61%；市级示范性普通高中20所，在校生2.39万人，全市普高在校生占比14.59%。专任教师学历达标率为99.76%，较上一年增长0.01个百分点。在2018年高考中，高分优先投档线上线率同比增长2.84%，本科上线率达69.56%，较2017年提高2.06个百分点。

（二）职业与终身教育发展概况

2018年全市共有中等职业教育学校50所，在校生8.99万人，累计建成国家级重点专业2个，省级重点专业66个，市级重点专业69个，市级示范专业19个。2018年全市中职学校毕业生一次性就业率为98%，专业对口就业率为80%。在2018年全国职业院校技能大赛中共获奖项38个（占全省38%），其中一等奖14个（占全省54%），两项指标均位居全国前列、全省第一。2018年全市共有老年大学56所、老年学校83所、老年教学点244个。依托"广州终身学习"手机App和PC端建成网上老年课堂，上线课程11大类、1000多门，着力打造老年教育广州模式。

（三）高水平大学建设概况

2018年广州市属普通高校9所，在校生98516人。广州大学和广州医科大学两所本科高校新增6个博士学位授权点和12个硕士学位授权点，共有7个学科纳入省高等教育"冲一流、补短板、强特色"提升计划重点学科建设，广州大学工程学科首次进入ESI全球排名前1%行列。在2018年度国家自然科学基金集中评审项目中，广州大学和广州医科大学立项数分别为

136项和154项，在全国排名分别为73名和57名，比上一年分别提升55位次和12位次。广州医科大学临床医学ESI全球排名比2017年同期提升49位。专利申请和授权量快速增长，2018年广州大学授权专利281项，同比增长59%，成果转化合同经费近千万元。

二 2018年广州市教育发展创新性举措

2018年，广州市教育始终坚持"为了每一位学生的全面发展和终身幸福"核心理念，聚焦提高质量、促进公平两大主题，以供给侧结构性改革为主线，不断深化教育综合改革，全面落实立德树人的根本任务，提升公共教育服务水平与能力，优化教育结构和整体布局，着力推动教育重点领域和关键环节的改革突破，全面提升教育质量水平和服务经济社会发展能力，加快推进教育的高质量发展。

（一）实施新时代立德树人工程，全面提升学生综合素质

启动新时代广州学校德育效能提升计划。在政府主导、部门协同下，汇集社会资源开展"书记思政第一课""中国梦延安情"中小学生书画比赛、中小学生书信节、"中医药文化"等系列活动，继续推广运用"羊城时政学堂"节目开展中小学时政教育。加强34个省、市级名班主任工作室建设指导和考评，制定家庭教育指导文件，完善学校家庭教育工作指导意见和评价标准，构建市、区、校三级心理危机干预体系。积极推进生态环境保护、知识产权、垃圾分类教育。

全面提升学生体质体能。完善体质健康管理机制，将学生体质健康水平纳入政府履行教育职责考核，开展全市42万名学生体质健康标准统一测试工作，整合学生体质数据与健康体检结果并进行健康管理。综合开展学生近视防控工作。2018年初，广州市启动全市中小学校教室照明设备改造工作，市级财政投入3.1亿元对1420所学校的60995间普通教室、功能教室、其他场室进行深化改造，此项工作经验得到了教育部肯定并向全国推广。全面

普及大课间体育活动，保证学生每天一小时体育锻炼时间。推动校园足球发展，基本建立小学、初中、高中上下贯通，学校与社会交互融合的校园足球竞赛体系，组织全市1300支球队举行第四届中小学生足球联赛，成为全国青少年校园足球综合改革试验区。扎实推进学校卫生与健康工作，加强卫生健康队伍建设，全市公办学校校医配备率上升到58%。

深入推进素质教育。全面提高学生科技素养，围绕"扩大普及面、提升显示度"目标，重点瞄准高、精、尖及前沿领域开展科普教育，组织STEM与创客教育专项活动。实施提升中小学生阅读素养行动，启动110所智慧阅读试点校建设。建设与完善现代学校美育体系，探索推进中小学生艺术素质测评，逐步完善课堂教学、艺术活动及校园文化"三位一体"的工作机制，培育新一批粤剧重点基地学校和民乐基地学校，促进学校美育工作规范化、制度化、常态化发展。全面提升学生法治素养，将法治宣传教育融入课堂教学、日常管理、社会实践。

（二）理顺管理体制和投入机制，推动学前教育公益普惠发展

贯彻落实学前教育三年行动计划。在管理体制上，完善市政府统筹、以区为主的学前教育管理体制，采取"一区一策"、新改扩建、试点办微小型幼儿园等方式，扩大学位供给，提供学位56.45万个，较上年增加3.89万个。在财政投入上，加大经费支持力度，提升普惠性幼儿园生均公用经费，同比每生提高100元。分类提高普惠性幼儿园生均定额补助标准，50%可用于公办幼儿园非在编教职工和普惠性民办幼儿园教职工工资补助，拓宽了生均定额补助的使用范围。启动公办幼儿园保教费定价机制改革试点工作，以荔湾区、海珠区、天河区、番禺区为试点区，改变原有的根据幼儿园不同等级确定保教费的定价机制，根据均衡普惠和成本分担原则确定公办园保教费标准。

（三）推进集团化、学区化办学，推动义务教育优质均衡发展

以"章程治理、内涵共生、文化引领"为纲领，继续推进集团化、学区化办学。为推动集团化办学的科学发展，积极开展集团化办学专题研讨和

培训。2018年,新增3个市属教育集团,目前全市共组建36个教育集团(含7个市属教育集团),82个学区。市级层面,由市教育局牵头成立市属教育集团,包括广雅教育集团、执信中学教育集团、广州二中教育集团、广州实验教育集团、广州六中教育集团、广大附中教育集团、广铁一中教育集团,每个外围城区均有1所市属优质学校,确保市属优质教育资源在全市11个区全覆盖。区级层面,各区通过教育联盟、委托管理、对口帮扶等形式自主探索,推进并扩大优质资源供给。如越秀区打破学段割裂现状,探索纵向"立体学区"管理模式;天河区在原组团发展、中小衔接和委托管理模式基础上探索建立新教育共同体;等等。

(四)改革高中育人方式,推动高中教育多样特色发展

继续推进示范性高中建设,新认定广州市级示范高中10所,创建广东省国家级示范性高中2所,目前全市已有示范性高中63所,新增示范性高中学位7800个。深入推进新高考改革,改进高中育人方式,以增强选择性、为学生提供适合的教育为导向,着力推动高中教学组织方式变革,开展普通高中拔尖创新人才培养,探索走班制、导师制等教学改革实践。紧扣学生发展核心素养和学科核心素养的育人目标,进一步推动普通高中特色课程建设,如广州外国语学校的"博雅课程"体系,增城区高级中学开设中医药校本课程,番禺实验中学推进"梦想之桥"生涯规划课程建设等,目前市级示范普通高中课程平均超过50门。继续推进中小学质量阳光评价,以评促改,进一步提升高中办学水平和教育质量。

(五)优化专业结构与教学模式,促进职业教育内涵发展

职业教育着力优化专业结构,推进学科专业布局,根据广州市IAB新兴产业发展计划,构建人才培养体系、完善协同育人机制,提高IAB人才的培养质量。积极开展或参与各类教育教学评审工作,加大人才培养力度,加强专业教学团队建设,推动专业品牌建设和整体课程改革。其中,16个中职专业被评为中等职业教育"双精准"示范专业;21门市级立项精品课程通过认定评审。中职学校工学结合课程改革广州模式成为全国职业教育教学改革的成功范例，市级示范专业、示范教产对接项目、精品课程认定工作为全国提供经验。大力开展推进"三二分段"、五年一贯制中高职衔接、高职与本科协同育人等人才培养模式改革试点。目前，广州市属7所高职与42所中职学校已经在84个专业点开展改革试点。深入推进产教融合改革，组建15个市级专业指导委员会和6个职教集团，各类企业在全市中职学校设立培训中心（基地）达95个，校企联合共建特色专业学院22个，开设"订单培养班"178个，年均订单培养学生近1万名。

（六）推进高水平大学和一流高职院校建设，着力提升办学水平

积极推进广州大学和广州医科大学高水平大学建设，加强基础设施保障能力和高层次人才引进力度。2018年广州大学共引进包括院士等领军人才8人，其他各类人才近90人；广州医科大学共引进高层次人才101人。对接城市发展需求，优化学科专业。2018年广州大学本科招生专业由95个调整为63个，实现理工科本科招生专业数及人数均超过50%；理工科研究生招生人数超过50%；新增4个学术型博士授权点和1个教育专业博士授权点，5个学术型一级硕士点和4个专业硕士点。广州医科大学新增中西医临床学院，启动国家级在线开放课程培育项目建设；新增基础医学博士一级学科授权点、药学以及生物医学工程硕士一级学科授权点、护理学硕士专业学位授权点。积极支持广州番禺职业技术学院、广州铁路职业技术学院建设成为广东省一流高职院校。推进高水平教师队伍建设，开展现代学徒制试点项目，制定学分制改革实施方案、广东省轨道交通协同育人中心实施方案并推进相关改革工作。

（七）加强境外交流与合作，提升教育国际竞争力

贯彻落实扩大开放政策，深入推进境外教育交流与合作。目前，广州市中小学已与美国、英国、加拿大等国缔结了33对姊妹学校或签署了交流合作备忘录。广州市高校已与世界上30多个国家或地区的100多所大学和科

研院所开展了"2+2""3+1+1""3.5+2""3+2.5"等多种形式的联合培养项目。以粤港澳大湾区建设为契机,积极推动港澳高校来穗合作办学。广州大学与香港科技大学已在香港正式签署合作办学意向书,华南理工大学广州国际校区建设已正式启动。主动对接"一带一路"建设,广州铁路职业技术学院与白俄罗斯国立交通大学共建"亚欧高铁合作学院",组建华南"一带一路"轨道交通产教融合联盟。广州市旅游商务职业学校与葡萄牙国家旅游局正式签订合作协议,成立葡萄牙工作站,中华茶艺工作室和中餐烹饪工作室将在葡萄牙国家旅游局下属职业学院挂牌。广州城市职业学院与马来西亚城市大学签订中马双学历国际合作办学项目的协议书,将在广告设计与制作、视觉传播与制作、网络新闻与传播等6个专业上推进合作办学。

(八)强化教育人才队伍建设,打造高素质专业化教师队伍

深入推进师德师风建设,规范师德标准,加强师德监督,加大师德宣传,推进师德师风建设制度化、常态化和长效化。积极推进中小学教师"区管校聘"管理改革,目前全市11个区已有9个区启动中小学教师"区管校聘";稳妥推进中小学教师正高级职称自主评审申报工作;实施教师招聘制度改革试点,将原先"笔试+面试"的招聘方式改革为"专业素质评估+心理素质测评+说课/试教+笔试"的招聘方式。完善基础教育高层次人才引进管理机制和考核办法,创新实施"广州教育家培养工程",建立"广州市教育人才资源储备库"。2018年广州市共引进基础教育高层次人才54人。切实开展广东省创建国家教师教育创新试验区工作,与华南师范大学、广州大学申报广东省创建教师教育创新试验区获批立项,并分别签署框架协议,开展"国家教师教育创新试验区"创建工作。

(九)大力推进智慧教育,提升教育信息化基础支撑力

加快推进广州"教育u时代"提升工程实施计划,开展全国智慧教育示范区创建工作。2018年完成了基础环境第7期建设,广州市教育科研网

光纤总长度达到近40000公里,"智慧教育公共服务平台"数字教育资源总量已超过120TB,基本实现宽带网络校校通、优质资源班班通、学习空间人人通。通过"引入国家资源、共享省的资源、共建合作资源、采购通用资源、开发本地特色资源"等多种途径,形成教育信息资源库群,推进政府系统信息整合共享。在全市110所学校开展智慧阅读试点,组织全市500多所中小学、4万多名教师参与同课异构、网络教研。依托集团化办学,推动本市优质教育资源共享。开通广州、毕节、黔南三地"互联网+"教育帮扶平台,通过网络直播等形式实现区域优质教育资源共享。

(十)提升教育治理现代化水平,营造良好的教育生态

完善地方性教育法规,大力实施"阳光工程",推进教育领域信息公开。全面落实"一校一章程""一校一法治副校长""一校一法律顾问"制度,新认定省级依法治校示范校24所、市级54所,目前已建成国家级依法治校示范校2所、省级96所、市级251所。"广东省依法治校达标校"在全市的占比达60%以上,总数位列全省各地市第一。

全面开展校外培训机构专项治理,整合各区各部门力量,在市、区、街(镇)成立联合执法队伍,开展经常性治理行动,并按照"规范一批、整改一批、取缔一批"的原则进行分类治理。建立健全准入制度,引导符合条件的无证培训机构取得合法资质,落实机构监管平台建设。开发建成"广州市校外培训机构管理平台",加强培训机构常态化管理。构建校内课外辅导机制,建立以学校为主体、多方参与的多元的课后服务体系,切实为群众分忧解难。

加强校园及周边治安综合治理,推进"校园视频监控建设联网应用项目"建设,建立市、区、校三级视频监控管理体系。积极贯彻落实《中小学公共安全教育指导纲要》,打造"安全教育第一课"品牌,坚持每天安全提醒、每周专题教育、每月安全演练,普及"会游泳、识水性、懂自救"的技能,学生非正常死亡、溺亡人数连续4年下降。大力推进"广州市学校安全教育信息化平台"的使用,建立健全安全教育平台数据监测和通报

机制。开展"平安学校"创建活动,累计创建"市安全文明校园"701所,其中省级安全文明校园83所。坚持校园周边环境综合治理,进一步明确各部门的涉校安全工作责任。全面加强校车管理,建设"校车使用许可平台"和"校车动态信息监管平台",安装车载终端4000余套,实现全程实时监控管理。狠抓消防安全,通过政府采购第三方服务方式对全市教育系统消防安全进行全面检测,督促学校落实隐患问题整改。

(十一)加强基础设施建设,提升教育基础保障能力

贯彻落实《广州市中小学校基础教育设施三年提升计划(2016～2018年)》,加大教育经费投入,强化基础能力建设。2018年广州市普通中小学教育装备经费总投入5.75亿元,比2017年增长0.71亿元;生均教育装备经费投入543.8元,同比增长2.21%。截至2018年底,全市生均累计教育装备资产1741.33元,相比2017年底净增38.48元。截至2018年12月,全市中小学校三年提升计划中的163个基础教育设施提升项目和37个校园功能微改造项目共计已开工195个,开工率为97.5%,完工166个,完工率为83%,提供新增学位13.7894万个。全市普通中小学拥有各类实验室及专用功能教室19158个,实验室及功能教室仪器设备总值17.56亿元,其中实验室仪器总值3.4亿元、实验室设备总值3.05亿元、功能教室仪器设备总值11.11亿元。共有1036所学校的理科教学仪器达到教育技术装备标准配备要求,占所有中小学的比例为97.0%。2018年全市普通中小学图书馆图书装备经费总投入0.38亿元,历年累计藏书总金额6.05亿元。总藏书量0.44亿册(不含电子图书),生均藏书量42.01册,比2017年生均净增0.19册,其中中学58.63册、小学32.18册。全市共有1045所中小学建有图书馆(室),占学校总数的97.85%。

三 2019年广州市教育发展面临的新形势和新挑战

2019年是新中国成立70周年,是全面建成小康社会的关键之年。在粤

港澳大湾区新战略、城市功能新定位、经济社会发展新要求及人民对教育新需求的新形势下，广州教育该如何在巩固既有发展成果的基础上提质增效，迈向更高质量的发展，面临重大挑战。

（一）粤港澳大湾区新战略亟须提升教育质量水平

建设粤港澳大湾区是习近平总书记亲自谋划、亲自部署、亲自推动的国家战略。《粤港澳大湾区发展规划纲要》的出台对粤港澳大湾区未来近20年的建设发展做出总体部署，指明了区域未来经济、社会、生态、制度等诸多领域努力的方向，其中，对教育领域提出要推动教育合作发展，打造粤港澳大湾区教育和人才高地。广州作为大湾区核心城市之一，广州市委、市政府对参与大湾区建设给予高度重视，根据自身的城市发展特点与功能定位，积极推进粤港澳大湾区教育合作发展，且在高等教育、职业教育等方面都有实质性进展。但与"建设人才高地""打造国际教育示范区"等目标相对照，广州教育在质量和水平上还有很大差距，湾区内的教育资源还未得到充分的激活与应用，沟通交流机制尚未完善。全力推进粤港澳大湾区建设已写入2019年广州市政府工作报告，2019年广州教育事业的发展也应当对标粤港澳大湾区战略要求，不断提升教育质量水平，发挥广州作为科技教育文化中心的核心增长极作用，带动和推进大湾区教育协作发展，为大湾区的经济社会发展提供强大的人才支撑和智力服务。

（二）城市功能新定位亟须推动教育改革创新

2018年10月，习近平总书记在视察广东时对广州提出要实现"老城市新活力"，在综合城市功能、城市文化综合实力、现代服务业、现代化国际化营商环境方面出新出彩。实现老城市新活力，是习近平总书记交给广州的重要政治任务，是广州当前和今后一个时期的头等大事。在广州城市功能新定位的发展背景下，作为社会事业重要一翼，广州教育亟须将坚持深化教育改革创新作为未来发展的主旋律，在改革中谋突破，在创新中求提升。创新是驱动发展的第一动力，习近平总书记多次强调创新对于我国全面深化改革

的重要意义，在全国教育大会上发表的讲话中更明确提出要坚持深化教育改革创新，这一论断不仅是对改革开放以来我国教育改革发展的实践经验总结，更指出了新时代推进教育事业高质量发展，加快实现教育现代化，建设教育强国的必由之路。作为改革开放的前沿阵地，广州在党中央、国务院以及省委、省政府的正确领导下，始终坚持系统谋划、整体推进、重点突破、试点先行的改革路径，大力发展教育事业。当前，广州已进入深化教育改革的深水区，为突破发展瓶颈，务必要将坚持深化教育改革创新作为广州教育发展的主旋律，以创新精神引领教育发展的变革，以改革破除体制机制障碍，大力推动广州教育高质量发展。

（三）经济社会发展新要求亟须完善教育功能与作用

教育，担负国计民生的双重角色，发挥引领和支撑的双重作用。当前，广州市正处于传统产业转型升级、构建现代化产业体系的加速期与攻坚期。实现经济转型的提升，根本在科技，关键靠人才，基础在教育，职业及高等教育与区域经济发展关系尤为紧密。然而，当前广州市职业院校专业设置和人才培养模式还不能满足企业对应用型人才的需求，涵盖广州市主要产业的高层次创新人才培养能力还不够强。广州市属本科高校科研成果转化效率不高，且偏学术型而非应用技术型的发展定位，参与产学研合作和对企业服务的意识和动力不足，校企双方交流不顺畅，在服务区域经济社会发展方面成效较弱。进入新时代，我国加快创新型国家的建设步伐，作为国家重要中心城市的广州亟须根据国家战略部署，紧紧围绕全省实现"四个走在全国前列"，当好排头兵的总任务，在加速建设"三中心一体系"，支撑广州新产业、新技术、新业态、新模式的发展过程中，完善教育服务经济社会发展的功能与作用，根据创新发展带来的人才新需求，培育与输出一大批具有创新精神和实践能力的高素质创新型人才。

（四）人民群众对教育新需求亟须提升公共教育服务效能

"办好人民满意的教育"是我国推进教育现代化发展改革的最初目

标和最终落脚点，也是优先发展教育战略的理念支撑与实践方向。当前，广州教育基本实现了全面普及，并迈入更高质量、更有效率、更加公平的"后普及时代"，教育整体水平得到很大提升，各级各类教育协调发展，但与人民日益增长的教育期盼相对照，广州教育改革发展中还面临一些问题，在推进高质量发展中存在诸多薄弱环节，其中教育发展不平衡、不充分问题较为突出。广州市城乡之间、区域之间、学校之间、公办民办之间教育发展差距依然存在，各级各类教育之间发展还不均衡、沟通和协调机制也不尽完善。如学前教育依然是教育发展的"短板"，民办教育师资队伍建设相对薄弱。进入新时代，随着国家经济社会的发展，人民物质生活水平的不断提高，人民对教育的需求也开始从"同质"走向"多元"，从"有学上"向"上好学"转变。因此，为应对市民教育需求升级，广州亟须加快教育供给改革，继续增加优质资源供给，为市民提供更加多样优质的教育选择，不断提升公共教育服务效能，增加市民的教育获得感与幸福感。

四 2019年广州教育展望

教育高质量发展是新时代教育事业的转型发展，是教育发展方式的变革与社会形态变化、社会整体性变迁之间的互动逻辑，其在发展理路上是与新发展理念一脉相承的。因此，教育高质量发展，就是体现新发展理念的发展，是以促进教育公平为原则，以提升育人质量为核心，以创新精神为引领，以不断满足人们对更高质量、更加公平、更具个性的教育需求为最终目标的价值与过程相统一的系统性发展。2019年，广州要根据创新、协调、绿色、开放和共享五大发展理念，把握教育高质量发展方向，遵循教育发展规律，坚持创新驱动发展，扩大优质资源供给，深化育人方式改革，完善服务性教育体系建设，全面提升教育国际化水平，充分发挥粤港澳大湾区核心增长极的作用，着力打造世界前列、全国一流、广州特色、示范引领的现代化教育体系。

（一）坚持创新驱动发展

深化教育改革创新，将创新理念融入区域教育改革的全过程。一是以体制机制改革为抓手，破解资源优化配置瓶颈。从满足人民的需求出发，通过制度创新、优化制度供给，促进和规范各种资源的流动及有效配置，盘活现有教育资源，激发教育体系内部活力；利用市场机制将社会中各类资源向教育聚集，扩大教育增量，破解资源优化配置瓶颈，提高教育供给的有效性，为教育事业发展由外延式向内涵式发展转型提供内力支持与外力保障。二是以发展模式改革为核心，优化创新要素结构投入。将教育资源向作为现代制度化的教育实体学校聚集，着力创建优质、特色的现代学校；在基本办学资源投入均衡的情况下，集中创新要素向优质潜力学校聚集，将其打造成区域性品牌学校，引领整个区域的基础教育向更高水平发展。三是以创新要素提升为关键，着力提升教育品质。加大师资队伍建设经费投入，进一步改善教师待遇；在教育经费中划拨师资队伍建设专项经费用于骨干教师引进和进修培训，完善基础教育教师的学历结构，着力打造高素质专业化的创新型教师队伍；切实减轻教师额外工作负担，体制内外同工同酬，减轻教师心理负担。

（二）扩大优质资源供给

扩大优质资源总量，丰富供给模式，实现城乡之间、区域之间及学校之间的资源共享。一是扩大教育规模，增加并优化学前教育学位供给，通过"一区一策"推动各区落实解决学前教育学位需求，鼓励多元办园，多渠道增加公办幼儿园资源，积极扶持普惠性民办幼儿园发展；进一步改革不利于幼儿园均衡普惠发展的体制机制，在全市实行与管理机制相适应的普惠性幼儿园保育教育费定价机制。二是加强内涵建设，推进融合教育实验幼儿园、资源教室、特教班建设；加强特殊教育教学研究队伍建设。三是改善基础条件，加快中小学校以及中职学校基础教育设施设备改造提升，全面提升基础教育学校和中职学校的办学条件。四是完善制度保障，研究制订中小学向外围城区辐射联动计划，加大对义务教育阶段跨域管理，做好来穗人员随迁子女接受义务教育工作；继续创建广州市示范性普通高中学校，加大以评促建力度，建立集团化办学管理机制。

（三）深化育人方式改革

坚持立德树人的根本任务，深化育人方式改革，实现"绿色"和谐发展。一是树立育人为本、立德为先的教育观念。全面实施素质教育，将立德树人贯穿于各级各类教育，贯穿于学校教育、家庭教育和社会教育等各个方面，注重学生的德智体美劳全面发展与整体发展。二是优化人才培养模式。深化课程改革，要在积极推进学校国家课程、地方课程和校本课程建设的基础上，特别重视培养学生兴趣特长的选修课程建设，以培养学生个性、发挥潜能为课程标准，积极探索综合课程建设。优化教学方法，培养学生的自学习惯和方法，提高学生的自学能力；关注师生在课前、课中和课后的教学行为，把提高教学质量的重心由过去重视课堂和课后训练向重视课前自学和课堂教学前移。改革学生评价方式，树立以学生发展为导向的教育评价思维，加强质量标准建设，建立学生综合素质追踪评价制度，跟踪监测学习效果，保障每一个学生的教育获得感。三是提升教育信息化水平。改革教育技术，在学科教学中促进技术与教育的双向融合，破解教育综合改革、课程改革等瓶颈；利用信息技术对学生学习进行动态监测，以提升教育管理能力。

（四）完善服务型教育体系建设

统筹地方职业教育与高等教育，推动职业及高等教育发展与区域经济社会发展相协调。一是加大宏观调控，大力推进职业院校专业建设与布局结构调整。基于现代职业教育体系与《广东省职业教育"扩容、提质、强服务"三年行动计划（2019~2021年）》文件要求，明确中高职学校人才培养目标，打破现有专业布局，在现有专业基础上，对同类型中高职院校进行专业整合，拓展新专业方向。二是深化办学体制改革，扩大学校办学自主权。围绕广州"三中心一体系"战略部署，聚焦建设"中国制造2025"试点示范

城市，深入研究具有广州特色的现代职业教育管理体制机制的改革和创新办法；选择部分公办职业院校进行办学体制改革试点，吸引社会力量参与职业学校的投资和管理；鼓励大中型企业特别是高新技术企业与学校开展多种形式的联合办学。三是深入推进服务型教育重点专业建设工作，引进一批高端培训机构或培训项目，面向社会积极举办多种形式的职业技术培训班，推进学历教育与社会培训相结合的现代职业教育体系建设。四是继续实施IAB人才培养和智力支持计划，推进组建职教联盟（或职教集团），深化与广州开发区共建广州市产教融合示范区，建设服务面向职业院校、企业的产教融合共享空间。五是围绕大力培养创新型高层次人才，开展高水平大学的建设标准及评价机制研究，全面提升高等教育质量与水平，为广州经济社会发展提供充分而高质量的智力支撑与人才支持。

（五）全面提升教育国际化水平

积极贯彻落实中共中央办公厅、国务院办公厅印发的《关于做好新时期教育对外开放工作的若干意见》，全面提升教育国际化水平，打造新时期区域教育对外开放新格局。一是建设大湾区国际教育示范区和人才合作示范区。积极主动推进与深圳市合作，大力推动国际科技创新中心共建，共同打造大湾区核心引擎；加强基础教育交流合作，研究探索粤港澳三地幼儿园、中小学校结为"姊妹园"或"姊妹学校"；充分发挥粤港澳高校联盟的作用，探索开展三地高校学分互认、科研成果分享转化等方面的合作交流；鼓励市属职业院校引进国外优质职业院校，合作举办高素质、技能型人才培养机构（项目）；借鉴港澳吸引国际高端人才的经验和做法，创造更具吸引力的引进人才环境，制定更加开放、有效的人才引进政策。二是推进"留学广州"工程，扩大留学生教育规模。鼓励市属高校以学历教育为重点，扩大留学生教育规模，鼓励并支持招收"一带一路"沿线国家的学生来穗留学；加强与规范留学生管理制度，鼓励优秀留学生在广州创业、就业，探索国际化人才培养途径。三是积极参与国际教育质量标准建设与评估，提升广州教育的国际认可度和国际水准。

各级各类教育高质量发展篇

Development of High Quality
Education at All Levels

B.2
2018年广州市义务教育财政保障条件发展报告

张海水[*]

摘　要： 本研究对广州、北京、上海、深圳、杭州等城市的义务教育财政保障条件进行比较分析，结果表明，广州市以相对较少的财政经费推动着体量较大的义务教育较高质量地发展。为推进义务教育高质量发展，广州市未来要进一步深化财税体制改革，形成适应广州城市发展定位与需要的财税分配结构，完善社会力量参与提供公共服务的机制与政策，科学研制并适当调整财政性教育经费，进一步提高对义务教育的保障力

---

[*] 张海水，教育学硕士，广州市教育研究院助理研究员，研究方向为教育政策。

度，进一步优化个人教育文化消费、投资、捐赠的政策氛围，促进教育的消费、投资与捐赠。

关键词： 义务教育　高质量发展　公共财政　广州

2018年中央政府工作报告首次提出"高质量发展"一词，指出我国经济由高速增长阶段转向高质量发展阶段。"高质量发展"不仅仅限于我国经济工作，它还对我国社会主义建设的各项工作都有重要指导意义，教育事业也不例外。改革开放以来，广州市义务教育取得重要进展。截至2018年，广州市小学在校生规模达到105.9万人，学龄儿童毛入学率为101.6%；初中在校生规模达到35.1万人，初中毛入学率为108.2%，初中毕业生升学率为96.1%。广州市义务教育的发展体量已基本能够满足人民群众的需求，但同全国形势一样，广州面临着教育发展质量与民众需求之间不匹配的问题。人民群众迫切需要接受更高质量的义务教育，由此，广州市义务教育也进入了由全面普及向高质量发展的阶段。义务教育的高质量发展受限于诸多因素，其中经费是最重要的因素之一。基于此，本研究从比较的视角，对制约广州市义务教育高质量发展的财政保障条件进行分析，并提出政策建议。

一　比较对象及其基本情况

考虑到城市经济社会发展水平、教育发展水平、人口规模及城市类型，本研究选择的比较对象分别是我国大陆地区教育发达的直辖市北京与上海、副省级城市兼计划单列市深圳、副省级城市杭州。五座城市的人口、GDP、教育规模基本情况如下。

（一）五座城市常住人口、户籍人口和GDP情况

2018年，五座城市户籍人口、常住人口规模排名，上海均为第1位，

北京均为第 2 位,广州均为第 3 位。五座城市的 GDP 排名次序分别为上海、北京、深圳、广州、杭州（见表 1）。

表 1　2018 年北、上、广、深、杭户籍人口、常住人口规模及 GDP 情况

单位：万人，亿元

城市	常住人口（万人）	户籍人口（万人）	GDP（亿元）
北京	2154.2①	1389.6	30320.0
上海	2423.8	1447.6	32679.9
广州	1490.4	927.7	22859.4
深圳	1302.7	454.7	24222.0
杭州	980.6	774.1	13509.0

注：①鉴于数据获取原因，若无特别说明，本报告数据均为 2018 年数据。
资料来源：各地区 2018 年国民经济和社会发展统计公报。

（二）五座城市教育规模①

2018 年，五座城市的学前教育在校生数最多的是上海（57.3 万人），广州位居第 3（49.8 万人）；普通小学在校生数最多的是广州（105.9 万人），比第 2 名深圳多 3.1 万人；普通中学在校生数最多的是上海（59.1 万人），广州位居第 2；中职学校在校生数最多的是广州（18.4 万人）。总体来看，基础教育及中职教育在校生数合计人数最多的是广州（225.5 万人），比第 2 名深圳多 17.9 万人（见表 2）。由此可见，广州市主要类型教育规模在五个城市中最大。

表 2　2018 年北、上、广、深、杭基础教育及中职教育在校生数

单位：万人

地区	学前	普通小学	普通中学	中职学校①	合 计
北京	45.1	91.3	43.4	9.1	188.9
上海	57.3②	80.0	59.1	8.9	205.3

---

① 五个城市的行政级别及教育管理体制不一样，故主要考虑基础教育及中等职业教育，不考虑高等教育等其他类型教育。

续表

地区	学前	普通小学	普通中学	中职学校	合 计
广州	49.8	105.9	51.4	18.4[③]	225.5
深圳	52.4	102.8	44.8	7.6	207.6
杭州	34.4	59.1	34.9	6.1	134.5

注：①含技工学校；②上海学前教育在校生数据为2017年数据，资料来源：《上海年鉴（2018）》；③广州中职学校如果加上省属学校，在校生数达40.1万人；

资料来源：各地区《国民经济和社会发展统计公报（2018）》及教育行政部门官网。

二 义务教育发展保障条件现状比较及分析

基于数据的可获得性，本研究主要从生师比、专任教师本科及以上学历占比、专任教师小学一级及以上职称占比、班均生、生均图书量、百生均计算机台数、生均校舍面积等方面对北京、上海、广州、深圳4个城市的义务教育发展保障条件进行比较；从随迁子女公办学校就读比例、市域内义务教育校际均衡、市域内义务教育城乡一体化、经费投入、装备投入等维度对广州、杭州2个城市的义务教育发展保障条件进行比较。

（一）北、上、广、深义务教育发展保障条件比较[①]

1. 小学发展保障条件

广州生师比为18.3∶1，远高于北京与上海，仅略低于深圳；专任教师本科及以上学历占比为70.7%，远低于北京与上海；专任教师小学一级及以上职称占比为64.2%，远低于北京与上海；班均生为40.9人，高于北京与上海，低于深圳；生均图书量为24.8册，低于北京与上海；百生均计算机台数为15.2台，低于北京、上海，高于深圳；生均校舍面积为7.1平方米，低于北京，与上海持平，高于深圳（见表3）。从上述数据

[①] 考虑到数据的可获得性，广州是2017年数据，其他城市是2016年数据；广州数据来源于广东省教育信息管理平台各年度广州市教育事业统计资料，北京、上海数据来源于《中国教育事业统计年鉴（2016年）》，深圳数据来自深圳市教育局提供的教育事业统计分析资料。

可以看出，广州小学教育发展的基本保障条件与北京、上海存在较大的差距，略优于深圳。

表3 北、上、广、深小学教育事业数据比较

指标名称	北京	上海	广州	深圳
生师比	14.1	14.8	18.3	19.0
专任教师本科及以上学历占比（%）	90.5	78.9	70.7	—
专任教师小学一级及以上职称占比（%）	85.0	87.0	64.2	—
班均生（人）	33.6	37.3	40.9	49.0
生均图书量（册）	31.8	32.8	24.8	—
百生均计算机台数（台）	28.0	21.7	15.2	12.7
生均校舍面积（平方米）	8.1	7.1	7.1	3.7

2. 初中发展保障条件

广州生师比为12.0∶1，远高于北京与上海，低于深圳；平均班额为41.1人，远高于北京与上海，低于深圳；高于规定学历教师占比为91.8%，低于北京、上海与深圳；高级职称教师占比为15.1%，低于北京，高于上海（见表4）。从上述数据可以看出，广州初中教育发展的基本保障条件与北京、上海存在一定的差距，略优于深圳。

表4 北、上、广、深初中教育事业部分数据比较

指标名称	北京	上海	广州	深圳
生师比	8.0	10.9	12.0	13.3
平均班额（人）	29.1	32.5	41.1	46.2
高于规定学历教师占比（%）	98.9	98.7	91.8	94.0
高级职称教师占比（%）	23.1	11.6	15.1	—

（二）广州与杭州义务教育发展保障条件比较

《十五个副省级城市教育现代化水平比较及启示》[①] 显示，在与义务教

[①] 查吉德、张海水：《十五个副省级城市教育现代化水平比较及启示》，载广州大学与广州市委宣传部、广州市卫生和计划生育委员会、广州市人力资源和社会保障局、广州市社会工作委员会、广州市民间组织管理局联合主编《中国广州社会形势分析与预测（2018年）》，2018。

育相关的随迁子女公办学校就读比例指数排名、市域内义务教育校际均衡指数排名、市域内义务教育城乡一体化指数排名、经费投入指数排名、装备投入指数排名等方面，广州均落后于杭州（见表5）。

表5 广州与杭州义务教育相关数据比较

义务教育相关指数	排名(位)	
	广州	杭州
随迁子女公办学校就读比例指数	15	12
市域内义务教育校际均衡指数	13	7
市域内义务教育城乡一体化指数	4	3
经费投入指数	7	1
装备投入指数	8	2

综合以上分析可见，广州市义务教育发展保障条件与北京、上海、杭州存在较大差距，仅在部分指标方面优于深圳。

三 义务教育经费投入现状及宏观财政体制机制环境比较分析

（一）义务教育经费投入现状比较分析

以2015年为例，北京、上海、广州、深圳四座城市中，广州市的小学及初中生均财政预算支出均最低，仅分别为北京（最高）的53%与47%，比第3名的深圳也分别相差3328元与6609元（见表6）。

表6 2015年北、上、广、深义务教育生均财政预算支出情况

单位：元

地区	小学	初中
北京	24383	42204
上海	20782	27915

续表

地区	小学	初中
广州	12985	19750
深圳	16313	26359

资料来源：北京、上海、深圳的数据来自《中国教育经费统计年鉴（2016）》；广州的数据来自广州市教育局计划财务处。

（二）义务教育经费投入的宏观财政体制机制环境比较分析[①]

本部分主要从地区财政总收入、一般公共预算收入、一般公共预算支出、一般公共预算收入与一般公共预算支出增速、一般公共预算支出结构等角度，对义务教育经费投入的宏观财政体制机制环境进行比较分析。其中，地方财政总收入是大口径财政收入，为全地域财政收入的总和（包含上缴上级政府的税收等）；一般公共预算收入是地方实际可用财力，是衡量地方政府可支配财力的重要指标；一般公共预算支出是指公共预算收入有计划地分配和使用而安排的支出；一般公共预算收入值与一般公共预算支出值之间的差值及增速的差值可反映地方财政的宽裕与紧张程度；一般公共预算支出结构，特别是用于教育的金额及比例，则反映了地方政府对教育的投入努力程度。

1. 五座城市一般公共预算收支情况

以 2016 年为例，尽管广州的财政总收入高达 5174 亿元，仅次于北京与上海，远高于深圳与杭州，但广州市一般公共预算收入仅为 1394 亿元，仅为北京的 27%、上海的 22% 和深圳的 44%，比杭州还少 8 亿元。广州市一般公共预算收入占地区财政总收入的比例仅为 26.9%，远低于其他四个城市；一般公共预算收入占一般公共预算支出的比例为 71.7%，在五个城市中最低，远低于杭州（99.9%）与上海（92.6%）（见表7）。

2. 五座城市一般公共预算收入和支出增速情况

尽管近两年来广州市一般公共预算收入增速逐步上升，在五个城市中的

---

① 本部分数据均来自《广州统计年鉴（2017）》。

表7　2016年北、上、广、深、杭财政收支情况

地区	地区财政总收入（亿元）	一般公共预算收入（亿元）	一般公共预算收入占地区财政总收入的比例（%）	一般公共预算支出（亿元）	一般公共预算收入与支出差额（亿元）	一般公共预算收入占一般公共预算支出的比例（%）
北京	12640	5081	40.2	6407	-1326	79.3
上海	11847①	6406	54.1	6919	-513	92.6
广州	5174	1394	26.9	1944	-550	71.7
深圳	4103	3136	76.4	4211	-1075	74.5
杭州	2558	1402	54.8	1404	-2	99.9

注：①不含关税及海关代征税。

排名由2016年的第5名上升至2017年的第2名，但由于一般公共预算支出的增速一直高位运行，收不抵支，且不均衡状况在五个城市中最严重。2016年、2017年的收入增速与支出增速差值均为负值，且在五个城市中均处于最低（见表8）。

表8　北、上、广、深、杭一般公共预算收支增速情况（2016年、2017年）

单位：%，个百分点

地区	2016年 收入增速	2016年 支出增速	2016年 收支增速差值	2017年 收入增速	2017年 支出增速	2017年 收支增速差值
北京	7.5	11.7	-4.2	10.8	3.9	6.9
上海	16.1	11.7	4.4	9.1	9.1	0.0
广州	5.2	12.5	-7.3	10.9	12.5	-1.6
深圳	15.0	18.6	-3.6	10.1	9.1	1.0
杭州	13.2	16.4	-3.2	17.4	9.7	7.7

3. 五座城市一般公共预算教育支出情况

近年来广州市政府加大了对教育的财政投入，如2016年地方公共财政中教育的支出比例达到16.6%，仅次于杭州（18.0%）。但受制于地方公共财政总收入过低的影响，一般公共预算教育支出的经费偏低（322亿元），仅分别为北京的36%、上海的38%和深圳的78%，仅比杭州多69亿元①（见表9）。

① 杭州的高等教育规模小于广州，基础教育与中职在校生规模也仅为广州的60%。

表9 2016年北、上、广、深、杭一般公共预算教育支出情况

单位：亿元

指标	北京	上海	广州	深圳	杭州
公共财政预算总支出	6406.8	6918.9	1943.7	4211.0	1404.3
其中：一般公共服务	367.2	302.1	175.1	—	—
教育	887.4 (13.9%)	841.0 (12.2%)	322.0 (16.6%)	414.7 (9.8%)	253.0 (18.0%)
文化体育与传媒	198.4	—	37.8	54.8	28.4
社会保障和就业	716.2	988.8	206.4	105.4	149.3
医疗卫生与计划生育	398.0	383.1	173.9	201.3	97.1
城乡社区事务	1120.4	1588.0	364.5	558.5	233.8

四 广州市义务教育高质量发展的政策建议

上述分析可以表明，广州市用相对较少的财政经费，撑起了办学体量较大、办学质量较好的义务教育，这在全国超大城市里面比较少见。尽管近两年来，广州市政府进一步加大了对义务教育的财政投入，但现有投入难以支撑义务教育长远的高质量发展。面对并不乐观的宏观财政体制机制环境以及逐步放缓的财政收入增速形势，广州市可从如下方面采取举措，优化义务教育发展的宏观财政体制机制环境，为义务教育持续的高质量发展提供财力保障。

（一）争取上级政策，进一步深化财税体制改革，形成适应广州城市发展定位与需要的财税分配结构，为城市发展提供较为充足的财政保障

本研究选择的北京、上海、深圳、杭州四座城市的一般公共预算收入均高于广州，主要原因在于按国家规定，省辖市与直辖市、计划单列市执行不同的收入划分，北京、上海为直辖市，按规定除中央分享部分外，其他均留

成直辖市；深圳为计划单列市，在财政体制上实行计划单列，被赋予省一级的经济管理权限，按规定省级不参与其税收分成，除中央分享部分外，其他税收收入留成深圳[1]；浙江省政府与杭州市政府之间实行特殊的财政体制，如浙江省与杭州市（不含萧山区、余杭区、富阳区）实行收入总额分享，在分享范围内的各项税收的分享比例为16∶84，即省分享比例为16.0%、杭州市分享比例为84.0%[2]。广州作为省辖市，省对其执行统一的省以下财政体制，中央、省参与税收分成，且上缴的比例较高，这种特殊的"央府－省府－市府"之间的财税分配体制机制与分配比例，是广州市地方财政预算收入过低的根本原因。

《广州市城市总体规划（2017～2035年）》提出，广州的城市定位是国家重要中心城市、历史文化名城，国际综合交通枢纽、商贸中心、交往中心、科技产业创新中心，逐步建设成为中国特色社会主义引领型全球城市。然而，广州市相对偏低的地方财政收入与城市发展定位不匹配。为此，建议争取财政部、国家发改委、广东省政府等的支持，深化广州市政府与广东省政府、中央政府之间的财税分配体制机制改革，适当扩大广州市地方财政收入的分配比例与总额，为广州教育、医疗等民生事业的发展提供较为充足的财政保障，使得广州城市公共服务质量与经济发展、城市定位更加匹配。

（二）完善社会力量参与提供公共服务的机制与政策，引导政府财政主要流向不能由社会力量参与提供的公共服务领域

落实国家关于加强PPP管理两个"强制"的要求，结合广州发展新需求，为PPP项目提供融资便利，加大污水和垃圾处理、道路建设、停车管理、养老服务设施等公共服务领域PPP模式推广力度；完善政府购买服务指导性目录编制管理，加强对政府购买服务政策的培训指导，进一步扩大政

---

[1] 严丽梅：《广州一般公共预算收入不宜与北上深直接比较》，《羊城晚报》2019年4月9日。
[2] 《浙江省财政厅关于深化财政体制改革的实施意见》，浙江省财政厅网站：http：//www.zjczt.gov.cn/art/2015/12/17/art_ 1164176_ 711939.html。

府购买服务范围、规模等,以此引导财政经费主要流向不能由社会力量参与提供的公共服务领域,提高公共服务供给水平。

(三)科学研制并适当调整财政性教育经费在义务教育与非义务教育之间的投入比重,进一步加强对义务教育的保障力度

从公共服务、教育法及教育管理权限来看,对于地级市而言,义务教育无疑是民众最迫切关注且政府理应首要保障且尽力满足群众需求的教育层次,其次是学前教育、中等教育、社区教育,再次是高等教育(在财力较为充足的情况下可适当发展高等教育)等。基于此,应进一步明确本市各级各类教育的发展定位、发展规模、发展质量等以及相应的政府责任边界,在财政性教育经费有限的情况下,确保其公共性、公益性、普惠性及民众关注度高的义务教育的供给质量。

(四)进一步优化个人教育文化消费、投资、捐赠的政策氛围,促进教育的消费、投资与捐赠

2017年广州市人均全年可支配收入为55400元,仅次于北京(57230元)与上海(58988元),在五座城市中位居第三;广州市人均总支出为40637元,在五座城市中位居第一,其中居民教育文化娱乐支出高达5417元,也在五座城市中位居第一。广州市被誉为"慈善之城",2016年第四届"中国城市公益慈善指数"显示,广州排名居全国第四、全省第一,广州捐赠增长速度及社会组织增长速度均排名全国第一。由此可见,广州市居民具有较好的消费基础,对教育文化具有较高的消费倾向以及良好的捐赠传统与氛围。为此,建议优化居民投资、消费、捐赠教育的相关政策与配套举措,使更多的资源要素流入义务教育领域。

B.3
2019年广州基础教育集团化办学发展报告

李柯柯*

摘　要： 为提高基础教育质量，"办好人民满意的教育"，广州通过集团化办学，各区优质基础教育资源总量不断扩大，分布更加均衡，教育质量逐步提高，基础教育集团化办学模式已基本形成。本报告在对比研究北京、上海、杭州三市基础教育集团化办学的先进经验和做法的基础上，分析了广州基础教育集团化办学现状：广州基础教育集团化办学已逐步实现章程化治理，教育治理走向现代化；开展基础教育资源供给侧结构性改革，推动市属优质教育资源向外围城区辐射；聚焦内涵共生，实现资源共建共享共融；引领文化建设，打造集团共同发展愿景。相较于北京、上海、杭州，广州基础教育集团化办学起步较晚，问题也错综复杂，除了基础教育集团化办学中常见的学校特色问题、优质学校资源稀释问题、政校关系问题等之外，广州基础教育集团化办学还存在政府与各教育集团之间新型教育治理格局尚未形成，缺乏深度沟通协调；教师流动、培训机制尚未完善；基础教育集团化办学的信息技术应用不足；对基础教育集团化办学的效果缺乏相应的考核评估机制等问题。本文提出未来广州基础教育集团化办学的工作思路：完善教育集团化办学的管理体制，规范治

---

* 李柯柯，教育学博士，广州市教育研究院助理研究员，主要研究方向为教育基本理论、教育哲学、基础教育政策。

理结构；聚焦内涵发展，推动集团内优质教育资源共建共享；加强集团内部信息平台建设，改善教育教学资源分布不均衡的现状；多措并举，推进集团内骨干教师柔性流动；多方借力，拓宽集团化办学的渠道；加大经费投入；健全激励机制；完善督导评估机制。

关键词： 基础教育　集团化办学　广州

一　研究背景

党的十九大报告指出，新时代我国社会主要矛盾已经转化为人民日益增长的美好生活需要和不平衡、不充分的发展之间的矛盾。这一矛盾体现在教育中就是，人民日益增长的对更高质量、更加多样、更具特色的教育需求与优质教育资源发展不平衡、不充分之间的矛盾。全面提高基础教育质量，"办好人民满意的教育"，"努力让每个孩子接受更好的教育"，努力实现所有适龄儿童少年"上好学"，这是新时代党的要求、百姓的诉求、教育的追求。

伴随着我国社会主义市场经济体制的建立和多元办学体制的发展，基础教育在基本完成"人人有学上"的历史性任务之后，必须进一步巩固、扩大和提高教育质量、效益。由于人们的自我权利和教育公平意识日益增强，特别是对优质教育的需求不断提升，优质教育的均衡发展问题得到了广泛重视。然而，由于自然条件、历史、经济、文化背景的差异，以及以往教育政策的倾斜，我国在基础教育优质资源发展过程中出现了很多问题。一是数量不足，表现为人民群众对基础教育优质资源的需求与优质教育资源不足的矛盾；二是分布不均，表现为地区间、城乡间、学校间优质教育资源不均衡；三是自我造血能力不足，表现为薄弱校即使得到了其他优质名校的资源辐射和优质教育政策的支持，但由于自身力量薄弱，吸收

和转化外援的能力有限，优质教育资源的发展成效不明显。上述问题的存在，严重影响了基础教育的发展，并带来了一系列社会问题，如愈演愈烈的"择校热""学位房"等。

为深入贯彻落实党的十九大报告和中央经济工作会议精神、应对基础教育优质资源供给不足问题，广东省人民政府办公厅印发了《广东省人民政府办公厅关于增加幼儿园中小学学位和优质教育资源供给的意见》（粤府办〔2017〕67号），明确提出要"创新办学模式，扩大优质资源覆盖面"。《广州市人民政府办公厅关于进一步推动全市义务教育均衡优质发展的实施意见（2016~2018）》（穗府办〔2016〕10号）提出："推动市中心城区优质教育资源向全市均衡配置，进一步推动优质教育资源共建共享。"2017年，广州市教育局印发了《广州市教育局关于印发推进市属优质教育资源集团化办学的实施方案》（穗教发〔2017〕110号）、《广州市教育局推进区域学区化办学实施方案》（穗教发〔2017〕104号），两个方案的出台掀起了全市层面推进学区化、集团化办学的热潮。市级层面推动的教育集团化办学旨在回应广大人民群众对优质教育资源的需求，推动教育供给侧结构性改革，优化教育资源配置，加大市属优质教育资源对外围城区的辐射力度，充分发挥优质学校的资源优势和品牌效应，扩增优质教育资源总量，加快推进区域教育优质均衡发展，整体提升广州市基础教育发展水平。

二 京、沪、杭三地基础教育集团化办学经验借鉴

面对愈演愈烈的"择校"难题等教育供需矛盾，为积极回应人民群众对优质基础教育资源的需求，北京、上海、杭州积极开展基础教育学区化、集团化办学，积累了卓有成效的经验，为广州提供了借鉴。

（一）北京：多主体联合共促基础教育优质资源供给

1. 北京基础教育优质资源供给现状

为积极回应人民群众对优质教育资源的需求及"上好学"的关切，北

京市人民政府和北京市教育委员会一直以扩大基础教育优质资源覆盖面、推动薄弱学校内涵发展作为破解难题的核心思路。在稳抓基础教育资源均衡配置——分好"蛋糕"的同时，北京大力加强市级统筹引导，切实抓好扩大优质资源——做大"蛋糕"，推进基础教育优质发展。北京市紧紧围绕"推进公平"和"提升质量"这条主线，立足于"办好人民满意的教育"，以百姓的"实际获得"为检验标准，打出了系列促进基础教育公平、优质、均衡发展的组合拳。北京市在实践层面已经形成教育集团、教育联盟、学区片区制、九年一贯制等多项办学政策并举的局面。与此同时，北京市教委推出了一系列政策，从基础教育系统外部引入多样化优质教育资源，支持中小学校特别是"薄弱"校的建设。2018年，北京市教育委员会出台了《北京市教育委员会关于推进中小学集团化办学的指导意见》（京教基一〔2018〕13号），对集团化办学进一步规范。截至2018年11月，北京市基础教育领域共有158个教育集团（中小学）。集团化办学已经成为北京推进优质教育资源均衡发展的重要路径和教育治理现代化的主要抓手。

2. 北京基础教育集团化办学举措

第一，加强统筹，优化集团化办学布局。包括四大举措：一是统筹各区资源，实现区域优质均衡发展。通过集团化办学方式带动薄弱学校发展，增加优质教育资源总量，缩小校际差距。二是开展跨区域集团化办学，城区优质教育资源通过集团化办学向农村地区扩张，逐步形成城乡教育一体化。三是逐步规范异地集团化办学，促进京津冀协同发展。[1] 四是充分借力，统筹多方力量促进集团化办学，如充分发挥首都高校资源优势，依托教科研机构的专业优势，借力民办教育培训机构进一步扩大优质教育资源供给，促进基础教育均衡发展。第二，完善集团治理结构。集团治理结构包括集团的规模和集团的内部机构。集团不能无限扩张，必须科学谋划，综合考虑发展需求、资源条件、辐射幅度、保障措施和实际效果等因素，有序推进集团化办

---

[1] 《北京市教育委员会关于推进中小学集团化办学的指导意见》（京教基一〔2018〕13号），http：//jw.beijing.gov.cn/xxgk/zxxxgk/201810/t20181011_1447139.html，2020年1月13日。

学，合理控制集团办学规模。建构单一法人或多个法人的集团治理结构。规范教育集团组织管理，明确组织目标、原则、职能等，建立组织管理制度，健全组织运行机制，完善议事规则和决策程序。[1] 第三，大幅增加优质资源供给总量，共建共享，发挥资源辐射作用。加大统筹力度，重点在城市近郊区、重点项目和引进人才密集地区布局。北京各区立足本区域功能定位，因地制宜，以扩大和重组优质教育资源为突破，推出了具有鲜明区域特色的"教育新地图"。实现集团内场地设施资源、课程教学资源、优秀教师的共建共享，以文化引领集团学校内涵发展。[2] 第四，改革创新，激发集团办学活力。创新编制管理方式，探索创新性的用人制度；调整教育经费支出结构，优化干部教师薪酬制度；创新人才培养方式，开展联合培养、贯通培养等试验，多举措激发集团办学活力。[3]

（二）上海：从"办家门口的好学校"到"新优质学校"，学区化、集团化办学新格局基本形成

1. 上海基础教育集团化办学现状

为破解人民日益增长的优质教育需求与不平衡、不充分的发展之间的矛盾，上海通过大力实施学区化、集团化办学，回应老百姓对优质教育的期盼。2015年上海市教育委员会出台《上海市教育委员会关于促进优质均衡发展、推进学区化集团化办学的实施意见》（沪教委基〔2015〕80号），界定了学区化、集团化办学的内涵，确定了先行试点、全面推广和形成格局三个阶段的工作目标。从2014年徐汇、杨浦、闸北、金山4区的"先

---

[1] 《北京市教育委员会关于推进中小学集团化办学的指导意见》（京教基一〔2018〕13号），http://jw.beijing.gov.cn/xxgk/zxxxgk/201810/t20181011_1447139.html，2020年1月13日。

[2] 《北京市教育委员会关于推进中小学集团化办学的指导意见》（京教基一〔2018〕13号），http://jw.beijing.gov.cn/xxgk/zxxxgk/201810/t20181011_1447139.html，2020年1月13日。

[3] 《北京市教育委员会关于推进中小学集团化办学的指导意见》（京教基一〔2018〕13号），http://jw.beijing.gov.cn/xxgk/zxxxgk/201810/t20181011_1447139.html，2020年1月13日。

行先试"探路,到2015年学区化、集团化办学进入"全面推行"阶段,再到2017年底,全市基本形成学区化、集团化办学新格局,"家门口的好学校"形成一定的覆盖面。截至2019年2月,上海学区和集团学校共有190个,占义务教育阶段学校的70%。

2. 上海基础教育集团化办学举措

第一,创新办学形式。上海各教育集团根据自身实际,探索出了多种集团化办学形式,如委托管理式、多法人组合、单一法人制、九年一贯制、同学段联盟、跨学段联合等,形成集团特色,整体提升学校的办学质量。第二,优化管理制度,健全治理体系。通过建立集团理事会、章程管理制度,以及项目责任制、联体评价制等,增强集团内成员校的群体认同感与归属感。此外,还建立了家长、社区参与办学的机制,赋予家长和社区知情权、参与权、监督权与评价权,合理吸纳各方的建议和诉求,有效改进集团办学,提升集团办学的社会影响力。第三,促进优质课程资源共享。在高质量实施国家课程的基础上,集聚集团内各成员校及社区等单位的课程资源,建立了具有集团特点和地域特色的优质课程开发、共享、配送机制,丰富学生学习经历,培养学生基础素养。加强信息技术与学科融合,发挥信息平台在校际课程资源共享、教育教学研究、质量监控和素质评价等方面的作用,拓展教师教学、学生学习时空。第四,推进骨干教师流动。探索建立"骨干教师流动蓄水池",鼓励集团内骨干教师流动,盘活资源。建立优秀教师引领下的教研一体化集团培训制度,促进教师专业化发展。第五,开展绩效评估。依据"绿色指标"和学校发展性督导评价,制定集团化办学考核指标,整体评价学区、集团的办学情况;引入第三方评估机构,将学生、家长与社区满意度作为检验集团化办学成效的重要标尺。[①] 第六,推进紧密型学区和集团建设。为解决上海市部分学区、集团之间发展动力不足、优质共享机制不够完善等问题,上海市教育委员会印发了《上海市教育委员会关于推进

---

① 《上海市教育委员会关于促进优质均衡发展、推进学区化集团化办学的实施意见》(沪教委基〔2015〕80号),http://www.shanghai.gov.cn/nw2/nw2314/nw2319/nw12344/u26aw45561.html,2020年1月13日。

本市紧密型学区和集团建设的实施意见》（沪教委基〔2019〕7号）。其中重点推出"五个更加紧密"的举措，希望通过促进组织更紧密、师资安排更紧密、教科研更紧密、评价更紧密、培养方式更紧密等，激发每个学区和集团合作共进的创新活力，实现管理、师资、课程、文化等互通互融，从而带动更多学区、集团走向紧密。①

（三）杭州：从"教育集团化"到"新名校集团化"，实现了基础教育集团化办学由"初级版"向"升级版"的跨越

1. 杭州基础教育集团化办学现状

当许多地区还在扩大集团化办学的规模时，杭州已将重心转变为集团化办学的内涵式发展。2002年，杭州市成立首家公办基础教育集团——杭州市求是教育集团。经过十几年的实践与探索，杭州的名校集团已从单个学校的探索、县域的整体推进，进入跨区域推进的全新阶段。截至2017年，杭州市已组建356个名校集团，其中跨区域跨层级普通中小学教育集团22个；成员单位1333个，主城区中小学名校集团覆盖率达82.3%，幼儿园名园集团化覆盖率达74.3%。从打造"名校+"的"1.0模式"，到名校集团化的"2.0模式"，再到"新名校集团化"的"3.0模式"，杭州名校集团化办学模式不断升级和优化，实现了三步跨越。

2. 杭州基础教育集团化办学举措

第一，优质教育资源辐射从单向帮扶到共建共享。一是市、区两级共建优质高中，推进主城区优质高中资源下沉。通过名校建分校的形式，推进市属优质高中向各区延伸。二是市属高校中名校出"市"入"县"。杭州市鼓励市属高中名校与县（市）高中组建紧密型教育集团，推动主城区优质高中教育资源向各县（市）延伸。第二，教师编制管理实现"跨层级转编"。为了引导"固化"的师资真正流动起来，杭州市教育局、中共杭州市委机

---

① 《上海：深入推进紧密型学区和集团建设，办出更多家门口的好学校》，央广网，http://www.cnr.cn/shanghai/tt/20190121/t20190121_524489145.shtml，2020年1月13日。

构编制委员会办公室主动牵头协调，探索"跨层级转编"的教师编制管理机制，从合作校所在地的教师编制中一次性划转部分事业编制至杭州市本级，专项用于合作办学、师资互派，在教师编制管理上实现集团统筹招聘、培养、派遣，打破了市域间、县域间教师互通的藩篱，从源头上解决了集团化办学牵头学校师资紧缺等问题。第三，教育信息化支撑名校集团化。通过推进在线教育资源共享、加大信息平台建设和深化名校集团"互联"等举措，实现集团化办学的技术赋能。第四，推进名师资源共建共享。通过推进集团内教师柔性流动，丰富柔性流动形式，引导骨干教师向农村学校、薄弱学校流动，促进优质资源均衡发展。第五，扶持教育洼地，形成县域间"一区带一镇"结对新样式。通过师资交流、校园文化建设、教学评价、德育工作、特色发展等合作形式，促进基础教育整体办学水平和质量的进一步提升。第六，创造促进县域内教育资源优质均衡的新共同体。探索不同的模式，促进教育优质资源均衡发展。通过品牌输出、"名校新区"、"教师研训"、"院校合作"、组团发展等形式，实现优质教育资源共享。

北京、上海、杭州三地基础教育集团化办学特点各有不同：北京基础教育集团化办学注重借力多个主体参与到中小学集团化办学中，尤其是依托当地丰富的高校资源参与中小学集团化办学；上海基础教育集团化办学注重基础教育的均衡发展，办"家门口的好学校"，实现校校优质；杭州基础教育集团化办学体现了政策自上而下的连贯性和延续性，且注重创新，如教师编制管理实现"跨层级转编"、教育信息化、"一区带一镇"结对等。

三　广州基础教育集团化办学分析

（一）广州基础教育集团化办学基本情况

为推动义务教育均衡优质发展和优质教育资源共建共享，将优质学校的先进教育理念、管理经验、有效的教学模式等输出到农村或集团内其他学校，形成区域、城乡和校际优质教育资源共建共享新格局，广州因地制宜推

进学区化、集团化办学。截至2019年1月，广州基础教育集团有38个[①]，其中市属7个，区属31个。区级层面集团化办学形态多样，涌现出了诸如立体学区、教育"微集团"、教育联盟、合作共建、委托管理、对口帮扶、名校办分校等多种优质资源供给方式。从各集团化成员校分布的学段来看，已成立的教育集团既有同一学段的联合，又有跨学段的联合。如越秀区广州培正教育集团、广州培英教育集团涵盖了幼儿园、小学、初中三个学段；广州市海珠区实验小学教育集团、广州市海珠区同福中路第一小学教育集团、广州体育东教育集团、广州华阳教育集团等集团内的成员校仅包含公办小学。从各教育集团成员校的办学性质来看，既有完全公办校，也有"公办校+民办校"模式，如广州市南武中学教育集团、真光教育集团、一中教育集团、四中教育集团、西外教育集团、南中教育集团、广州培英教育集团、广州市第六十五中教育集团、广州大同教育集团、广雅教育集团、广州市执信中学教育集团等都是"公办校+民办校"组成的教育集团。从各教育集团成员校办学质量来看，各教育集团的组建一般采取"名校+薄弱校"模式，通过直接建校、委托管理、对口帮扶等方式实现"以强带弱"。从各教育集团成立时间来看，教育集团由最初个别区的自发行动到全市层面的整体推动，集团数量逐渐增加。最早成立的教育集团是越秀区广州育才教育集团（2013年4月成立）。随后，广州市海珠区实验小学教育集团（2013年8月）、越秀区广州培正教育集团（2014年12月）、广州市第五中学教育集团（2015年4月）、广州市南武中学教育集团（2015年3月）等相继成立，这些教育集团都是由单个区的教育局自发推动的。

（二）广州基础教育集团化办学的特点分析

1. 实现章程治理，推动教育治理走向现代化

推动教育从"管理"向"治理"变革。各教育集团按"一集团一章程"原则制定办学章程，充分发挥核心学校的主导和辐射作用，明确各成员学校

---

① 该统计数据来源于广州市教育局内部资料，仅涵盖教育行政部门主导的集团化办学。

办学要求，在办学章程的框架下，各教育集团基本建立了自主办学和协同发展的治理机制，打破了政府办学的传统教育体制机制，推动教育管办分离。

2. 开展基础教育资源供给侧结构性改革，推动市属优质教育资源向外围城区辐射

为推动广州优质教育资源在全市层面扩容和合理再配置，为人民群众提供多样化、高质量的教育服务，有效缓解"择校热"，广州市级层面积极开展了基础教育供给侧结构性改革，不断满足人民群众日益增长的教育新需求。

3. 聚焦内涵共生，实现资源共建共享共融

通过共享共融，核心学校加强对成员学校的引领和培育，促进各成员校更新办学理念、提升办学水平、强化内涵建设。一是课程教学资源输出与共享。各教育集团以核心学校的优质课程教学资源为主体，加强共享力度。二是教研活动联动。各教育集团普遍开展联合教研活动和学生活动，组织联合公开课、实验课，联合出题、评卷，联合教研基本覆盖全部科目。三是专业发展共融。通过教师交流轮岗、区管校聘、走校制度、教师跨区域编制流转制度、高素质人才引进、境内外培训、专家引领等多种形式，发挥骨干教师的专业引领作用，实现教师专业发展共融。

4. 引领文化建设，打造集团共同发展愿景

办学文化是教育集团各学校合作办学的黏合剂，各教育集团重视发挥核心学校悠久文化底蕴的优势，以学校文化为纽带共同打造集团精神。品牌/文化输出体现的是集团核心校的文化引领功能，是学校发展的灵魂所在。依托集团核心校的文化，使其渗透到成员学校的管理、教学、校园环境和学生培养过程之中。

（三）广州基础教育集团类型分析

教育集团依据控制程度、成长途径、成员校间的紧密程度、组合方式、办学层次、合作主体、辐射路径等标准对成员校进行划分，大致可以分为7大类24种（见表1）。除上述划分方式之外，另有研究者根据集团化办学的不同阶段划分了三种模式：补差模式（初级阶段）、嫁接模式（中级阶段）、

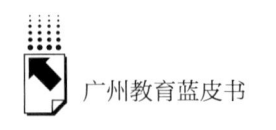

共生模式（高级阶段）。① 就集团化办学的分类标准来看，每种类型之间并不是孤立的，存在交叉联合，在集团化办学类型的选择上要根据当地教育的具体情况和每所学校的特性统筹考虑。

表1 基础教育集团类型及其特征

分类标准	类型		特征
教育集团对成员校的控制程度	实体式教育集团		决策和管理上的支配和控制权
	联盟式教育集团		文化、理念等的软性输出，以契约为约束手段
	品牌式教育集团		办学独立、品牌加盟
教育集团的成长途径	内部成长型教育集团	积累拓展型模式	集团通过前期资金和经验的积累，进一步扩大规模
		连锁投资型模式	扩大品牌的影响力，实现学校连锁发展
	外部成长型教育集团	兼并托管型模式	优质校/名校兼并/托管薄弱校
		品牌复制型模式	优质校/名校通过向薄弱校输出管理、文化等资源，实现品牌复制
教育集团各成员间的紧密程度	紧密型教育集团		单一法人，统一运作
	松散型教育集团		多个法人，相对独立
	半紧密型教育集团		设置灵活，可单一/多个法人，相对独立
教育集团的组合方式	"名校+新校"		即一个办学效益较好的名校携手一个新建的学校共同发展
	"名校+民校"		特指公办学校以种种方式参与民办学校的管理，向民办学校输出基础教育的品牌和资源，采取"委托管理"的形式，实现资源共享
	"名校+弱校"		名校帮助薄弱学校提高教学质量和学校管理水平
	"名校+名企"		资金和办学资源的整合
教育集团的办学层次	同层次		指同学段、同层次学校之间联合构成的教育集团，如幼儿园+幼儿园，小学+小学，初中+初中，初中+高中
	跨层次		指跨学段、不同层次学校之间联合构成的教育集团，如幼儿园+小学，小学+初中，高中，幼儿园+小学+初中+高中等
	跨类型		指不同类型的学校间联合构成的教育集团，如职业院校+基础教育学校

---

① 孟繁华、张蕾、余勇：《试论我国基础教育集团化办学的三大模式》，《教育研究》2016年第10期。

续表

分类标准	类型	特征
教育集团的合作主体	高校+基础教育学校	基础教育学校利用高校的师资、图书馆、实验室、训练馆等软硬件资源
	教科研机构+基础教育学校	教科研机构通过专业力量的引领,与区域学校或教育行政部门合作
	教科研机构+高校+基础教育学校	教科研机构高校、中小学校共同开展合作,发挥各自所长
教育集团的辐射路径	品牌/文化输出	核心校的办学理念等渗透到成员校的学校管理、教学过程、课程建设、教师发展、校园环境和学生培养过程之中
	师资输出	集团内部优质校和薄弱校间的教师流动
	课程输出	集团内部教材、教学案例、课件、学生测评资料、教具、教学场地、基础设施等教学资源的共享
	管理输出	优质校将办学传统和管理经验向外输出,带动薄弱学校管理方式的改进

资料来源：根据相关研究梳理并补充。颜嫱嫱：《义务教育集团化办学的模式、困境与出路》，《现代中小学教育》2016 年第 12 期。

就广州基础教育集团化办学情况来看，其集团类型主要有以下几种。

1. 以集团章程规范的松散型教育集团

从教育集团各成员校间的紧密程度来看，目前广州基础教育集团化办学主要表现为松散型教育集团，即以某一优质学校作为龙头学校，各个成员校的人、财、物以及法人资格均保持独立不变，通过集团章程的制定对各成员校实施管理，实现资源的共享和互补。如越秀区广州培正教育集团通过探索现代学校管理制度，整合现有的培正系列优质资源，促进学区管理模式不断发展与完善，组建了以集团章程为共同行为规范，由集团内各成员校组成的资源共享、交流合作及共同发展的协作联盟体。广州市第五中学教育集团、广州市南武中学教育集团等教育集团实行章程统领下的理事会负责制；集团所辖成员单位均为独立法人，且保持原党、政隶属关系及劳动人事隶属关系不变；集团所辖成员单位遵循"独立法人、相互尊重、目标一致、特色各异、资源互补、合作共享、共同发展"的关系准则；集团成员单位在德育、教学、科研、人力资源、设施设备等方面遵循协商共享、互补互用的原则。

2. 以名校优势带动的"名校+"教育集团

从教育集团的组合方式来看,广州基础教育集团化办学主要包含"名校+新校""名校+民校""名校+弱校"三种模式,即通过直接建校、委托管理、对口帮扶等形式,发挥名校的优势,扩大优质教育资源供给。直接建校指一个办学效益较好的名校携手一个新建的学校共同发展,如执信中学天河校区、广雅中学花都校区、广州市第二中学(南沙)实验学校、广州大学附属中学(南沙)实验学校、铁一中学白云校区、广州市第六中学(从化校区)。委托管理指优质校/名校向薄弱学校输出品牌和资源,如越秀集团隶属越秀区教育局管理,成员学校与广东省实验中学之间是委托管理的关系,集团内各成员校组成资源共享、合作交流及共同发展的协作联盟体,成员单位的独立法人地位不变。对口帮扶指的是优质校/名校对口帮助薄弱学校提高教育教学质量、学校管理水平,如从化市第六中学自2013年获得执信中学帮扶以来,派出到执信中学跟岗学习的教师实现了全覆盖,使从化市第六中学师生能共享执信中学的优质教学资源。

3. 以多层次多类型学校组建的教育集团

从教育集团的办学层次来看,广州基础教育集团既有同层次学校间的联合,又有跨层次学校间的联合。如同层次办学的教育集团有天河区的广州市体育东教育集团、广州华阳教育集团,南沙区的广州市南沙区金隆小学教育集团、广州市南沙区南沙小学教育集团,其成员校全部由小学构成。跨层次办学的教育集团有白云区广州培英教育集团,其成员校涵盖了幼儿园、小学、初中、完中、九年一贯制学校等不同层次的学校。跨层次、纵向的学段贯通改变了同层次、相同学段组建教育集团的扁平化管理模式,有助于打破中小学学段限制,增强纵向交流和学段衔接,是义务教育管理机制的创新,进一步促进了教育资源的优化配置与共建共享,增加了区域优质教育资源总量。

4. 多方借力组建的教育集团

从教育集团的合作主体来看,广州基础教育通过多方借力,发挥高校、教科研机构的专业优势,引领带动基础教育学校发展。如海珠区依托地缘优势,充分利用中山大学、广东第二师范学院的资源,将高校的教师、实验室、课程等资源与当地高中实现有机融合与共享；黄埔区创办了一系列高校附属学校，如北京师范大学广州实验学校、北京师范大学南方教育资源中心、中大附属外国语实验中学、华南师范大学附属外国语学校、华南师范大学附属初级中学等。再如，为促进基础教育学校优质发展，依托教科研机构的专业力量和研究团队，广州市教育研究院与各区通过合作共建的方式组建了"广州实验教育集团"，包括从化区的"6+2+N"项目、花都区的花都实验学校、增城区的广州市教育研究院附属增城实验初中、黄埔区的广东实验中学、白云区的广州实验教育集团融合实验学校、番禺区的番禺实验幼儿园、南沙区的南沙实验幼儿园等；荔湾区政府与中国教育科学研究院合作共建"中国教育科学研究院荔湾实验学校"。此外，教科研机构还联合高校，发挥各自优势，共同促进基础教育学校教学质量的提升。广州市教育研究院通过广州市学校战略发展研究基地建设项目，吸纳本院专家及高校专家进驻学校，从学校顶层设计出发，探索学校体制机制改革和学校内涵发展的路径，围绕学校内涵发展的关键要素，如课程与教学、学生培养、教师专业发展等领域开展实践与探索，形成内涵丰富的学校发展模式。

5. 依据教育集团的辐射路径划分

从教育集团的辐射路径来看，广州多措并举，集团化办学路径呈现多样化态势，有核心文化的引领、优秀教师资源的互动交流、优质课程资源的共享、优秀的办学传统和管理经验的输出等。如越秀区的广州育才教育集团和培正教育集团，积极探索集团核心文化（育才的"红棉"文化和培正的"善正"文化）引领下的现代学校管理模式；番禺区通过区域内校长教师科学合理有序流动，将名校、名师好的经验方法辐射到薄弱学校，逐步缩小校际师资水平差距；天河区的"骨干教师蓄水池"；荔湾区的"区管校聘"教师管理机制；广州市教育研究院研发的"文溪雅荷"系列课程；越秀区的"立体学区"特色课程资源的共建共享；育才教育集团的"精品活动课程"走校选课制；培正教育集团的穗港澳特色融合课程的建设；等等，多样化的基础教育优质资源供给路径也有利于供给各方得到更好的、可持续的发展。

四　广州基础教育集团化办学的未来发展思路

随着基础教育集团化办学的不断发展，广州在基础教育集团化办学方面取得了一定的成绩，中心城区优质教育资源不断向外围城区辐射，优质教育资源总量不断扩大。然而，相较于北京、上海、杭州，广州基础教育集团化办学起步较晚，问题也错综复杂，除了基础教育集团化办学中常见的学校特色问题、优质学校资源稀释问题、政校关系问题等之外，广州基础教育集团化办学还存在政府与各教育集团之间新型教育治理格局尚未形成，缺乏深度沟通协调；教师流动、培训机制尚未完善；基础教育集团化办学的信息技术应用不足；对基础教育集团化办学的效果缺乏相应的考核评估机制等问题。立足新时代，为办好人民满意的教育，广州仍需要精准施策，更好地推动基础教育高质量发展。北京、上海、杭州等地基础教育集团化办学的经验为广州提供了有益借鉴，未来应重点从以下几方面努力。

（一）完善教育集团化办学的管理体制，规范治理结构

1. 建立以政府机构为主导的集团化办学管理体制

探索建立政府部门与教育集团的新型关系，简政放权，建设服务型政府，赋予教育集团更多的自主发展和内部管理权限，政府对集团化办学从宏观上进行统筹，协调各项社会资源，引导集团化办学健康发展。市属教育集团隶属市教育局管理，各区属教育集团隶属各区教育局管理。集团内各成员校组成资源共享、合作交流及共同发展的协作联盟体，成员学校的独立法人地位不变。市、区政府及教育等有关部门对实施集团化办学的学校，在资金投入、校园建设、设施设备配置等方面予以政策倾斜，并出台一系列有利于集团化办学的支持与鼓励政策。

2. 规范集团内部治理结构和运行机制

推动各教育集团章程的制定工作，按照"一集团一章程"落实集团内

部管理，以章程规定集团内各学校的办学行为、体现集团办学特色，建立对成员学校的考核和良性进入、退出机制。

（二）聚焦内涵发展，推动集团内优质教育资源共建共享

1. 建立集团内教育资源共享机制

实现设施设备、人力资源、经费、教研、科研等共同管理及科学调配。一是教学设施共享，图书馆、操场、功能教室、专用教室以及教学设备、仪器集团内相互开放，无偿提供使用便利条件。二是优秀师资共享，通过教师交流、跨校兼课、师徒结对等形式，实现集团内各学校名师、骨干教师和学科带头人等优秀教师资源柔性流动。三是教学资源共享，打造网络资源库，将各校学科课程资源、校本教研成果、教科研成果、学校特色发展项目等有形成果上传，实现资源互通有无。

2. 推进集团内学校间办学联动

集团核心校全面统筹集团内教育资源，实现集团内的学校联动（如幼儿园、小学、初中、高中等学段纵向联动）、资源联享（如图书馆、实验室、教学功能场室、课件教学资源库等联合共享）、特色联建、学生联招（在小升初、初升高等招生名额分配、自主招生方面向集团内部成员校适当倾斜）、活动联合（如消防演练、科技节、活动节等联合开展）。

（三）加强集团内部信息平台建设，改善教育教学资源分布不均衡的现状

运用现代信息技术提升集团内优质课程资源共建共享水平。建设集教学、资源、教研、管理于一体的教育资源共享服务平台。以网络学习空间为载体，实现学生、教师、管理者基于网络的同步课堂、同步练习、同步教研、同步测试、同步评价。一是发挥集团优秀教师课程示范引领和典型辐射作用，开展实时视频教学活动，构建同步互动课堂。针对各分校生源差异，采取"1＋N"的方式开展同步课堂，即由集团总校教师课程主讲、重点详讲、难点精讲，各分校教师根据生源基础和学生掌握知识点情况开展分层巩

固教学，适时调整教学进度，实现因材施教。二是依托教育集团共享题库资源，开展集团内课堂同步练习。集团各分校教师根据学生学习行为大数据分析，向学生推送个性化习题。学生完成后及时上传到集团网络平台，供教师批改。教师通过网络批改，对学生的学习实时监测、个别指导。三是依托教育集团互动教学平台，开展各成员校网络同步教研。通过骨干巡教、师徒带教、名师送教等途径，扩展同课异构、网络观课评课、网络培训、课堂教学探讨、专家点评等教研渠道，实现教研联动，协同发展。四是基于集团内优质题库资源，以学生自主学测、课堂小测、阶段测试等方式，开展同步测试。按照教学目标和评价标准，教育集团对学生学业成绩、教师教学质量进行同步评价。通过采集学生学习行为数据，建立学生学习档案，对学生学业发展水平、兴趣特长爱好、学业负担情况等进行评价。

（四）多措并举，推进集团内骨干教师柔性流动

1. 创新骨干教师的柔性流动机制

探索实施以集团为单位配置教师资源的制度，促进骨干教师在集团内不同学校之间的"双向流动"。教师流动采取个人申报与学校推荐相结合的方式，每学年调整一次。教育集团内部应建立明确的教师流动制度，在教师流动形式上各教育集团可自主创新，如全日制交流、跨校上课、计次上课等。参与流动的教师人事关系保留在派出学校，享受派出学校工作待遇。教师流动期间的考核评价由流入学校负责实施。设立教师流动专项资金，作为参与流动教师的津贴。"盘活优化"，探索建立"离退休骨干教师资源库"。

2. 完善集团化办学教师编制管理办法

人事和教育部门要根据集团化办学发展需要，对集团化内部学校采取弹性或动态编制管理办法，适当增加集团内核心校编制和中、高级专业技术职称数。通过"跨区域编制流转"等方式适当增加集团化办学核心校的教师编制。

3. 加大对集团内教师培育力度，加速优质师资生成

建立教育集团一体化师资培训体系。依托核心校学科基地和成员学校优

势学科,建立集团中心教研组,指导各成员校的学科教学、教研工作,带动教师教学能力的整体提高,优化集团师资力量。建立集团教学改革试点基地,构建集团校长、中层干部、骨干教师、教师学历提升一体化培训体系。

(五)多方借力,拓宽集团化办学的渠道

充分发动社会力量,多方借力开展集团化办学,拓宽集团化办学的渠道,支持基础教育学校,特别是"薄弱"校、农村校的建设。一是鼓励高等院校参与基础教育集团化办学的实践与研究。充分利用高校在学科专业、师资力量、教学场地、科研、实验室、图书馆、科学馆等多方面的优势,促进基础教育学校取得更大的发展和变革。二是市(区)教科研机构,如广州市教育研究院和各区教育发展(研究)中心(院)、教师进修学校、教研室等,应发挥学科专业优势,指导集团的教研与科研活动,设计和开展以集团为平台的各类教研和科研活动,引导集团化办学提升内涵,同时应做好集团化办学的干部和骨干教师培训工作。三是鼓励社会各类主体举办民办学校,形成以政府办学为主体、社会各界积极参与、多元化办学的发展格局。四是充分发动民办培训机构和教育机构、博物馆、歌舞剧院等公共资源团体、社区资源等社会力量,支持基础教育集团化办学。

(六)加大经费投入

加大集团化办学经费投入,市本级财政在年度预算中应安排集团化办学专项经费,区财政也应设立专项经费及管理办法,用于推进集团化办学。专项经费主要用于集团化办学运作管理经费、教育科研投入、内部信息网络的建设、薄弱成员学校的扶持、对集团化办学绩效显著的团体和个人予以奖励、教师流动的补贴等。同时积极探索多元投入机制,拓宽经费投入渠道,形成以政府办学为主体、社会各界积极参与、公办和民办共同发展的格局。

(七)健全激励机制

一是提高专业技术职务聘任比例。各区针对已开展集团化办学的中学集

团核心学校高级专业技术职务和小学、幼儿园集团核心学校中级专业技术职务聘任比例，在原有基础上适当提高。二是将集团化办学成效纳入绩效考核范围。各教育集团在核定的奖励性绩效工资总量中抽取一定比例作为绩效工资增量，对在集团化办学中承担重要职责、发挥重要作用、办学绩效显著的团队和个人给予一定的奖励。

（八）完善督导评估机制

教育行政部门应尽快制定集团化办学的考核评估指标，将优质资源增量与校际差距缩小情况以及每所学校学生进步、教师成长、学校持续发展情况，学生、家长与社区老百姓满意度作为检验集团化办学成效的重要标尺。将市、区属教育集团化发展情况列为市、各区教育质量评估指标、年度教育工作评价指标予以考核。

B.4
2019年广州智慧教育发展报告

李赞坚 简铭儿*

摘 要: 近年来,广州市以统筹规划、创新应用、试点先行、示范引领为原则,全面推动广州市智慧教育工作,践行以教育信息化推进广州市教育现代化的理念。本文选取了广州市智慧教育改革的五个典型实践案例,剖析了广州市智慧教育以顶层设计引领发展,开展支撑环境建设,初步建成优质教育资源共建共享体系,以研促建,提升建设应用水平辐射带动的改革推进路径,并结合广州特点提出未来要结合国家"粤港澳大湾区"战略和5G技术发展战略,推动广州智慧教育高质量均衡发展。

关键词: 智慧教育 智慧校园 教育治理 5G技术 教育均衡

一 引言

近年来,随着科学技术的进步,社会发展进入新阶段。在新一代人工智能技术、大数据、物联网等新理论、新技术以及经济社会发展强烈需求的共同驱动下,社会的形态正在发生深刻的改变。开展智慧教育,构建智慧校园,为我国未来发展培养智慧化的创新型人才,已成为社会发展的必然需

---

* 李赞坚,广州市教育信息中心创新研究部部长,信息技术中学高级教师,主要研究方向为区域教育信息化发展、新一代信息技术教育应用等;简铭儿,广州市教育信息中心创新研究部教师,信息系统项目管理师,主要研究方向为区域教育信息化发展等。

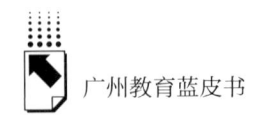

求。2017年8月，国务院颁布了《新一代人工智能发展规划》，文件提出了"利用智能技术加快推动人才培养模式、教学方法改革，构建包含智能学习、交互式学习的新型教育体系。开展智能校园建设，推动人工智能在教学、管理、资源建设等全流程应用。开发立体综合教学场、基于大数据智能的在线学习教育平台。开发智能教育助理，建立智能、快速、全面的教育分析系统。建立以学习者为中心的教育环境，提供精准推送的教育服务，实现日常教育和终身教育定制化"[1]。2018年4月，教育部颁布了《教育信息化2.0行动计划》，提出了要"以人工智能、大数据、物联网等新兴技术为基础，依托各类智能设备及网络，积极开展智慧教育创新研究和示范，推动新技术支持下教育的模式变革和生态重构"[2]。

智慧教育是综合运用新一代信息技术，重塑教与学模式和校园生态的教育改革。智慧教育以落实立德树人的根本任务、促进教育公平、培养德智体美劳全面发展的人才为目标。智慧教育的核心特征包括：一是在技术应用上，既有别于传统意义上的"培养智慧的教育"，也有别于一般意义上的教育信息化，智慧教育是新技术革命的产物，它以大数据、人工智能、物联网等新一代信息技术的应用为基本特征；二是在教学模式上，以规模化的个性化学习、打破时空界限的泛在式学习、虚实结合的沉浸式学习为主要特征，此外，基于新技术的项目式学习（PBL）、跨学科学习（STEM或STEAM）、协作学习、翻转课堂等，也是几种常见的智慧教学模式；三是在教育治理上，以新技术支持下的减负增效和精准治理为主要特征。

广州市教育局根据教育部发布的《教育信息化"十三五"规划》《教育信息化2.0行动计划》以及广州市委、市政府《关于实施"智慧广州"战略建设国家中心城市的意见》等文件要求，结合建设创新型智慧城市的任务，大力推进智慧教育工作，在体制机制、智慧教育支撑环境、智慧教育应

---

[1] 《国务院印发〈新一代人工智能发展规划〉》（国发〔2017〕35号），http://www.gov.cn/zhengce/content/2017-07/20/content_5211996.htm，2020年3月9日。
[2] 《教育部印发〈教育信息化2.0行动计划〉》（教技〔2018〕6号），http:www.moe.gov.cn/srcsite/A16/S3342/201804/t20180425_334188.html，2020年3月9日。

用能力、智慧型队伍建设等方面开展了大量探索与实践，取得了明显的成效，产生了一批典型建设应用案例，在国内起到了示范带动作用。

二　基本情况

　　智慧校园是实施智慧教育的主要载体，建设智慧校园对验证、实施、推广智慧教育的理论和方法起到关键性的作用。广州市建设智慧校园思路与实践始于"智慧城市"建设。2012年，广州市委、市政府颁布了《关于建设智慧广州的实施意见》，启动智能交通、智能港口、智慧人文教育、智能水网、智慧民生服务等一批智慧城市应用示范项目建设。同年，广州市被评为全国智慧城市领军城市。广州市教育局在2013年4月颁布了《广州市中小学智慧校园建设试点工作实施方案》，提出了"组织开展中小学智慧校园建设专项培训""开展智能化校园环境建设的探索与实践""开展信息技术融入教学实践的改革探索""开展技术支持下学校管理模式改革探索""开展智慧型教师的培养模式和策略研究""研究并制定出中小学智慧校园建设标准"六项工作重点。根据这一方案，广州市教育局先行建设了广州市第六中学、广州市铁一中学、广州市第一中学、越秀区云山小学、天河区体育东路小学、番禺区德兴小学六所"智慧校园试点学校"。两年后，这六所学校被确认为"智慧校园样板校"。

　　根据六所样板校的实践经验，广州市教育局研究制定了《广州市中小学校园智慧建设与应用标准（试行）》《广州市中小学（中等职业学校）智慧校园实验研究项目指南》等文件。广州市教育局在2016年11月颁布了《广州市中小学（中等职业学校）智慧校园实验校实施方案》，进一步提出了"大力开展'互联网＋'学校教育的创新实践，充分应用现代信息技术，变革传统教育模式，实现教育理念、教学模式、管理机制、人才培养、教育评价的创新，推动'互联网＋'时代的教育改革"的目标，并确立了第一批65所"广州市中小学（中等职业学校）智慧校园实验学校"，全面推进广州市智慧校园的建设工作。6所样板校和第一批智慧校园实验校合共71

所学校，其中小学 24 所，初中 5 所，普通高中 3 所，完全中学 26 所，九年一贯制学校 2 所，职业中学 10 所，特殊教育学校 1 所，学校的类型具有广泛的代表性（见图 1、图 2）。

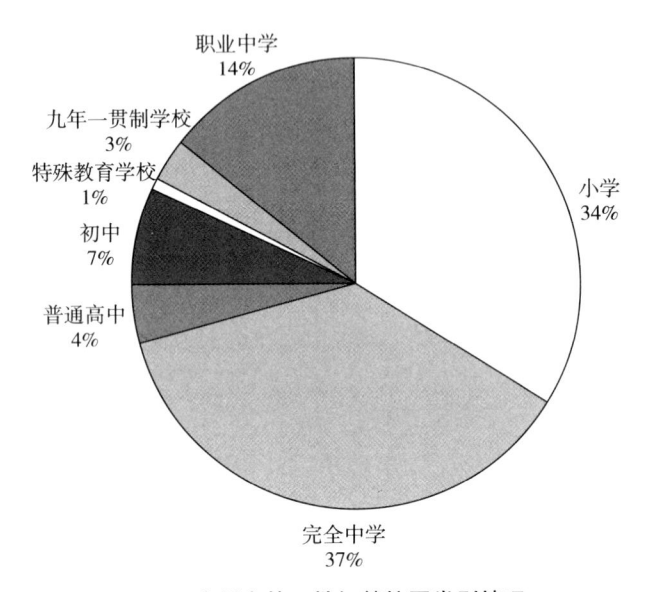

图 1　广州市第一批智慧校园类别情况

资料来源：《广州市教育局关于开展智慧校园试点工作的通知》。

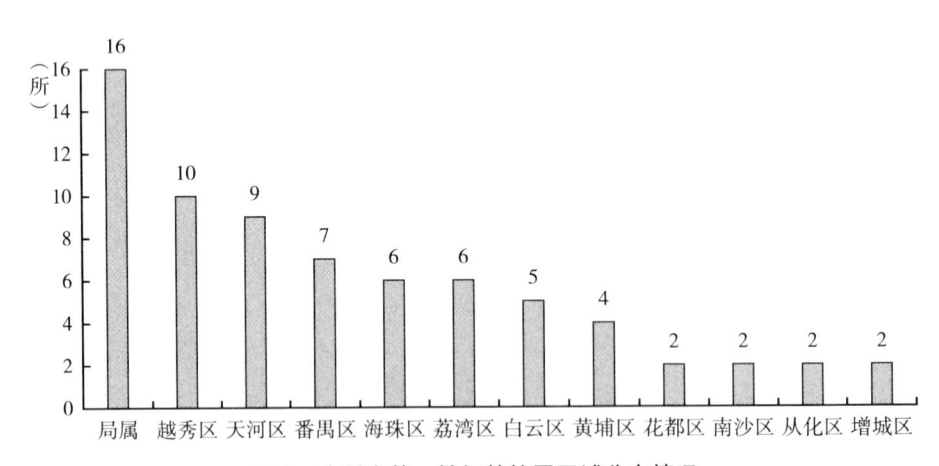

图 2　广州市第一批智慧校园区域分布情况

资料来源：《广州市教育局关于开展智慧校园试点工作的通知》。

至2019年，广州市智慧校园的建设工作已初见成效，各实验校在理论融合、环境建设、课堂教学、校本特色、评价诊改、品牌塑造等方面都取得了众多的突破，生产了大量的成果①。

为了落实《教育信息化2.0行动计划》等国家政策，推动广州智慧教育的创新发展，广州市申报了教育部"智慧教育示范区"。在申报方案中，提出了以"智慧阅读工程""教育集群工程""AI+创新工程""教育大数据平台工程""智慧培训工程""智慧评价工程""协同创新工程"组成的"313工程"推动示范区的建设，实现智慧教育可持续发展。2019年5月，广州市成功入选教育部"智慧教育示范区"的首批八个创建区域。

三 智慧教育改革的推进路径

（一）规划先行，以顶层设计引领发展

广州市重视以顶层设计带动智慧教育的创新发展。2013年，广州市教育局颁布了《广州市中小学智慧校园建设试点工作实施方案》，早于其他国内中心城市。2016年颁布了《广州市中小学校园智慧建设与应用标准（试行）》，从"机制与保障""基础支撑环境""智慧教育应用能力""智慧型队伍建设""示范与辐射"五个方面引导学校开展智慧校园的建设与应用。2018年，国务院《新一代人工智能发展规则》、教育部《教育信息化2.0行动计划》等文件颁布，广州市及时调整了相关的政策，制定并颁布了《广州市教育局关于加快推进广州市中小学智慧校园建设的指导意见（试行）》《关于推进广州市中小学人工智能与教育融合创新指导意见（试行）》等文件。

---

① 广州市教育信息中心：《融合创新 智领未来——广州市智慧教育创新应用优秀案例集》，羊城晚报出版社，2019。

2019年6月，广州市启动了第二批智慧校园实验校的申报工作，颁布了《广州市第二批智慧校园建设指标体系（试行）》。该体系在吸收第一批智慧校园建设与应用经验的基础上，对标教育部《教育信息化2.0行动计划》《中小学数字校园建设规范（试行）》和国务院《新一代人工智能发展规划》等文件精神，制定了包括"智慧教学""智慧教研""智慧评价""校园生活与家校互动""资源共建共享""实验研究""网络与信息安全""示范引领"八个部分的评价体系，作为广州市今后开展中小学智慧校园实验校建设与应用的主要依据。

表1 广州市近年来开展智慧教育重要规划文件一览

标题	主要内容	颁布时间
《广州市中小学智慧校园建设试点工作实施方案》	启动广州市智慧校园试点校的建设，明确了试点校"组织开展中小学智慧校园建设专项培训""开展智能化校园环境建设的探索与实践"等六项工作重点	2013年4月
《广州市中小学校园智慧建设与应用标准（试行）》	确定广州市中小学智慧校园的建设内容与验收标准，包括"机制与保障""基础支撑环境""智慧教育应用能力""智慧型队伍建设""示范与辐射"五个方面	2016年9月
《广州市中小学（中等职业学校）智慧校园实验校实施方案》	确定首批智慧校实验工作方案，包括实施目标、实施原则、实施内容、保障条件等	2016年11月
《广州市中小学（中等职业学校）智慧校园实验研究项目指南》	确定智慧校园实验研究项目"生态型智慧校园基础支撑环境的构建""智慧教育应用与教学创新"等5个研究方向	2017年3月
《广州市教育局关于加快推进广州市中小学智慧校园建设的指导意见（试行）》	提出了"推进以生为本的智慧教学""开展专业协同的智慧教研""实现便捷智能的智慧治理"等六项工作任务	2018年11月
《广州市第二批智慧校园建设指标体系（试行）》	明确广州市第二批智慧校园的建设内容，包括"智慧教学""智慧教研""智慧评价""校园生活与家校互动""资源共建共享""实验研究""网络与信息安全""示范引领"八个部分	2019年6月

资料来源：广州市教育局官网。

（二）夯实基础，开展支撑环境建设

广州市完善了由"一网（广州市教育科研网）、一平台（广州数字教育城公共服务平台）、两库（教育管理数据库、教育资源数据库）、四中心（教师学习发展中心、学生学习发展中心、教育电子政务中心、社区学习交流中心）"组成的教育信息化应用综合支撑体系，已基本完成了宽带网络"校校通"、优质资源"班班通"、学习空间"人人通"的建设任务，为全市性的智慧教育开展提供了有力的保障。①

广州市通过开展"广州市中小学智慧校园示范工程"项目的建设，在软件环境方面，建设了"中小学智慧校园"教学支持系统，创建了与中小学各学科教学相适应的虚拟仿真实验室，向全市中小学校提供有效支持学与教的学科教学工具、协作交流工具和知识可视化工具，以满足学生探索性学习、个性化学习、协作化学习、针对性评价以及教师信息化教学的需求；在硬件环境上，为样板校建设了智慧教室，每个智慧课室配备了支持个性化学习的教学平台和移动学习终端，为学校开展智慧课堂的研究与实践提供了支撑。

在做好智慧教育支撑平台建设工作的同时，广州市教育系统大力加强网络安全工作，自主研发构建了"重要信息系统实时监控防护平台""安全事件零报告平台"等网络安全管理体系，基本净化了广州市各级各类学校网站，有效发现和处置教科网接入的信息系统安全威胁。2018年5月，广州市教育信息中心实施的"广州市教育科研网网络空间安全管理体系构建与实践工程"获评为"广东省网络空间安全优秀工程项目"。②

（三）标准统领，初步建成优质教育资源共建共享体系

广州市建设了广州智慧教育公共服务平台，颁布了区域性的接口规范，

---

① 广州市教育信息中心：《广州市中小学（中等职业学校）智慧校园建设与应用工作总结》，广州市中小学（中等职业学校）教育信息化工作推进会，广州，2018，第3页。
② 广州市教育信息中心：《广州市中小学（中等职业学校）智慧校园建设与应用工作总结》，广州市中小学（中等职业学校）教育信息化工作推进会，广州，2018，第3~4页。

目前已有优质教育资源120TB，基本实现了对象全覆盖、学科全覆盖、服务全覆盖。积极参与教育部"一师一优课、一课一名师"活动，2018年全市共有1365所中小学校参与活动，晒课率超过50%，部省级"优课"数连续3年位列全省第一。2017年，广州市被教育部列为国家数字教育资源公共服务体系建设与应用首批试点。

广州市教育局以教育大数据项目为抓手，积极构建广州市优质教育资源共建共治共享体系。根据广州市教育大数据发展三年规划，研究制定广州市教育数据管理标准，建立数据授权使用规范，完善本市教育数据管理体系；建设广州市教育大数据服务系统，扎实推进广州市教育数据的统一规范采集、安全共享和挖掘分析；进一步做好国家、省的网络学习空间资源共建共享，积极构建本地化资源体系。

（四）以研促建，提升建设应用水平

2017年3月，广州市教育局颁布了《广州市中小学（中等职业学校）智慧校园实验研究项目指南》，确定了"生态型智慧校园基础支撑环境的构建""优质数字教学资源开发与应用""智慧教育应用与教学创新""智慧型教师队伍建设""智慧校园治理与服务创新"五个研究方向。2018年4月，广州市教育局公布了"智慧校园新型课程形态中的学生多元评价研究"等72项第一批智慧校园实验研究项目立项名单。2018年8月，广州市教育局在市教育科学规划课题里设立了"智慧教育"专项，"人工智能自适应学习技术的应用对学生提高学习质量的研究"等一批课题获批立项。从实验研究项目和专项课题的进展情况来看，广州市各智慧校园大多数能结合智慧校园的建设应用工作深入开展实验研究，实践了"以研促建、以研促用"，在很大程度上改变了以往"研用分离"的现象，成效明显。

（五）辐射带动，助力教育均衡发展

广州市充分运用"互联网+"模式，聚焦课堂与信息技术的融合创新，通过举办系列活动，实现了智慧校园辐射非智慧校园、广州市教育辐射对口

帮扶城市的网络精准帮扶，促进了智慧教育的均衡发展。广州市天河区教育局等单位开展了"广清互联网+优课解码"教师专业发展项目。广州市天河区教育局与连山壮族瑶族自治县联合申报了中央电教馆的"信息技术支持下的区域研修模式"研究及试点，成为广东省唯一入选的项目。广州市番禺区教育局承办了藏粤两省区"互联网+优课"展示活动，把广州的优质教育资源辐射到西藏地区。广州市越秀区教育局承办了"智慧课堂课例展示活动"，把越秀区智慧校园的优秀课例辐射到全市及西藏、贵州等地。

为落实习近平总书记在全国教育大会的讲话精神和广州教育帮扶政策，广州市依托智慧校园实验校组织实施了"'易美课堂'互联网+美育"专项工作。2018年10月，广州市教育信息中心联合清远市教育教学研究院等单位举办了首届"易美课堂"活动，选取了两市四所学校具有代表性的美术课例通过互联网进行展示交流研讨，以"专递课堂"的形式，把优质的教学资源同步辐射到农村地区学校。2019年5月，广州市教育局与西藏林芝市教育局联合组织了第二届"易美课堂"活动，组织了广州市八所智慧校园和林芝市四所学校的师生参与活动。本次活动除了对音乐和美术课例进行了网络展示与交流外，还充分运用信息技术，把美育的理念渗透到物理、语文、数学等学科的教学中，向广州与西藏林芝市的孩子展现了"不一样"的融合创新课堂，受到与会专家和观摩师生的一致好评，网络直播在线收看超22万人次，打造了以"互联网+"手段促进美育改革、推动教育均衡发展的特色品牌。

四 智慧教育改革的典型实践

（一）广州市越秀区——"一核两翼"助力教育高质量发展

越秀区是广州市中心城区，历史悠久，文化底蕴深厚，是广东省教育强区、广东省教育综合改革试验区。越秀区现有区属公办中小学、幼儿园共95所，在校学生15.37万人，各类学校教职工1.4万人。近年来，越秀区充分发挥广州市教育信息化龙头的示范辐射作用，通过教育信息化"一核两翼"策略，积极探索推进教育优质均衡发展新途径，积极打造高品位、现代化的越秀教育。越秀区采取教育信息化"一核两翼"策略，即以信息技术与教育教学融合创新为核心，以教育公共服务平台提供精准与共享的大数据服务、新技术环境下开展的教学模式创新实践为两翼，构建信息化支撑的政府教育供给方式和基于开放共享数据的现代教育治理体系，创设信息时代全新的教育教学环境、教学组织方式和课程形态，整体推动区域教育优质均衡发展。① 该区部分学校的教育信息化建设成效已在国内产生了较大影响（见图3）。

由越秀区教育局报送的案例《教育信息化"一核两翼"推进区域教育优质均衡发展的创新实践》被评为教育部"2018年基础教育信息化应用典型案例"和"2019年度广东省教育信息化应用典型案例"。

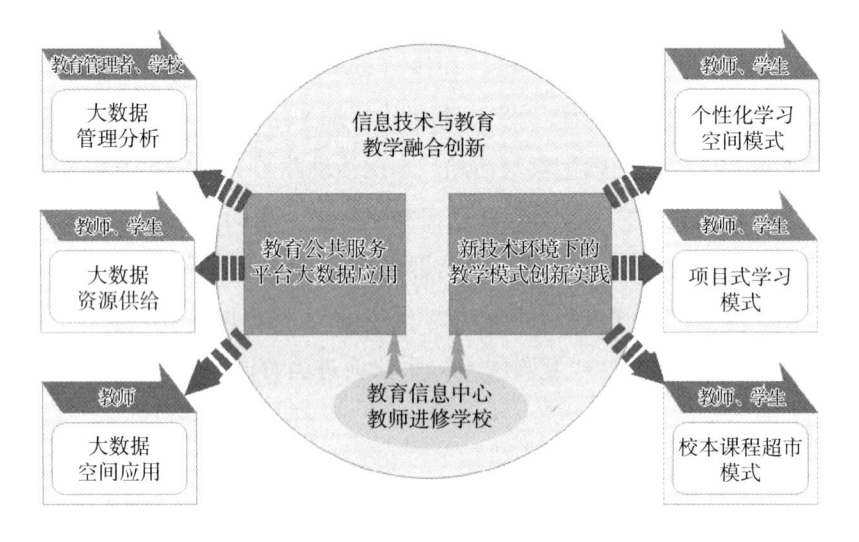

图3 广州市越秀区教育局教育信息化"一核两翼"实施框架

资料来源：广州市越秀区教育局：《教育信息化"一核两翼"推进区域教育优质均衡发展的创新实践》，2019年度广东省教育信息化应用典型案例，2019。

---

① 广州市越秀区教育局：《教育信息化"一核两翼"推进区域教育优质均衡发展的创新实践》，2019年度广东省教育信息化应用典型案例，2019，第4~5页。

（二）广州市白云区——"城乡二元化结构"地区的教育均衡发展

白云区位于广州市城区北部，全区有中小学、幼儿园 586 所，在校学生 31.33 万人，在校教职工 2.88 万人，专任教师 1.98 万人。白云区具有明显的"城乡二元化结构"特征，也是目前广州市中小学校总数及在校中小学生数最多的区。近年来，白云区教育局通过大力开展智慧校园试点校建设推动教育均衡发展，制定了区级智慧校园建设应用指南等系列指导文件，建设了两个批次 40 余所区级智慧校园，通过智慧校园的建设推进教育教学改革。白云区根据"1358"发展战略，秉承"立真求新"的白云教育发展理念，教育信息化建设实施一体化管理，坚持深化应用、融合创新，既强调局部统筹规划，又鼓励学校个性发展，打造白云智慧教育新体系。2018 年，白云区已建成统一的教育资源管理系统，资源库涵盖所有中小学资源，针对教学实际二次开发或自制教学资源，并在区教学资源平台中展示共享，逐步积累、充实教学资源（见图 4）。①

由白云区教育局报送的案例《应用一体化大数据云平台，创建白云智慧教育新体系》入选了"2019 年度广东省教育信息化应用典型案例"。

图 4 广州市白云区教育资源公共服务子平台

资料来源：广州市白云区教育局：《应用一体化大数据云平台，创建白云智慧教育新体系》，2019 年度广东省教育信息化应用典型案例，2019。

---

① 广州市白云区教育局：《应用一体化大数据云平台，创建白云智慧教育新体系》，2019 年度广东省教育信息化应用典型案例，2019，第 1~3、11 页。

（三）广州市执信中学——信息化助力百年名校创新发展

广州市执信中学是孙中山先生于1921年为纪念朱执信先生而亲手创办的一所纪念性学校，是广东省重点中学、国家级示范性普通高中。作为一所"百年名校"，广州市执信中学高度重视通过新一代信息技术支撑和引领学校的发展，按照"高位谋划、整合资源、分步实施"的原则，采用"服务构建、开放合作、持续交付"的策略，"信息化能力持续交付"建设模式，通过"服务设计"全面落地学校智慧校园的建设，构建基于信息化的学生核心素养培养的新模式、新方法和新途径，逐步形成基于云平台的学生个性化发展评价体系，构建基于云技术的终身学习空间，基本建成人人可享的优质教育资源信息化学习环境（见图5）。[1]

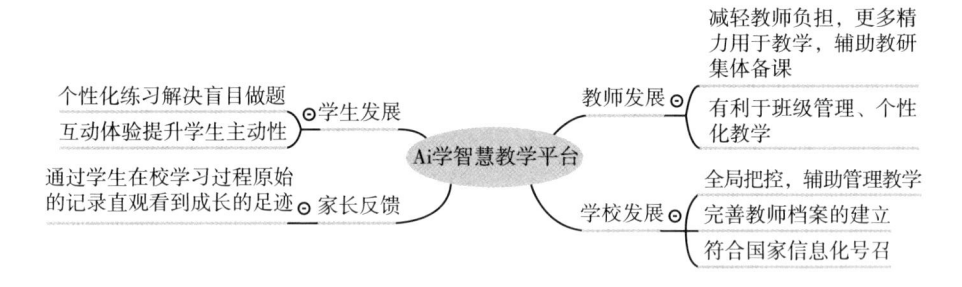

图5 广州市执信中学 Ai 学智慧教学平台架构

资料来源：广州市教育信息中心：《融合创新　智领未来——广州市智慧教育创新应用优秀案例集》，羊城晚报出版社，2019。

（四）广州市越秀区东风东路小学——信息技术融入教学全过程，打造信息化名校

广州市越秀区东风东路小学创建于1948年，经过近20年的实践发展，已成为广州市的一所"信息化名校"。目前东风东路小学共建成73个"人

---

[1] 广州市教育信息中心：《融合创新　智领未来——广州市智慧教育创新应用优秀案例集》，羊城晚报出版社，2019。

手一机"的网络班，约占该校班数的97%，各校区均实现了资源共享、协调发展，逐步形成现代化、集群式的创新发展办学规模。以"高位构建、常态应用、素养提升"为标志的教育信息化品牌已成为东风东路小学的"名片"。近年来，东风东路小学融合学科素养和立德树人的目标，提出"空间建设－课程构建和课堂应用－学生评价"三融合一体化的创新育人模式，形成"素养－课程－课堂－空间－评价"教学生态链，以培养学生核心素养为核心，重构"人工智能（AI）+时代"的学习空间，打造多维课程，开展技术支撑下的思维课堂、研学课堂、实践课堂（TRSP）研究，以"伴随式"评价贯穿学习、生活的全过程，促进学生全面发展，培养满足新时代需求的创新人才，取得了突出的成效（见图6）。①

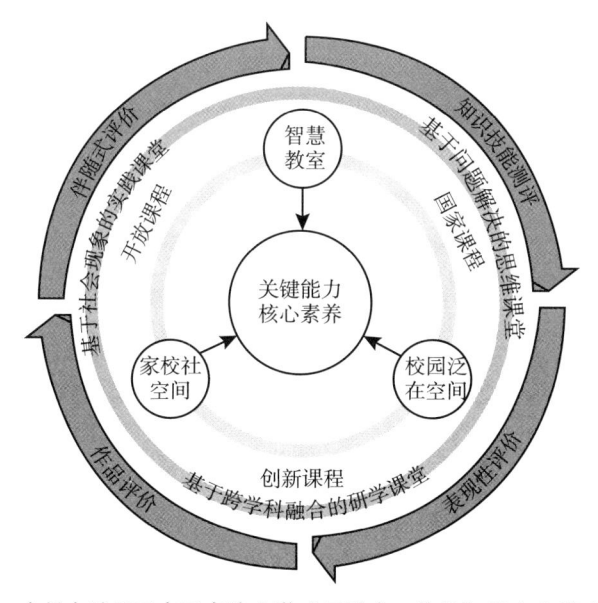

图6 广州市越秀区东风东路小学"三融合一体化"的育人模式框架

资料来源：广州市越秀区东风东路小学：《基于AI+学习空间的小学生"伴随式"评价研究》，2019年度广东省教育信息化应用典型案例，2019。

---

① 广州市越秀区东风东路小学：《基于AI+学习空间的小学生"伴随式"评价研究》，2019年度广东省教育信息化应用典型案例，2019，第1~3页。

近年来，广州市越秀区东风东路小学在教育信息化领域获得了系列殊荣，包括：被评为"教育部首批教育信息化优秀试点单位"、获批"广东省基础教育信息化融合创新示范培育推广项目"、入选了"2019年度广东省教育信息化应用典型案例"等。

（五）广州市天河区体育东路小学——构建以学生为中心的智慧生态

广州市天河区体育东路小学创办于1990年9月。学校秉承"自主发展，自我超越"的精神，以"让每个人做最好的自己"为办学愿景，形成了教

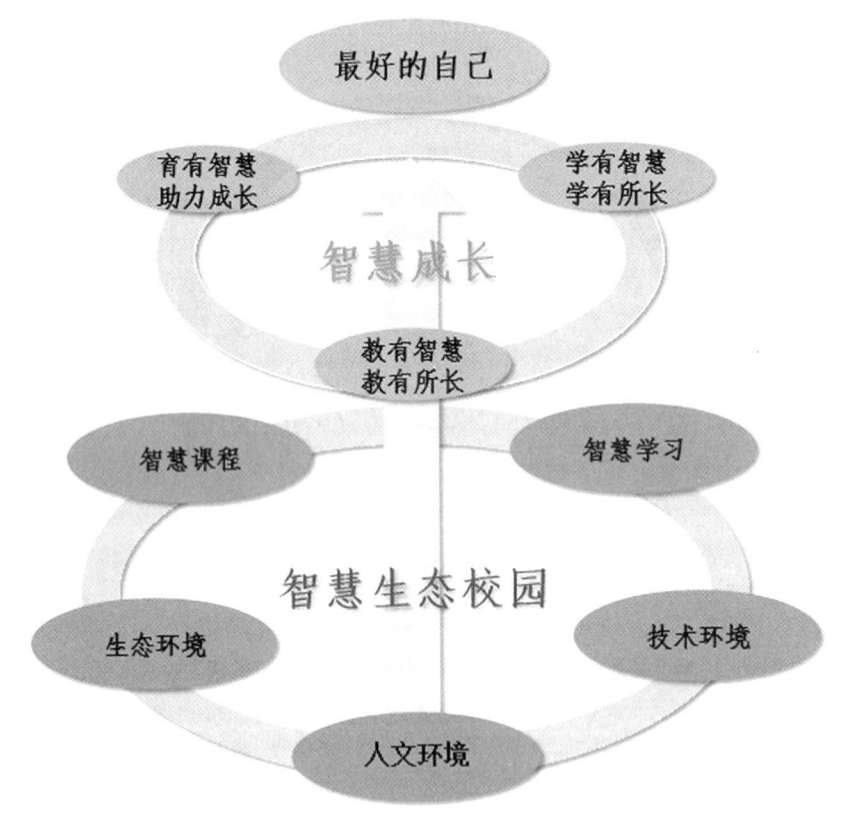

图7 广州市天河区体育东路小学智慧校园建设总体思路

资料来源：广州市教育信息中心：《融合创新 智领未来——广州市智慧教育创新应用优秀案例集》，羊城晚报出版社，2019。

育信息化发展品牌,是全国"千所现代教育技术实验学校"、教育部"第一批教育信息化试点学校"、"中国教育发展基金会－戴尔'互联创未来'项目创新应用实验学校"。体育东路小学以"让每个人做最好的自己"为办学理念,以培养适应互联网时代的未来杰出人才为目标,努力创造均衡化、优质化、现代化、国际化的小学教育,以信息技术带动学校"环境－课程－学习"重构,构建以学生为中心的智慧生态校园。学校创建了科学混合实验室、中英文语言实验室、AR增强现实技术体验室、创客实验室、未来课室、自带设备学习的智慧课室等一批具有学校特色的智慧学习实验室,创设智能泛在的学习空间,为学生构建了学习空间无边界、学习方式多元选择、学习资源精准服务的学习环境,为生态校园赋予新的功能和力量(见图7)。[①]

由广州市天河区体育东路小学报送的案例《创建智慧生态校园,做最好的自己》,被评为教育部"2017年基础教育信息化应用典型案例"。

五 未来展望

广州市开展智慧教育工作取得重要突破,在国内产生较大影响力的同时,随着技术的进步以及国内外教育形势的发展,也面临着重要的机遇与挑战,具体如下。

(一)结合国家"粤港澳大湾区"战略,推动广州智慧教育创新发展

2019年2月,中共中央、国务院印发了《粤港澳大湾区发展规划纲要》,对十一个城市和特别行政区在大湾区的发展目标进行了定位,其中要求广州要"充分发挥国家中心城市和综合性门户城市引领作用,全面增强国际商贸中心、综合交通枢纽功能,培育提升科技教育文化中心功能,着力

[①] 广州市教育信息中心:《融合创新 智领未来——广州市智慧教育创新应用优秀案例集》,羊城晚报出版社,2019。

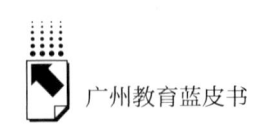

建设国际大都市",这是在大湾区中唯一以"科技教育文化中心"为建设目标的城市。"粤港澳大湾区"的国家战略既是广州面临的重大历史机遇,也是广州应承担的重要历史责任。在这一国家战略的背景下,广州市将结合"粤港澳大湾区"的建设目标,通过实施创建智慧教育示范区的七大工程,推动信息技术与教育教学的深度融合,以落实"立德树人"的根本任务,提高教育教学质量和教育管理决策水平,带动广州市智慧教育的全面创新发展,为"粤港澳大湾区"创设良好的基础教育环境和培养创新型人才,在"粤港澳大湾区"内起到示范引领作用。

(二)结合国家推动5G技术发展战略,推动广州教育高质量均衡化发展

广州市作为国家的重要中心城市,共有学校约4000所,涵盖了各个类型与层次,在校学生超300万人,其中既有教育强区,也有教育薄弱山区,区域教育发展不平衡、不充分的问题比较突出。近年来,广州市虽然在优质教育资源共建共享以及开展远程教育帮扶工作方面取得了明显的成效,积累了较丰富的经验,但目前为止,广州市教育发展不均衡的问题仍较为突出,以现有技术手段实现教育公平的瓶颈也日渐凸显。

广州市将结合国家推动5G技术发展的战略,积极打造以信息化手段推动教育均衡化发展的新模式。利用5G技术低时延、高带宽、泛在性等特点,推动5G技术背景下人工智能、物联网等新一代信息技术在教学、管理、资源建设等方面全流程应用;立足以信息技术推动教育高质量均衡化发展,推进5G+4K/8K超高清视频、全息通信等技术在教育教学上的应用,以专递课堂、名师课堂、名校网络课堂等方式开展"5G+教育帮扶"工作。

(三)加强正面宣传引导,构建积极舆论环境

重大的技术变革与普及,必然带来某一社会领域的模式重构。以人工智能、大数据、物联网为代表的新一代信息技术的发展与广泛应用,在改变社会面貌的同时,也必将重构教育生态。教育作为重要的民生领域,其模式的

重构也必然会受到社会舆论的广泛关注。例如，以平板电脑为代表的移动智能终端在教育上的应用，推动了个性化学习的规模化开展，极大提高了学生获取学习资源的便利性，但是也给家长带来了"影响视力""沉迷手机"等疑虑；以智能手环为代表的可穿戴式智能设备的应用，可在走班排课、学生考勤、健康监测、防范校园安全事故等方面起到重要的支撑作用，但也为社会带来了"侵犯学生隐私"的担忧。对此，一方面我们应对新技术的应用在充分论证的基础上稳妥推进，在发挥信息化手段正面效能的同时，及时发现并消除其不利影响；另一方面要加强对国家教育信息化相关政策以及国内外先进案例的宣传，消除公众的疑虑与误解。

广州市将进一步落实《教育信息化2.0行动计划》以及《中国教育现代化2035》等要求，按照"世界前列、全国一流、广州特色、示范引领"的目标，围绕"立德树人"的根本任务，统筹建设一体化智能化教学、管理与服务平台，着力打造一批应用典型案例学校，推进智能化校园的建设，以点带面，示范辐射，积极推动教育生态重构，以智慧校园的建设推动广州市智慧教育创新发展，努力让每个孩子都享有公平而有质量的教育，让技术赋能广州教育，让智慧点亮孩子的未来！

调查篇

Surveys

B.5
2018年广州幼儿园教育经费支出园际差异的调查报告

刘 霞*

摘 要： 教育经费实际支出是否均衡不仅是体现教育是否公平的重要指标，也关系到学前教育事业的整体均衡发展。本文基于121所幼儿园教育经费支出实证数据的研究发现，幼儿园生均支出差异较大，且大多数幼儿园的生均支出数偏低，不同类型幼儿园生均支出存在显著差异；幼儿园生均公用经费支出差异较大，且大多数幼儿园的生均公用经费支出数偏低，不同类型幼儿园生均公用经费支出无显著差异；幼儿园教职工人均经费支出差异较大，且大多数幼儿园的教职工人均经

---

* 刘霞，教育学硕士，广州市教育研究院研究人员，副研究员，主要研究方向为学前教育基本理论、教育政策等。

费支出数偏低，不同类型幼儿园教职工人均经费支出存在显著差异；不同类型幼儿园公用经费及专项基建费支出占比存在显著差异，不同类型幼儿园人员经费支出占比无显著差异。基于幼儿园教育经费支出的园际差异，本文指出当前要着力构建多方主体合理分担的学前教育经费投入机制；要制定并严格执行基本的幼儿园生均经费标准；要关注不同类型幼儿园教育经费支出结构是否合理。

关键词： 学前教育　学前教育经费　教育经费支出　园际差异

一　问题的提出

充足稳定的教育经费，是保障学前教育事业健康发展必不可少的财力支撑。近年来，政府对学前教育的经费投入不断增加，2018年全国学前教育经费总投入为3672亿元，[①] 是2009年（244.79亿元）的15倍。可以预见，加大教育经费投入仍将是今后一段时间内各地发展学前教育的主旋律。与此同时，教育公平是各级政府和社会各界高度关注的热点问题，教育经费实际支出是否均衡不仅是体现教育是否公平的重要指标，也关系到学前教育事业的整体均衡发展。在我国，地方政府是发展学前教育的责任主体，许多省市实行的是"以区为主"的学前教育管理体制。同一区域内城乡不同类型幼儿园之间教育经费实际支出是否均衡、差距到底有多大、是否体现了教育经费资源配置的公平性，是一个值得研究的重要议题。

当前，学界对学前教育经费支出是否均衡进行了许多有益的研究与探索。部分研究聚焦国家及省级宏观数据，关注学前教育经费的区域及城乡均

[①] 教育部新闻办：《快报！2018年全国教育经费总投入为46135亿元，比上年增长8.39%》，教育部政务新媒体"微言教育"（微信号：jybxwb），最后检索时间：2019年4月30日。

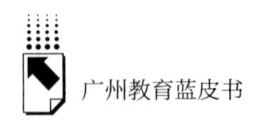

衡问题。例如,夏茂林等通过分析《中国教育经费统计年鉴(2012~2017)》中的相关教育经费数据,发现学前教育经费支出的城乡差距显著,西部地区城乡差距有扩大趋势,中部地区城乡差距大于地区差距。[1] 庄爱玲等采用功效系数法对我国2010~2012年的学前教育财政投入绩效进行评价,发现城乡之间学前教育财政投入绩效差距明显。[2] 柏檀等人通过对江苏省内171所幼儿园的问卷调查,结合《中国教育统计年鉴》及经济合作与发展组织(OECD)的相关数据,发现当前我国学前教育投入存在总量不足,不同地区及城乡幼儿园之间分配不均、结构失衡等问题,提出学前教育财政投入改革不仅要克服总量不足的问题,更要关注分配不均和结构失衡的问题。[3] 师慧对甘肃省学前教育三年行动计划中的政府投入进行了研究,发现甘肃省学前教育经费投入呈不断增长的趋势且城乡比趋于平衡化,但存在政府投入分配格局失衡、分配结构单一等问题。[4] 部分研究关注到了学前教育经费的园际差异问题。如宋映泉基于2010年河北等3省25县591所幼儿园的调研数据,发现地方政府整体上对幼儿园办学经费的分担比例低且不平衡,地方政府分担比例和财政投入在公办民办幼儿园之间、不同类型公办园之间有显著差异。[5] 李克建等基于对浙江省79所幼儿园办园经费的调查,发现幼儿园生均投入整体上处于较低水平,且城乡之间、公办民办幼儿园之间存在显著差异。[6] 由此可以看出,现有研究更多关注学前教育经费尤其是财政性学前教育经费投入的地区和城乡差异,却较少从园际差异的角度对幼儿园教育

---

[1] 夏茂林、孙佳慧:《我国学前教育经费支出城乡差距的实证分析及政策建议》,《当代教育与文化》2019年第1期。
[2] 庄爱玲、黄洪:《我国学前教育财政投入绩效及城乡差异》,《教育与经济》2015年第4期。
[3] 柏檀、熊筱燕、王水娟:《我国学前教育财政投入问题探析》,《教育与经济》2012年第1期。
[4] 师慧:《甘肃省学前教育三年行动计划中政府投入研究》,西北师范大学硕士学位论文,2014。
[5] 宋映泉:《不同类型幼儿园办学经费中地方政府分担比例及投入差异——基于3省25县的微观数据》,《教育发展研究》2011年第17期。
[6] 李克建、潘懿、陈庆香:《幼儿园教育质量与生均投入、生均成本的关系研究》,《教育与经济》2015年第2期。

经费的具体支出及结构进行分析与研究，更没有关注到同一区域内幼儿园教育经费支出的均衡及园际差异问题。

基于此，本研究通过对广州市 A 区 121 所幼儿园教育经费支出的具体调查数据，分析不同类型幼儿园教育经费支出基本情况，同时试图回答以下问题。①不同类型幼儿园之间教育经费支出基本情况，包括不同类型幼儿园之间生均支出、人员经费支出、公用经费支出的基本情况如何？②不同类型幼儿园生均支出、人员经费支出、公用经费支出之间是否存在显著差异？③不同类型幼儿园教育经费支出结构的基本情况如何？是否存在显著差异？在回答上述问题的同时，本研究尝试对幼儿园教育经费投入与管理，以及我国学前教育财政投入体制的改革提出一些政策建议。

二 研究对象与方法

（一）研究对象

2019 年 3~5 月，本研究面向广州市 A 区全部 202 所幼儿园，通过问卷星发放电子问卷，共收回 142 份问卷，问卷回收率为 70.30%；删去答题不完整卷、无效卷后有效问卷为 121 份，问卷有效率为 85.21%。在问卷调查过程中，笔者要求幼儿园财务人员先针对问卷内容核查、核准相关信息，再由正园长填写问卷。收到问卷后，对存疑数据，笔者逐一与幼儿园进行核查、核准。依据幼儿园办园性质划分，本次样本幼儿园分为四类，其中，教育部门办园 27 所，占比 22.31%；其他部门办园（包括机关办园、企事业单位办园、集体办园、部队办园）11 所，占比 9.09%；普惠性民办幼儿园 59 所，占比 48.76%；非普惠性民办幼儿园 24 所，占比 19.83%。

（二）研究方法

本研究采用自编问卷对幼儿园进行调查。问卷共包括三部分内容：第一部分调查样本幼儿园基本情况，包括幼儿园性质、在园幼儿数、教职工数

等；第二部分调查2018年幼儿园总收入情况，包括2018年总收入（不含幼儿伙食费收入[①]），以及2018年政府财政拨款、保教费收入、托管费收入、办学者投入、社会捐赠等细目；第三部分为2018年幼儿园总支出情况，包括2018年总支出（不含幼儿伙食费支出），以及2018年人员经费支出、公用经费支出、专项基建费支出等细目。在问卷调查的同时，辅以对部分园长及财务人员的非正式访谈，访谈内容主要围绕园长及财务人员对幼儿园教育经费支出及使用相关事项的具体感受及期望。

按通用的统计口径，我国幼儿园教育经费支出包括个人部分支出、公用部分支出和基本建设支出三部分。[②] 其中，个人部分支出主要用于支付幼儿园教职员工的工资福利、对个人和家庭的补助支出及助学金，公用部分支出包括商品和服务支出、专项公用支出、专项项目支出。为了从不同角度了解幼儿园教育经费支出的基本情况，本研究分析了幼儿园生均支出、生均公用经费支出、教职工人均经费支出三项关键指标。生均支出由2018年该园总支出除以该园在园幼儿数得到，该指标可以反映每个在园幼儿所享有的教育资源，是衡量教育投入水平的重要指标。生均公用经费支出由2018年该园公用经费总支出除以该园在园幼儿数得到，该指标反映了用于维持幼儿园正常运转，在教学活动和后勤服务等方面投入的费用。教职工人均经费支出由2018年该园人员经费总支出除以该园教职工数得到，该指标反映了教育经费尤其是人员经费在教职工身上的投入程度。同时，本研究还分析了各园2018年人员经费、公用经费、专项基建费等各类经费支出在总支出中的占比及差异情况，以了解幼儿园教育经费支出结构及其差异。

本研究采用SPSS软件进行统计分析。用简单描述性统计分析幼儿园生均支出、生均公用经费支出、教职工人均经费支出的基本情况，用单因素方

[①] 按《广东省幼儿园督导评估方案》及相关规定，幼儿伙食费与教职工伙食费必须账目分开、专款专用、独立核算，因此本研究不将幼儿伙食费收入纳入幼儿园总收入。

[②] 教育部财政司、国家统计局社会科技和文化产业统计司：《2015年中国教育经费统计年鉴》，中国统计出版社，2016。

差分析法分析上述三类经费支出数在不同类型幼儿园是否存在显著差异；用简单描述性统计及单因素方差分析法对不同类型幼儿园教育经费的支出结构及差异进行分析。

三 研究结果与分析

（一）不同类型幼儿园教育经费支出情况及差异分析

1. 幼儿园生均支出差异较大，且大多数幼儿园的生均支出数偏低

对121所样本幼儿园的调查显示，幼儿园生均支出均值为17032元，最高值为51954元，最低值为6916元，标准差为0.84。从表1可以看出，生均支出数低于10648元（2018年全国幼儿园生均教育经费数[①]）的幼儿园有27所，占比为22.31%；生均支出数低于均值（17032元）的幼儿园有70所，占比为57.85%；生均支出数低于教育部门办园均值（23349元）的幼儿园有100所，占比为82.64%。以上数据说明，幼儿园生均支出差异较大，且大多数幼儿园的生均支出数偏低。

表1 2018年广州市幼儿园生均支出总体情况分析

生均支出（元）	幼儿园数（所）	占比（%）	累计百分比（%）
<10648	27	22.31	22.31
10648（含）~17032	43	35.54	57.85
17032（含）~23349	30	24.79	82.64
23349（含）~30000	12	9.92	92.56
30000（含）~40000	5	4.13	96.69
40000（含）~50000	3	2.48	99.17
>50000（含）	1	0.83	100.00
合　计	121	100.00	

---

① 教育部新闻办：《快报！2018年全国教育经费总投入为46135亿元，比上年增长8.39%》，教育部政务新媒体"微言教育"（微信号：jybxwb），最后检索日期：2019年4月30日。

2. 不同类型幼儿园生均支出存在显著差异

从表2可以看出，教育部门办园的生均支出最高，均值为23349元，生均支出区间为17807~47850元；非普惠性民办幼儿园次之，均值为20081元，区间为7506~51954元；其他类型公办性质幼儿园紧随其后，均值为16547元，区间为8003~30663元；普惠性民办幼儿园最低，均值为12992元，区间为6916~32135元。同在普惠性幼儿园体系中，从均值来看，教育部门办园的生均支出是其他类型公办性质幼儿园的1.41倍，是普惠性民办幼儿园的1.80倍。需要注意的是，非普惠性民办幼儿园生均支出的标准差[①]相对最高，一定程度上说明非普惠性民办幼儿园生均支出差异较大。其他三类幼儿园生均支出的标准差都相对较低，说明此三类幼儿园中同类幼儿园的生均支出相对差异不大。

表2 2018年广州市不同类型幼儿园生均支出的描述性统计分析

幼儿园类型	幼儿园数（所）	均值（元）	最低值（元）	最高值（元）	标准差
教育部门办园	27	23349	17807	47850	0.69
其他类型公办性质幼儿园	11	16547	8003	30663	0.77
普惠性民办幼儿园	59	12992	6916	32135	0.46
非普惠性民办幼儿园	24	20081	7506	51954	1.16
合　计	121	17032	6916	51954	0.84

不同类型幼儿园的生均支出是否具有统计上的显著差异？我们首先采用单因素方差分析方法（ANOVA）[②]对四类幼儿园生均支出均值进行差异性检验，检验方差是否齐性，结果显示$p = 0.000 < 0.001$，因此判断方差不

[①] 标准差（Standard Deviation）是总体内各单位标准值与其平均数离差平方的算术平均数的平方根，主要用于反映一个数据集的离散程度。

[②] 方差分析（Analysis of Variance），简称ANOVA，又称"变异数分析"，主要用于两个及两个以上样本均数差别的显著性检验。在本研究中，运用方差分析（ANOVA）检验不同类型幼儿园中政府财政投入均值之间的显著性差异。

齐。鉴于方差不齐，在做单因素方差分析时，用 Tamhane's T2[①] 对各组均值进行配对比较，结果显示 F = 14.281，$p = 0.000 < 0.001$，说明不同类型幼儿园生均支出有统计上的显著差异。从表3可以看出，Tamhane's T2 事后检验结果表明，普惠性民办幼儿园生均支出显著低于教育部门办园（$p = 0.001 < 0.01$）和非普惠性民办幼儿园（$p = 0.042 < 0.05$）。教育部门办园的生均支出与其他类型公办性质幼儿园（$p = 0.091 > 0.05$）和非普惠性民办幼儿园（$p = 0.547 > 0.05$）无显著差异。其他类型公办性质幼儿园的生均支出与普惠性民办幼儿园（$p = 0.648 > 0.05$）和非普惠性民办幼儿园（$p = 0.880 > 0.05$）无显著差异。

表3 2018年广州市不同类型幼儿园生均支出的多重比较分析

（I）幼儿园类型	（J）幼儿园类型	均值差异（元）(I-J)	95%的置信区间 下限（元）	95%的置信区间 上限（元）	显著性水平
教育部门办园	其他类型公办性质幼儿园	9309	-914	19531	0.091
	普惠性民办幼儿园	12935**	4818	21051	0.001
	非普惠性民办幼儿园	5775	-4325	15874	0.547
其他类型公办性质幼儿园	教育部门办园	-9309	-19531	914	0.091
	普惠性民办幼儿园	3626	-4028	11280	0.648
	非普惠性民办幼儿园	-3534	-12958	5890	0.880
普惠性民办幼儿园	教育部门办园	-12935**	-21051	-4818	0.001
	其他类型公办性质幼儿园	-3626	-11280	4028	0.648
	非普惠性民办幼儿园	-7160*	-14137	-183	0.042
非普惠性民办幼儿园	教育部门办园	-5775	-15874	4325	0.547
	其他类型公办性质幼儿园	3534	-5890	12958	0.880
	普惠性民办幼儿园	7160*	183	14137	0.042

注：表中"*"代表不同类型幼儿园生均支出均值的显著性水平。* 代表 $p < 0.05$；** 代表 $p < 0.01$，*** 代表 $p < 0.001$。下同。

[①] Tamhane's T2 是事后检验的一种方法，主要在方差不齐的情况下对两两之间的均值进行进一步比较。

（二）不同类型幼儿园生均公用经费支出情况及差异分析

1. 幼儿园生均公用经费支出差异较大，且大多数幼儿园的生均公用经费支出数偏低

对121所样本幼儿园的调查显示，幼儿园生均公用经费支出的均值为5430元，最高值为20286元，最低值为598元，标准差为0.38。从表4可以看出，生均公用经费支出数低于均值（5430元）的幼儿园有72所，占比近六成（59.50%）；生均公用经费支出数低于非普惠性民办幼儿园均值（7504元）的幼儿园有96所，占比为79.34%。以上数据说明，幼儿园生均公用经费支出差异较大，且大多数幼儿园的生均公用经费支出数偏低。

表4　2018年广州市幼儿园生均公用经费支出总体情况分析

生均公用经费(元)	幼儿园数(所)	占比(%)	累计百分比(%)
<5430	72	59.50	59.50
5430(含)~7504	24	19.83	79.34
7504(含)~10000	15	12.40	91.74
10000(含)~15000	6	4.96	96.69
15000(含)~20000	1	0.83	97.52
>20000	3	2.48	100.00
合计	121	100.00	

2. 不同类型幼儿园生均公用经费支出不存在显著差异

从表5可以看出，非普惠性民办幼儿园的生均公用经费支出最高，均值为7504元，区间为598~20125元；教育部门办园次之，均值为5296元，区间为2480~20286元；普惠性民办幼儿园紧随其后，均值为4783元，区间为637~12963元；其他类型公办性质幼儿园最低，均值为4701元，区间为2805~8274元。从均值来看，普惠性幼儿园的生均公用经费支出均低于非普惠性民办幼儿园。非普惠性民办幼儿园生均公用经费支出是其他类型公办性质幼儿园的1.60倍，是普惠性民办幼儿园的1.57倍，是教育部门办园的 1.42 倍。此外，各类幼儿园生均公用经费支出的标准差都较低，一定程度上说明同类幼儿园生均公用经费支出差异较小。

表 5 2018 年广州市不同类型幼儿园生均公用经费支出的描述性统计分析

幼儿园类型	幼儿园数（所）	均值（元）	最低值（元）	最高值（元）	标准差
教育部门办园	27	5296	2480	20286	0.38
其他类型公办性质幼儿园	11	4701	2805	8274	0.16
普惠性民办幼儿园	59	4783	637	12963	0.27
非普惠性民办幼儿园	24	7504	598	20125	0.59
合计	121	5430	598	20286	0.38

不同类型幼儿园的生均公用经费支出是否具有统计上的显著差异？我们首先采用单因素方差分析方法对四类幼儿园生均公用经费支出均值进行差异性检验，检验方差是否齐性，结果显示 $p = 0.000 < 0.001$，因此判断方差不齐。鉴于方差不齐，在做单因素方差分析时，用 Tamhane's T2 对各组均值进行配对比较，结果显示，不同类型幼儿园生均公用经费支出无统计上的显著差异（见表6）。

表 6 2018 年广州市不同类型幼儿园生均公用经费支出的多重比较分析

(I)幼儿园类型	(J)幼儿园类型	均值差异（元）(I-J)	95%的置信区间 下限（元）	95%的置信区间 上限（元）	显著性水平
教育部门办园	其他类型公办性质幼儿园	595	-1879	3069	0.986
教育部门办园	普惠性民办幼儿园	512	-1764	2788	0.990
教育部门办园	非普惠性民办幼儿园	-2209	-6113	1696	0.551
其他类型公办性质幼儿园	教育部门办园	-595	-3069	1879	0.986
其他类型公办性质幼儿园	普惠性民办幼儿园	-83	-1832	1666	1.000
其他类型公办性质幼儿园	非普惠性民办幼儿园	-2804	-6456	849	0.211
普惠性民办幼儿园	教育部门办园	-512	-2788	1764	0.990
普惠性民办幼儿园	其他类型公办性质幼儿园	83	-1666	1832	1.000
普惠性民办幼儿园	非普惠性民办幼儿园	-2721	-6267	825	0.209
非普惠性民办幼儿园	教育部门办园	2209	-1696	6113	0.551
非普惠性民办幼儿园	其他类型公办性质幼儿园	2804	-849	6456	0.211
非普惠性民办幼儿园	普惠性民办幼儿园	2721	-825	6267	0.209

（三）不同类型幼儿园教职工人均经费支出情况及差异分析

1. 幼儿园教职工人均经费支出差异较大，且大多数幼儿园的教职工人均经费支出数偏低

对121所样本幼儿园的调查显示，幼儿园教职工人均经费支出均值为72796元，最高值为241330元，最低值为11915元，标准差为3.21。从表7可以看出，教职工人均经费支出数低于广州市最低年工资标准（25200元）[1]的幼儿园有2所，占比为1.65%；教职工人均经费支出数低于均值（72796元）的幼儿园有76所，占比为62.81%；教职工人均经费支出数低于广州市在岗职工年平均工资（98616元）[2]的幼儿园有91所，占比为75.21%；教职工人均经费支出数低于教育部门办园均值（113059元）的幼儿园有111所，占比为91.74%。以上数据说明，幼儿园教职工人均经费支出差异较大，且大多数幼儿园的教职工人均经费支出数偏低。

表7　2018年广州市幼儿园教职工人均经费支出总体情况分析

教职工人均经费(元)	幼儿园数(所)	占比(%)	累计百分比(%)
<25200	2	1.65	1.65
25200(含)~72796	74	61.16	62.81
72796(含)~98616	15	12.40	75.21
98616(含)~113059	20	16.53	91.74
113059(含)~200000	9	7.44	99.18
>200000(含)	1	0.83	100.01
合　计	121	100.00	

---

[1] 根据《广州市人力资源和社会保障局关于调整我市企业职工最低工资标准的通知》（穗人社函〔2018〕1773号）规定，广州市企业最低工资标准自2018年7月1日起调整为2100元/月。据此，2018年广州市最低年工资标准为25200元。

[2] 2018年度广州市在岗职工月平均工资为8218元，据此，2018年广州市在岗职工年平均工资为98616元。具体参见：《广州平均工资标准是多少？》，https://guangzhou.chashebao.com/wenti/18919.html，最后检索日期：2019年3月27日。

2. 不同类型幼儿园教职工人均经费支出存在显著差异

从表8可以看出，教育部门办园的教职工人均经费支出最高，均值为113059元，区间为82297~241330元；其他类型公办性质幼儿园次之，均值为78019元，区间为39912~154949元；非普惠性民办幼儿园紧随其后，均值为67129元，区间为11915~142000元；普惠性民办幼儿园最低，均值为55701元，区间为22174~105909元。同在普惠性幼儿园体系中，从均值来看，教育部门办园教职工人均经费支出是其他类型公办性质幼儿园的1.45倍，是普惠性民办幼儿园的2.03倍。需要注意的是，其他类型公办性质幼儿园、教育部门办园、非普惠性民办幼儿园教职工人均经费支出的标准差相对更高，一定程度上说明这三类幼儿园中同类幼儿园教职工人均经费支出差异较大。普惠性民办幼儿园教职工人均经费支出的标准差相对较低，说明普惠性民办幼儿园教职工人均经费支出相对差异不大。

表8 2018年广州市不同类型幼儿园教职工人均经费支出的描述性统计分析

幼儿园类型	幼儿园数（所）	均值（元）	最低值（元）	最高值（元）	标准差
教育部门办园	27	113059	82297	241330	2.74
其他类型公办性质幼儿园	11	78019	39912	154949	3.53
普惠性民办幼儿园	59	55701	22174	105909	1.50
非普惠性民办幼儿园	24	67129	11915	142000	2.69
合　计	121	72796	11915	241330	3.21

不同类型幼儿园教职工人均经费支出是否具有统计上的显著差异？我们首先采用单因素方差分析方法对四类幼儿园教职工人均经费支出均值进行差异性检验，检验方差是否齐性，结果显示 $p = 0.000 < 0.001$，因此判断方差不齐。鉴于方差不齐，在做单因素方差分析时，用Tamhane's T2对各组均值进行配对比较，结果显示 $F = 39.215$，$p = 0.000 < 0.001$，说明不同类型幼儿园教职工人均经费支出有统计上的显著差异。从表9可以看出，Tamhane's T2事后检验结果表明，教育部门办园教职工人均经费支出显著高于普惠性民办幼儿园（$p = 0.000 < 0.01$）、非普惠性民办幼儿园（$p = 0.000 <$

0.01），与其他类型公办性质幼儿园（$p=0.058>0.05$）无显著差异。在其他类型公办性质幼儿园、普惠性民办幼儿园、非普惠性民办幼儿园之间进行两两比较，其教职工人员经费支出无显著差异。

表9　2018年广州市不同类型幼儿园教职工人均经费支出的多重比较分析

（I）幼儿园类型	（J）幼儿园类型	均值差异（元）(I－J)	95%的置信区间 下限（元）	95%的置信区间 上限（元）	显著性水平
教育部门办园	其他类型公办性质幼儿园	35040	－872	70952	0.058
	普惠性民办幼儿园	57358**	41642	73073	0.000
	非普惠性民办幼儿园	45930**	25041	66818	0.000
其他类型公办性质幼儿园	教育部门办园	－35040	－70952	872	0.058
	普惠性民办幼儿园	22317	－12516	57151	0.330
	非普惠性民办幼儿园	10889	－25194	46973	0.942
普惠性民办幼儿园	教育部门办园	－57358**	－73073	－41642	0.000
	其他类型公办性质幼儿园	－22317	－57151	12516	0.330
	非普惠性民办幼儿园	－11428	－27902	5046	0.310
非普惠性民办幼儿园	教育部门办园	－45930**	－66818	－25041	0.000
	其他类型公办性质幼儿园	－10889	－46973	25194	0.942
	普惠性民办幼儿园	11428	－5046	27902	0.310

（四）不同类型幼儿园教育经费支出结构及差异分析

教育经费支出结构对教育绩效影响很大，不同的教育经费支出结构会影响到教育质量（如通过教职工工资福利）、教育设备设施状况（如通过教育设备设施维修费用）等。[1] 笔者对本次样本幼儿园教育经费支出结构及差异进行了分析，结果如下。

1.不同类型幼儿园公用经费支出占比及差异分析

（1）幼儿园公用经费支出占比差异较大。

对121所样本幼儿园的调查显示，幼儿园公用经费支出占比的均值为

---

[1] 刘学岚：《我国高等教育经费支出结构分析》，《武汉大学学报》（哲学社会科学版）2009年第4期。

30.64%，最高值为74.16%，最低值为6.11%，标准差为0.15。从表10可以看出，公用经费支出占比低于10%的幼儿园有11所，占比为9.09%；低于20%的幼儿园有33所，占比为27.27%；低于均值（30.64%）的幼儿园有60所，占比为49.59%。公用经费支出占比高于40%的幼儿园有36所，占比为29.75%；有12所幼儿园（占比为9.92%）的公用经费支出占比高于50%。以上数据说明，幼儿园公用经费支出占比差异较大。

表10 2018年广州市幼儿园公用经费支出占比总体情况分析

公用经费支出占比（%）	幼儿园数（所）	占比（%）	累计百分比（%）
<10.00	11	9.09	9.09
10.00（含）~20.00	22	18.18	27.27
20.00（含）~30.64	27	22.31	49.59
30.64（含）~40.00	25	20.66	70.25
40.00（含）~50.00	24	19.83	90.08
50.00（含）~60.00	9	7.44	97.52
60.00（含）~70.00	2	1.65	99.17
>70.00	1	0.83	100.00
合计	121	100.00	

（2）不同类型幼儿园公用经费支出占比存在显著差异。

从表11可以看出，普惠性民办幼儿园公用经费支出占比最高，均值为34.75%，区间为6.76%~61.07%；非普惠性民办幼儿园次之，均值为34.53%，区间为6.11%~74.16%；其他类型公办性质幼儿园紧随其后，均值为29.79%，区间为13.59%~48.30%；教育部门办园最低，均值为18.56%，区间为6.62%~47.01%。同在普惠性幼儿园体系中，从均值来看，普惠性民办幼儿园公用经费支出占比是教育部门办园的1.87倍，其他类型公办性质幼儿园公用经费支出占比是教育部门办园的1.61倍。四类幼儿园公用经费支出占比的标准差相对都较低，一定程度上说明同类幼儿园公用经费支出占比相对差异不大。

表 11　2018 年广州市不同类型幼儿园公用经费支出占比的描述性统计分析

幼儿园类型	幼儿园数（所）	均值（%）	最低值（%）	最高值（%）	标准差
教育部门办园	27	18.56	6.62	47.01	0.11
其他类型公办性质幼儿园	11	29.79	13.59	48.30	0.12
普惠性民办幼儿园	59	34.75	6.76	61.07	0.14
非普惠性民办幼儿园	24	34.53	6.11	74.16	0.16
合　计	121	30.64	6.11	74.16	0.15

不同类型幼儿园公用经费支出占比是否具有统计上的显著差异？我们首先采用单因素方差分析方法对四类幼儿园公用经费支出占比均值进行差异性检验，检验方差是否齐性，结果显示 $p=0.475>0.001$，因此判断方差齐性。鉴于方差齐性，在做单因素方差分析时，用 LSD① 对各组均值进行配对比较，结果显示 $F=9.513$，$p=0.000<0.001$，说明不同类型幼儿园公用经费支出占比有统计上的显著差异。从表 12 可以看出，LSD 事后检验结果表明，教育部门办园公用经费支出占比显著低于普惠性民办幼儿园（$p=0.000<0.001$）、非普惠性民办幼儿园（$p=0.000<0.001$）、其他类型公办性质幼儿园（$p=0.023<0.05$）。在其他类型公办性质幼儿园、普惠性民办幼儿园、非普惠性民办幼儿园之间进行两两比较，其公用经费支出占比无显著性差异。

表 12　2018 年广州市不同类型幼儿园公用经费支出占比的多重比较分析

(I)幼儿园类型	(J)幼儿园类型	均值差异（%）(I-J)	95%的置信区间 下限（%）	95%的置信区间 上限（%）	显著性水平
教育部门办园	其他类型公办性质幼儿园	-11.23*	-20.89	-1.56	0.023
	普惠性民办幼儿园	-16.19***	-22.47	-9.92	0.000
	非普惠性民办幼儿园	-15.97***	-23.55	-8.40	0.000
其他类型公办性质幼儿园	教育部门办园	11.23*	1.56	20.89	0.023
	普惠性民办幼儿园	-4.96	-13.84	3.91	0.270
	非普惠性民办幼儿园	-4.75	-14.58	5.09	0.341

---

① LSD 是事后检验的一种方法，主要在方差齐性的情况下对两两之间的均值进行进一步比较。

续表

（I）幼儿园类型	（J）幼儿园类型	均值差异（%）(I-J)	95%的置信区间 下限（%）	上限（%）	显著性水平
普惠性民办幼儿园	教育部门办园	16.19***	9.92	22.47	0.000
	其他类型公办性质幼儿园	4.96	-3.91	13.84	0.270
	非普惠性民办幼儿园	0.22	-6.32	6.76	0.947
非普惠性民办幼儿园	教育部门办园	-11.23***	-20.89	-1.56	0.000
	其他类型公办性质幼儿园	-16.19	-22.47	-9.92	0.341
	普惠性民办幼儿园	-15.97	-23.55	-8.40	0.947

2. 不同类型幼儿园人员经费支出占比及差异分析

（1）幼儿园人员经费支出占比差异较大。

对121所样本幼儿园的调查显示，幼儿园人员经费支出占比的均值为63.29%，最高值为93.89%，最低值为12.10%，标准差为0.13。从表13可以看出，人员经费支出占比低于60%的幼儿园有48所，占比39.67%；低于均值（63.29%）的幼儿园有59所，占比为48.76%；人员经费支出占比低于70%的幼儿园有89所，占比为73.55%。

表13 2018年广州市幼儿园人员经费支出占比总体情况分析

人员经费支出占比（%）	幼儿园数（所）	占比（%）	累计百分比（%）
<60.00	48	39.67	39.67
60.00（含）~63.29	11	9.09	48.76
63.29（含）~70.00	30	24.79	73.55
70.00（含）~80.00	20	16.53	90.08
80.00（含）~90.00	10	8.26	98.35
>90.00	2	1.65	100.00
合计	121	100.00	

（2）不同类型幼儿园人员经费支出占比无显著差异。

从表14可以看出，不同类型幼儿园人员经费支出占比的均值为62.50%~64.00%，差异不大。四类幼儿园人员经费支出占比的标准差相对都较低，一定程度上说明同类幼儿园人员经费支出占比相对差异也不大。

表14　2018年广州市不同类型幼儿园人员经费支出占比的描述性统计分析

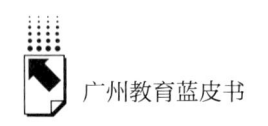

幼儿园类型	幼儿园数（所）	均值（％）	最低值（％）	最高值（％）	标准差
教育部门办园	27	62.50	40.16	80.66	0.09
其他类型公办性质幼儿园	11	63.84	45.29	86.41	0.12
普惠性民办幼儿园	59	63.26	38.93	90.34	0.12
非普惠性民办幼儿园	24	64.00	12.10	93.89	0.18
合　计	121	63.29	12.10	93.89	0.13

不同类型幼儿园人员经费支出占比是否具有统计上的显著差异？我们用单因素方差分析方法对四类幼儿园人员经费支出占比均值进行差异性检验，检验方差是否齐性，结果显示 $p=0.033<0.05$，因此判断方差不齐。鉴于方差不齐，在做单因素方差分析时，用Tamhane's T2对各组均值进行配对比较，结果显示，$F=0.064$，$p=0.979>0.05$，说明不同类型幼儿园人员经费支出占比无显著差异。

3. 不同类型幼儿园专项基建费支出占比及差异分析

（1）幼儿园专项基建费支出占比差异较大，大多数幼儿园专项基建费支出占比偏低。

对121所样本幼儿园的调查显示，幼儿园专项基建费支出占比的均值为6.04％，最高值为52.68％，最低值为0，标准差为0.11。从表15可以看出，专项基建费支出占比为0的幼儿园有77所，占比高达63.64％；低于均值（6.04％）的幼儿园有90所，占比为74.38％；低于教育部门办园均值（18.98％）的幼儿园有102所，占比为84.30％。以上数据说明，幼儿园专项基建费支出占比差异较大，且大多数幼儿园的专项基建费支出占比为0。

表15　2018年广州市幼儿园专项基建费支出占比总体情况分析

专项基建费支出占比（％）	幼儿园数（所）	占比（％）	累计百分比（％）
0	77	63.64	63.64
0～6.04	13	10.74	74.38
6.04（含）～18.98	12	9.92	84.30

续表

专项基建费支出占比（%）	幼儿园数（所）	占比（%）	累计百分比（%）
18.98（含）~30.00	12	9.92	94.21
30.00（含）~40.00	6	4.96	99.17
40.00（含）~50.00	0	0	99.17
>50.00	1	0.83	100.00
合　计	121	100.00	

（2）不同类型幼儿园专项基建费支出占比存在显著差异。

从表16可以看出，教育部门办园专项基建费支出占比最高，均值为18.98%，区间为0~52.68%；其他类型公办性质幼儿园次之，均值为6.37%，区间为0~36.86%；普惠性民办幼儿园紧随其后，均值为2.06%，区间为0~24.16%；非普惠性民办幼儿园最低，均值为1.10%，区间为0~13.73%。同在普惠性幼儿园体系中，从均值来看，教育部门办园专项基建费支出占比是普惠性民办幼儿园的9.21倍，是其他类型公办性质幼儿园的2.98倍。四类幼儿园专项基建费支出占比的标准差相对都较低，一定程度上说明同类幼儿园专项基建费支出占比相对差异不大。

表16　2018年广州市不同类型幼儿园专项基建费支出占比的描述性统计分析

幼儿园类型	幼儿园数（所）	均值（%）	最低值（%）	最高值（%）	标准差
教育部门办园	27	18.98	0	52.68	0.15
其他类型公办性质幼儿园	11	6.37	0	36.86	0.11
普惠性民办幼儿园	59	2.06	0	24.16	0.06
非普惠性民办幼儿园	24	1.10	0	13.73	0.03
合　计	121	6.04	0	52.68	0.11

不同类型幼儿园专项基建费支出占比是否具有统计上的显著差异？我们首先采用单因素方差分析方法对四类幼儿园专项基建费支出占比进行差异性检验，检验方差是否齐性，结果显示 $p = 0.000 < 0.001$，因此判断方差不齐。鉴于方差不齐，在做单因素方差分析时，用 Tamhane's T2 对各组均值进

行配对比较，结果显示 F=26.695，p=0.000<0.001，说明不同类型幼儿园专项基建费支出占比有统计上的显著差异。对不同类型幼儿园的专项基建费支出占比进行 Tamhane's T2 事后比较（见表17），结果表明，教育部门办园的专项基建费支出占比显著高于普惠性民办幼儿园（p=0.000<0.001）和非普惠性民办幼儿园（p=0.000<0.001）。在其他类型公办性质幼儿园、普惠性民办幼儿园、非普惠性民办幼儿园之间进行两两比较，其专项基建费支出占比无显著差异。

表17 2018年广州市不同类型幼儿园专项基建费支出占比的多重比较分析

（I）幼儿园类型	（J）幼儿园类型	均值差异（%）(I-J)	95%的置信区间 下限(%)	上限(%)	显著性水平
教育部门办园	其他类型公办性质幼儿园	12.61	-0.01	25.24	0.050
	普惠性民办幼儿园	16.92***	8.78	25.07	0.000
	非普惠性民办幼儿园	17.89***	9.76	26.01	0.000
其他类型公办性质幼儿园	教育部门办园	-12.61	-25.24	0.01	0.050
	普惠性民办幼儿园	4.31	-6.82	15.44	0.809
	非普惠性民办幼儿园	5.27	-5.85	16.40	0.642
普惠性民办幼儿园	教育部门办园	-16.92***	-25.07	-8.78	0.000
	其他类型公办性质幼儿园	-4.31	-15.44	6.82	0.809
	非普惠性民办幼儿园	0.96	-1.76	3.68	0.918
非普惠性民办幼儿园	教育部门办园	-17.89***	-26.01	-9.76	0.000
	其他类型公办性质幼儿园	-5.27	-16.40	5.85	0.642
	普惠性民办幼儿园	-0.96	-3.68	1.76	0.918

四 讨论与建议

基于上述幼儿园教育经费支出的具体情况及园际差异，再结合当前我国中央及各级政府学前教育财政方面的最新政策及动向，我们提出如下建议。

（一）要着力构建多方主体合理分担的学前教育经费投入机制

教育经费是保障学前教育事业健康发展的基础性条件，长期以来，教育经费不足一直是学前教育事业发展的软肋。本研究发现，即使是在经济水平相对发达的广州，大多数幼儿园的生均支出仍处于偏低水平。相关数据显示，家庭缴费占此次121所样本幼儿园2018年度总收入的57.53%，家庭实际上是学前教育经费来源的最主要承担主体；财政性学前教育经费占34.7%，政府分担比例仍然偏低；举办者投入占7.24%；社会捐赠金额占比为0.06%，在整个经费结构中该比例可以忽略不计，社会投入明显不足。虽然财政性教育经费一直是我国学前教育重要的经费来源，但基于基本国情以及当前我国政府有限的财政支付能力，合理的成本分担体系成为构建公益普惠学前教育公共服务体系的必然要求，也是推动学前教育健康可持续发展的关键。因此，在落实政府主导责任的同时，要着力构建多方主体合理分担的学前教育经费投入体制。

笔者认为，当前应该重点突破以下两个方面。第一，要在法律层面保证各级政府在学前教育经费投入中的主导责任。作为衡量学前教育财政投入规模的重要指标，明确的学前教育财政投入占比对各级政府起着重要的引导、规范、评价和约束作用。2018年，全国学前教育经费总投入为3672亿元，仅占教育经费总投入（46135亿元）的7.96%，远远低于同期高中教育的占比（15.57%）。[①] 即使2018年学前教育财政投入较上年增长最多，但学前教育财政总体投入占比仍偏低。十三届全国人大常委会立法规划将制订《学前教育法》列入重点推进项目，学前教育立法已经提上议事日程。笔者建议，在《学前教育法》中必须明确学前教育经费在财政性教育经费中的比例。有条件的地方政府应积极作为，明确规定学前教育财政投入占比，将学前教育经费单独设置为独立的项目预算，真正落实以政府投入为主的投入体制。第二，要鼓励扩大社会投入。在广州，社会捐赠办园经费数额之大曾经在全国名列前茅。1990年，霍英东夫人霍冯坚妮女士带领香港部分慈善人士捐资20多万元，捐助创办了番禺区东城幼儿园，该园后来成为首批广

[①] 教育部新闻办：《快报！2018年全国教育经费总投入为46135亿元，比上年增长8.39%》，教育部政务新媒体"微言教育"（微信号：jybxwb），最后检索日期：2019年4月30日。

东省一级幼儿园。2000年,香港爱国人士张琳瑛女士捐资200万元,与花都区政府共同创办了花都区幼林培英幼儿园,该园后来成为广东省一级幼儿园、广东省"巾帼文明岗"。① 遗憾的是,因学前教育阶段经费筹措的社会捐赠土壤尚未形成,社会捐赠热情度持续走低。相关研究显示,捐赠收入自2006年以来一直低于3%,整体呈现下降趋势,2016年比重为1.40%,相比2006年,减少了1.43个百分点。② 国务院在《关于进一步调整优化结构 提高教育经费使用效益的意见》中提出要"鼓励扩大社会投入。支持社会力量兴办教育,逐步提高教育经费总投入中社会投入所占比重";"各级人民政府要完善政府补贴、政府购买服务、基金奖励、捐资激励、土地划拨等政策制度,依法落实税费减免政策,引导社会力量加大教育投入"。③ 各地政府应主动作为,积极尝试建立或完善有利于社会投入包括社会捐赠进入学前教育的政策制度,如上海市提出"探索实施社会捐赠收入财政配比政策,按规定落实公益性捐赠税收优惠政策,发挥各级教育基金会作用,吸引社会捐赠"等。④

(二)要制定并严格执行基本的幼儿园生均经费标准

本研究发现,不同类型幼儿园生均支出存在显著差异,教育部门办园的生均支出均值是其他类型公办性质幼儿园的1.41倍,是普惠性民办幼儿园的1.80倍,是非普惠性民办幼儿园的1.16倍。121所样本幼儿园中,2018年最高的生均支出高达51954元,最低的为6916元,最高的是最低的7.51

---

① 华同旭、熊少严:《区域教育现代化的历程与使命——广州市教育改革实践探索》,广东高等教育出版社,2013。
② 李芳、祝贺、姜勇:《我国学前教育财政投入的特征与对策研究——基于国际比较的视角》,《教育学报》2020年第1期。
③ 《国务院办公厅关于进一步调整优化结构 提高教育经费使用效益的意见》(国办发〔2018〕82号),http://www.gov.cn/zhengce/content/2018-08/27/content_5316874.htm,最后检索日期:2018年8月28日。
④ 《上海市人民政府办公厅关于本市进一步调整优化结构 提高教育经费使用效益的实施意见》(沪府办发〔2019〕17号),http://www.shanghai.gov.cn/nw2/nw2314/nw2315/nw43978/u21aw1393708.html,最后检索日期:2019年7月1日。

倍，这已经远远超过了一个区域内生均支出园际之间的合理差异。笔者认为，生均支出水平的园际差异可部分归因于政府财政性学前教育经费分配不均衡，但对民办幼儿园（包括普惠性民办幼儿园和非普惠性民办幼儿园）的生均支出水平没有约束性机制也是重要原因之一。这提醒我们，要关注各类幼儿园教育经费投入尤其是生均经费的底线标准。

早在2010年，《国家中长期教育改革和发展规划纲要（2010～2020年）》就明确要求："各地根据国家办学条件基本标准和教育教学基本需要，制定并逐步提高区域内各级学校学生人均经费基本标准和学生人均财政拨款基本标准。"[①] 显然，在完善教育投入机制的过程中，政府不仅要承担出资责任，更要承担起监管责任。也就是说，政府要担任各级教育经费投入底线标准包括生均经费基本标准的制定者和监督者，学前教育领域也不例外。自2010年以来，各级政府在改革学前教育财政投入体制的过程中，将关注点更多地放在了政府的出资责任上。例如，2010年《国务院关于当前发展学前教育的若干意见》提出"各级政府要将学前教育经费列入财政预算。新增教育经费要向学前教育倾斜"；[②] 2017年《教育部等四部门关于实施第三期学前教育行动计划的意见》进一步规定，"各地要按照非义务教育成本分担的要求，建立起与管理体制相适应的生均拨款、收费、资助一体化的学前教育经费投入机制，保障幼儿园正常运转和稳定发展"；[③] 等等。在对民办幼儿园教育经费的管理方面，关注点或在于普惠性民办幼儿园的补助标准及其使用范围，如"普惠性民办幼儿园生均定额补助标准每生每年1700元。各类补助比例和项目包括：用于补助教职工津贴比例不超过50%；其余用

---

① 国家中长期教育改革和发展规划纲要工作小组办公室：《国家中长期教育改革和发展规划纲要（2010～2020年）》，http://old.moe.gov.cn/publicfiles/business/htmlfiles/moe/info_list/201407/xxgk_171904.html?authkey=gwbux，最后检索日期：2010年7月29日。

② 《国务院关于当前发展学前教育的若干意见》（国发〔2010〕41号），http://www.gov.cn/zwgk/2010-11/24/content_1752377.htm?isappinstalled=0，最后检索时间：2010年11月21日。

③ 《教育部等四部门关于实施第三期学前教育行动计划的意见》（教基〔2017〕3号），http://www.moe.edu.cn/srcsite/A06/s3327/201705/t20170502_303514.html，最后检索时间：2017年4月17日。

于补助设备费和公用经费,保障幼儿园基本运作";①或在于限定普惠性民办幼儿园保教费收费标准,如"根据天河区居民人均可支配收入情况、区内民办幼儿园教育成本现状和区内民办幼儿园收费备案情况,我区各级普惠性民办幼儿园的保教费价格认定标准为:未评估幼儿园保教费为1350元/月以下(含1350元)……"②等。对民办幼儿园尤其是普惠性民办幼儿园教育经费支出包括生均经费标准,尚无明确规定。

针对上述情况,一些地方政府已经先试先行,不断完善相关政策。《中共江苏省委 江苏省人民政府关于学前教育深化改革规范发展的意见》明确提出,"在对设区市高质量发展监测评价考核、对设区市人民政府履行教育职责督查检查中,将每万名常住人口配建公办幼儿园或非营利性民办普惠园数量、师资队伍建设情况、生均经费标准等内容作为学前教育领域评价重点"。江苏省政府同时提出要建立生均经费制度,"鼓励各地研究开展幼儿园生均成本测算,探索依据成本项目、配置标准、市场价格等核定办园成本。按照生均经费标准与生均成本大体相符的原则,以提供普惠性服务为衡量标准,结合当地生源情况、经济发展实际和物价水平,研究制定符合当地实际的生均经费标准。各类幼儿园举办者都应按照不低于属地生均经费标准筹措落实办园经费"。③此外,香港的做法也值得我们借鉴。香港教育局规定,"学前机构须将一切与营办、教学活动和维持服务水平有直接关系的支出纳入每月全费/费用总额内。每月全费/费用总额应包括的支出项目均列于社会福利署每年发给幼儿中心的申请批核月费邀请信/教育局每年发给幼儿园及幼儿园暨幼儿中心有关申请

---

① 《广州市教育局 广州市财政局关于印发〈广州市幼儿园生均定额补助实施办法(修订)〉的通知》(穗教发〔2018〕27号),http://www.gzedu.gov.cn/gzsjyj/tzgg/201804/4fd6ce347fae4e78baaebf8b9d58bb70.shtml,最后检索时间:2018年3月30日。
② 《广州市天河区教育局 广州市天河区发展和改革局 广州市天河区财政局 广州市天河区人力资源和社会保障局关于印发〈天河区普惠性民办幼儿园认定、扶持和管理办法〉的通知》,http://www.gz.gov.cn/GZ60/2.1/201804/a710761d42dc438ea97fab4a85f1c88c.shtml,最后检索时间:2017年11月7日。
③ 《我省出台关于学前教育深化改革规范发展的意见》,江苏教育发布(微信号:jssjyt),最后检索时间:2019年7月22日。

调整学费程序的通函内。"[①] 笔者建议，各地政府应根据实际情况（包括当地经济发展水平、政府财政支付能力等）制定合理、明确的生均经费标准，将各类幼儿园是否达到生均经费标准纳入对幼儿园的督导评估体系中，切实保障学前教育的健康发展。

（三）要关注不同类型幼儿园教育经费支出结构是否合理

教育经费支出结构是否合理，对于教育绩效好坏有显著的影响。本研究发现，不同类型幼儿园教职工人均经费存在显著差异，普惠性民办幼儿园教职工人均经费支出显著低于教育部门办园；从均值来看，普惠性民办幼儿园教职工人均经费支出不到教育部门办园的一半（49.27%）。不同类型幼儿园公用经费支出占比存在显著差异，教育部门办园公用经费支出占比显著低于其他三类幼儿园。不同类型幼儿园专项基建费支出占比存在显著差异，教育部门办园专项基建费支出占比显著高于普惠性民办幼儿园和非普惠性民办幼儿园。这提醒我们，目前要特别关注教育部门办园和普惠性民办幼儿园教育经费支出结构。

首先，要特别关注教育部门办园教育经费支出结构。本研究发现，教育部门办园生均支出显著高于普惠性民办幼儿园，但公用经费支出占比显著低于其他三类幼儿园；教育部门办园教职工人均经费支出显著高于普惠性和非普惠性民办幼儿园；教育部门办园专项基建费支出占比均值高达18.98%，且显著高于普惠性和非普惠性民办幼儿园。上述数据说明，目前教育部门办园教育经费支出结构存在重基建经费和人员支出轻公用经费支出的现象。也就是说，目前投入到教育部门办园的财政性教育经费绝大部分用作了教师的工资福利支出和基础设施等硬件建设，而用于保障幼儿园有效运转的基本条件的公用经费偏少。公用经费的投入是衡量学前教育投入的重要指标之一，也是学前教育事业发展的基本保证。公用经费支出不足，将直接影响学前教

---

① 香港教育局、香港社会福利署：《学前机构办学手册》，http：//www.edb.gov.hk/index.aspx？nodeID=175&langno=2，最后检索时间：2019年4月20日。

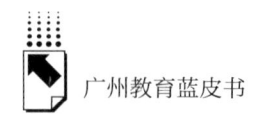

育的质量。而专项基建费支出占比偏高，说明过于重视硬件建设，如幼儿园园舍的翻新改建、建设豪华幼儿园等。为此，要杜绝财政性教育经费在教育部门办园的不合理投入，如过分投入园舍等硬件建设，而忽视或缩减对人员经费、公用经费等日常运作经费、保障幼儿园可持续发展与质量提升要素的投入等。

其次，要特别关注普惠性民办幼儿园的人员经费支出。本研究发现，不同类型幼儿园人员经费支出占比无显著差异，但普惠性民办幼儿园人员经费支出的均值在四类幼儿园中最低，且显著低于教育部门办园。关于幼儿园教育经费中各类经费开支的比例多少为宜，理论上既没有统一的规定，各地在实践中的做法也不一致。例如，《广州市番禺区普惠性民办幼儿园认定实施方案（修订稿）》规定，普惠性民办幼儿园认定标准之一是人员配备及工资福利待遇合理，具体要求普惠性民办幼儿园根据本园发展实际情况从以下两种教职工工资标准中选其一，就是全园教职工工资总额占当年保教费收入的比例不低于60%。[1] 北京市规定，"普惠性幼儿园用于人员经费支出比例占保教费收费收入和财政生均定额补助收入之和的比例原则上不低于70%"。[2] 对比本研究数据分析结果，在教育经费总量不变的情况下，提高人员经费支出占比必然会削弱公用经费和专项基建费占比，为此，改善普惠性民办幼儿园教育经费的支出结构，其根本出路在于从总体上提高其教育经费水平。只有普惠性民办幼儿园教育经费总体水平提高了，才能在保障其公用经费和专项基建费不受挤压的同时，提高教师工资水平的绝对值和占比。

---

[1] 广州市番禺区教育局：《发展学前教育第二期三年行动计划政策文件汇编》，内部资料。
[2] 北京市教育委员会：《关于印发〈北京市普惠性幼儿园认定与管理办法（试行）〉的通知》（京教学前〔2019〕2号），http://www.beijing.gov.cn/zhengce/wenjian/192/33/50/438650/1373732/index.html，最后检索时间：2019年5月31日。

B.6
2016~2018年广州市普通高中教育资源配置调查报告

杜新秀*

摘　要： 本研究从人、财、物三种显性资源中选取10个指标考察了广州市不同区域和不同等级学校的公办普通高中教育资源配置状况。结果发现：区域间的人力资源、物力资源和财力资源的差异显著；不同等级学校间的人力资源、生均公用经费有显著性差异。影响普通高中教育资源配置差异的因素主要是效率优先的配置目标、决策主体不清的管理体制和计划为主的配置方式，因此建议以公平优先的资源配置目标为导向来制定相应政策、强化市级统筹管理力度、实行差别化的资源配置方式促进普通高中多样化发展。

关键词： 普通高中　教育资源配置　公平配置　多样化发展

《国家中长期教育改革与发展规划纲要（2010~2020年）》第五章明确提出了推动普通高中多样化发展的任务，并具体对办学体制多样化、培养模式与途径多样化、课程内容多样化及办学模式多元化等提出了要求。普通高中多样化发展和特色发展是解决教育发展不平衡、不充分的途径，而合理配置教育资源是解决教育发展不平衡、不充分问题的关键。

---

* 杜新秀，教育学硕士，广州市教育研究院教育发展研究室主任，副研究员，主要研究方向为教育政策、教育国际化等。

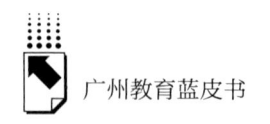

2018年，广州市高中阶段毛入学率已达114.92%，高中毕业生升（大）学率已达到93.34%[1]。普通高中教育也已由规模发展步入内涵发展的新阶段。多元、优质与特色发展成为广州市普通高中教育发展核心任务，也成为未来较长一段时期内的典型特征。那么，目前广州市普通高中教育资源配置现状如何？其配置是否符合普通高中教育多样化发展和高质量发展的要求？本研究通过对广州市各区及普通高中学校相关指标的选取和数据收集，比较分析了区域间和校际普通高中资源配置的基本情况和发展趋势，并提出了针对性的对策建议。

一 研究设计与思路

学界对教育资源的定义不尽相同。如靳希斌认为，教育资源是指一个地区按照其教育事业自身发展的需要，投入到教育领域中的资源总和（人力、物力、财力等）[2]。顾明远认为，教育资源是教育过程中投入和消耗的人力、物力和财力等资源的总和。人力资源主要包含教育者和受教育者两方面的人力资源。物力资源是指固定资产、材料设备等。财力资源是指衡量人力和物力资源的货币形式，包含人员消费和公用消费两个部分[3]。此外，也有学者指出，在人财物等资源外，还应该考虑制度资源，知识、信息、管理制度等无形资源。综合已有的研究观点，教育资源可分为人力资源、物力资源和财力资源。

本研究主要从政策研究的角度来描述和分析广州市各区普通高中教育资源配置现状与差异、不同等级公办普通高中学校的资源配置差异，以及不同管理体制或教育政策对资源配置的影响。研究包括定量研究和定性研究。定量研究主要是对人财物教育资源对应的指标进行统计分析；定性研究主要基于对校长的开放式问题调研，以及影响高中教育资源配置的主要政策或文件进行分析。本研究中人财物三类教育资源的具体指标如下：人力资源主要选

---

[1] 广州市教育局编印《广州市教育统计手册》（2018学年）。
[2] 靳希斌：《教育经济学》，人民教育出版社，2009。
[3] 顾明远：《教育大辞典》，上海教育出版社，1998。

取生师比、班额、中级职称专任教师占比、高级职称专任教师占比、研究生以上学历专任教师占比五个指标；物力资源主要选取生均校舍建筑面积、生均藏书册数（不含音像）和百生均计算机台数三个指标；财力资源主要选取生均一般公共预算教育事业费和生均一般公共预算公用经费两个指标。本研究采用的区域数据主要来自《广州市教育统计手册》（2016~2018年学年度）、广东省教育厅网站公布的2016~2017年全省教育经费执行情况统计表和广州市教育局公布的2018年教育经费执行情况统计表；学校数据主要来自各学校填报的2016~2018年有关数据。非上述来源的其他数据将另行注明。

二 广州市普通高中教育资源配置现状

本部分主要包括三方面内容：首先简要描述全市普通高中学校（含示范性普通高中学校）、普通高中在校生数的区域分布情况；其次分析2016~2018学年广州市普通高中教育的人力资源、物力资源和2016~2018年的财力资源配置状况及其区域配置情况，采用SPSS软件进行统计分析，用描述性统计分析全市普通高中教育不同年份总体变化情况，用单因素方差分析法（ANOVA）分析不同区域间的差异是否存在显著性水平[①]。最后是对抽样的42所不同等级公办普通高中在2016~2018年的人力资源、物力资源和财力资源的调查分析，用描述性统计分析各等级学校不同年份总体变化情况，用单因素方差分析法分析各等级学校间的差异是否显著。

（一）广州市普通高中教育区域分布概况

截至2018年12月，广州市共有普通高中学校118所（含民办17所，省属2所），其中广东省国家级示范性普通高中43所，广州市级示范性普通高中19所，省一级高中（除示范性高中外，下同）17所，市一级高中27

---

① 为避免个别年份的资源配置差异影响数值的极端变化，每个区采用三个年度数据及其均值进行差异比较。等级学校差异分析也采用了类似的数据处理。

所，一般高中12所（均为民办学校）。从图1～图2普通高中学校的区域分布可见，普通高中学校主要分布在越秀区、番禺区、白云区和天河区，四个区的普通高中校数占全市普通高中校数的48%；示范性普通高中学校也主要分布在上述四个区和荔湾区，五个区的示范性普通高中校数占全市示范性普通高中校数总数的66%。从图4广州市常住人口①分布来看，白云区、天河区、番禺区和海珠区四个区的常住人口占全市常住人口的53%；对比常住人口分布与普通高中学校分布可见，占比反差很大的区域是越秀区和白云区：越秀区8%的常住人口占比，但拥有15%的普通高中校数及19%的示范性普通高中校数；白云区18%的常住人口占比仅拥有11%的普通高中校数和11%的示范性普通高中校数。越秀区、番禺区、白云区和增城区四个区的普通高中在校生数约占全市普通高中在校生总数的51%；番禺区和荔湾区在校生所占比例，分别高于两区相应普通高中校数占比3个和2个百分点，故两区的校均规模大，位居全市前两位。

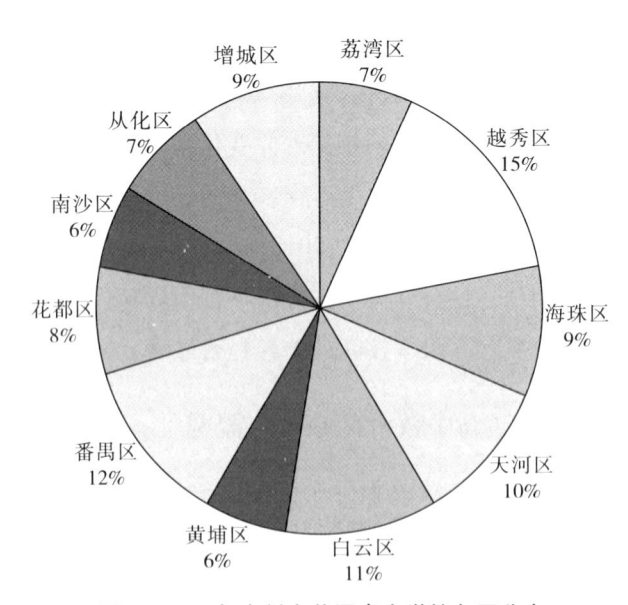

图1 2018年广州市普通高中学校各区分布

---

① 常住人口及区域分布数据来自广州市统计局官网。

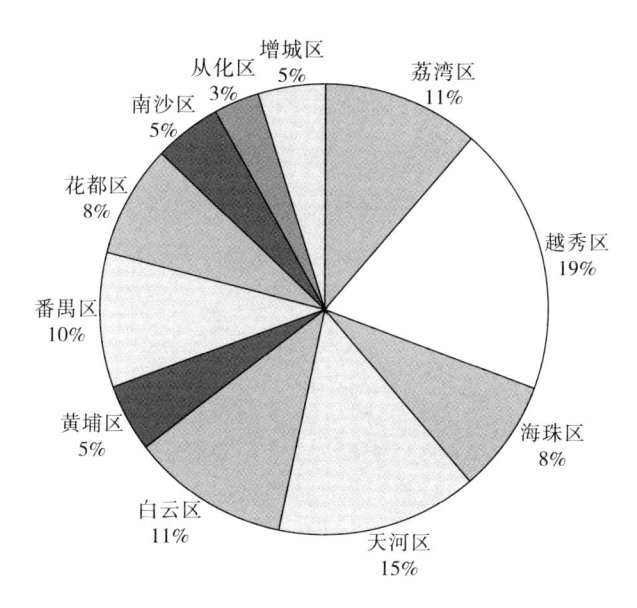

图 2　2018年广州市示范性普通高中学校各区分布

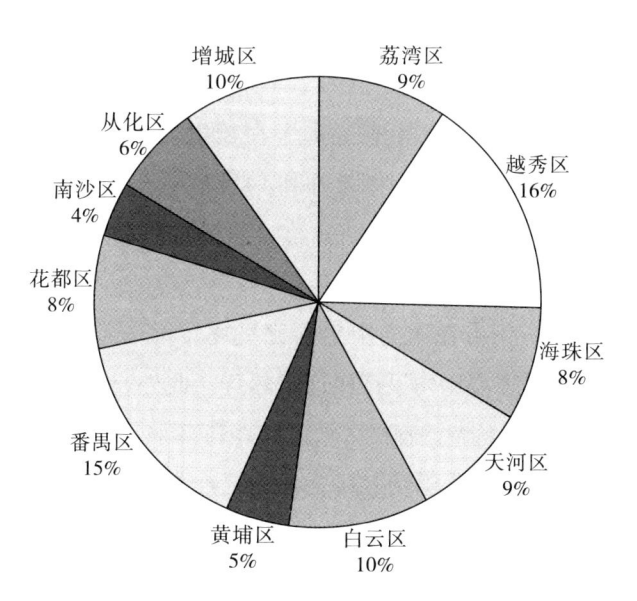

图 3　2018年广州市普通高中在校生数各区分布

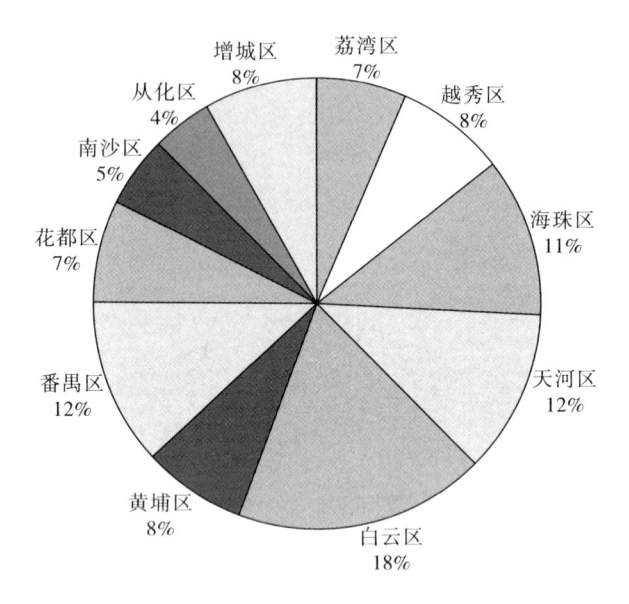

图 4 2018 年广州市常住人口各区分布

（二）广州市普通高中人力资源配置状况

截至 2018 年 12 月，广州市普通高中在校生共 163838 人，其中就读民办学校的在校生为 11508 人；专任教师共 14522 人，其中民办学校专任教师为 1040 人。

1. 人力资源配置总体逐年改善

2016~2018 年广州市普通高中生师比呈逐年缩小趋势，高级职称教师占比和研究生学历教师占比均呈逐年递增趋势。此外，生师比和高级职称教师占比的标准差[①]逐年下降，表明区域间差距逐年收窄；中级职称教师占比的标准差先降后升，研究生学历教师占比的标准差逐年上升，表明区域间差距有所扩大（见表1）。

---

① 标准差定义为方差的算术平方根，反映组内个体间的离散程度。一个较大的标准差，代表大部分数值和其平均值之间差异较大；一个较小的标准差，代表这些数值较接近平均值。

表1 2016～2018学年广州市普通高中人力资源配置情况

项目	均值	标准差	极小值	极大值
生师比2016年	12.26	1.06	10.70	14.23
生师比2017年	11.69	0.85	10.32	12.68
生师比2018年	11.26	0.83	9.98	12.14
班额2016年(人)	45.70	2.98	41.10	50.11
班额2017年(人)	45.10	3.02	39.46	48.51
班额2018年(人)	43.48	2.73	37.12	46.28
中级职称教师占比2016年(%)	42.79	3.37	35.92	46.68
中级职称教师占比2017年(%)	42.37	2.86	36.16	45.68
中级职称教师占比2018年(%)	43.11	3.61	34.75	47.63
高级职称教师占比2016年(%)	30.82	5.21	23.94	37.21
高级职称教师占比2017年(%)	32.15	4.48	26.60	39.39
高级职称教师占比2018年(%)	32.83	4.23	26.56	39.17
研究生学历教师占比2016年(%)	15.78	5.35	8.16	25.01
研究生学历教师占比2017年(%)	16.31	5.58	8.06	26.55
研究生学历教师占比2018年(%)	16.45	5.65	8.23	26.26

2.区域间人力资源配置存在显著差异

单因素方差分析结果显示，不同区域间的生师比、班额、中级职称教师占比、高级职称教师占比和研究生学历教师占比均有显著性差异（均为P=0.000）。经事后检验表明[1]，海珠区和从化区的生师比显著高于天河区和南沙区，其中从化区与天河区的极差为2.64∶1；荔湾区和番禺区的生师比显著高于天河区；从化区的生师比显著高于增城区。天河区班额全市最小，其次是南沙区和黄埔区；最高的区依次是增城区和荔湾区，最低三区和最高两区间存在显著性差异，其中增城区与天河区的极差约为9人。

中级职称教师占比的差异主要在最低组别（天河区和荔湾区）和最高组别（白云区、黄埔区、增城区和番禺区）之间，两个组别均值差为7.69%，其中白云区与天河区的极差为10.52%。高级职称教师占比呈现鲜

---

[1] 因比较组别多于6组，生师比等用Tukey法进行事后检验；研究生学历教师占比因方差不齐采用Tamhane's T2法做事后检验。物力资源和财力资源采用同样的处理办法。

明的三个梯队差异,即最高组别包括黄埔区、荔湾区、越秀区和天河区,均值约为36.79%;最低组别包括增城区、白云区、花都区和南沙区,均值约为27.17%;其他三区为中间组别,均值约为31.81%,三个组别间差异显著。研究生学历教师占比的显著差异主要在最高组别(越秀区和南沙区)和最低组别(花都区和从化区)之间,两个组别均值差为14.88%,越秀区与花都区的极差为17.79%(见表2)。

表2 2016～2018学年广州市各区普通高中人力资源配置情况

单位:人,%

行政区	生师比 均值	班额 均值	中级职称教师占比 均值	高级职称教师占比 均值	研究生学历教师占比 均值
荔湾区	12.33	47.72	39.96	37.63	18.81
越秀区	11.58	44.66	43.29	35.99	25.94
海珠区	12.66	45.22	42.12	30.90	12.97
天河区	10.35	39.27	35.61	35.15	20.34
白云区	12.13	44.94	46.13	26.13	13.14
黄埔区	11.29	42.91	45.75	38.40	19.05
番禺区	12.34	47.00	44.95	33.29	14.53
花都区	11.79	46.32	42.15	26.56	8.15
南沙区	10.56	40.69	41.71	29.92	21.23
从化区	12.99	45.58	43.60	31.24	9.27
增城区	11.08	48.04	45.08	26.08	14.56

综上所述,天河区生师比和班额小,高级职称教师占比高,其普通高中教育人力资源配置状况优于其他各区,其次是南沙区;配置欠佳的区域主要是从化区和增城区,表现为生师比或班额大,高级职称教师占比或研究生学历教师占比偏低。单看专任教师配置的话,越秀区高级职称教师占比和研究生学历教师占比均高,花都区则均低。

(三)广州市普通高中物力资源配置状况

1. 普通高中物力资源逐年增加

生均校舍建筑面积、生均藏书册数(不含音像)和百生均计算机数量均呈逐年增长趋势，年均增长率分别为2.84%、12.94%和5.75%。生均藏书的标准差逐年减少，表明区域间差距逐年缩小；生均校舍建筑面积和百生均计算机台数的标准差三年波动大，前者表现为先降后升，后者则先升后降，但2018年均高于2016年，说明区域间的差距有所扩大（见表3）。

表3　2016~2018学年广州市普通高中物力资源配置情况

项目	均值	标准差	极小值	极大值
生均校舍建筑面积2016年（平方米）	32.06	8.67	24.09	48.91
生均校舍建筑面积2017年（平方米）	34.02	8.08	25.17	48.08
生均校舍建筑面积2018年（平方米）	36.23	9.53	26.20	55.90
生均藏书2016年（册）	79.66	20.40	44.77	116.26
生均藏书2017年（册）	82.87	19.50	55.13	125.15
生均藏书2018年（册）	87.46	18.44	64.49	128.97
百生均计算机2016年（台）	47.79	12.74	27.21	66.97
百生均计算机2017年（台）	50.47	13.44	31.14	72.00
百生均计算机2018年（台）	52.05	12.84	32.18	71.20

2. 区域间物力资源配置呈显著性差异

单因素方差分析结果显示，不同区域间生均校舍建筑面积、生均藏书册数（不含音像）和百生均计算机台数均有显著性差异（均为 $P = 0.000$）。经事后检验表明，天河区、黄埔区与南沙区三个区的生均校舍建筑面积（平均为46.81平方米）显著高于其他区域（平均为29.34平方米），其中海珠区为历年最低，与天河区的极差为22.97平方米。

生均藏书册数（不含音像）区域差异表现为四个梯级。最高区域组包括越秀区、黄埔区和南沙区（平均为107.10册），次高组包括海珠区和天河区（平均为88.31册），第三组包括荔湾区、番禺区、花都区和从化区（平均为75.28册），最低组包括白云区和增城区（平均为58.82册）。南沙区与增城区分别为历年最高区域和最低区域，两区极差达到68.66册。

百生均计算机台数区域差异呈现三个梯队。最高组包括海珠区、天河区

和南沙区（平均为64.15台），最低组包括白云区、从化区和增城区（平均为33.78台），其他区构成第三个组别（平均为51.47台）。天河区与从化区分别是历年最高区域和最低区域，两区极差为39.88台（见表4）。

表4 2016~2018学年广州市各区普通高中物力资源配置情况

行政区	生均校舍建筑面积(平方米) 均值	生均藏书(册) 均值	百生均计算机(台) 均值
荔湾区	26.34	79.12	49.79
越秀区	31.81	98.65	51.11
海珠区	25.16	85.51	57.07
天河区	48.13	91.10	70.06
白云区	28.46	62.84	37.86
黄埔区	45.43	99.18	50.11
番禺区	28.78	77.06	54.35
花都区	32.83	73.36	51.97
南沙区	46.87	123.46	65.32
从化区	32.61	71.59	30.18
增城区	28.75	54.80	33.31

综合来看，普通高中教育物力资源较优的区域为南沙区、天河区和黄埔区，物力资源偏弱的区域为白云区、从化区和增城区。

（四）广州市普通高中财力资源配置状况

1. 普通高中财政投入总体加大，但年度变化和区域变化大

广州市普通高中生均一般公共预算教育事业费总体呈逐年递增趋势，2016~2018学年年均增长率约为11.84%，但天河区和花都区2018年经费均低于2017年。普通高中生均一般公共预算公用经费2017年均值最高，分别是2016年均值的1.43倍和2018年均值的1.21倍。三年全市年均增长5.68%，但从各区年均增长率来看，有五个区的年均增长率不升反降，其中从化区连年下降，连续两年成为全市最低区域（见表5）。

表5 2016~2018学年广州市各区普通高中财力资源配置情况

行政区	普通高中生均一般公共预算教育事业费(元)				普通高中生均一般公共预算公用经费(元)			
	2016年	2017年	2018年	年均增长(%)	2016年	2017年	2018年	年均增长(%)
荔湾区	36196.88	47616.34	48280.11	10.08	4265.34	8154.02	6947.23	17.66
越秀区	21630.50	27413.65	37664.38	20.31	2141.91	3244.28	3458.81	17.32
海珠区	35827.81	37128.76	42126.09	5.55	4833.41	6646.52	5466.14	4.19
天河区	31341.19	46045.07	38931.96	7.50	5249.09	7592.20	4859.79	-2.54
白云区	22720.78	28304.11	32956.14	13.20	2964.13	2989.52	2257.71	-8.67
黄埔区	29157.73	38437.51	39970.39	11.09	5171.84	8219.85	8228.41	16.74
番禺区	14866.25	16346.45	20600.57	11.49	1924.52	2440.88	2130.13	3.44
花都区	19546.23	34484.75	24314.64	7.55	6512.70	8497.08	5622.66	-4.78
南沙区	23055.18	34767.51	40082.16	20.24	3165.05	5951.95	6000.87	23.77
从化区	21919.20	23045.51	28251.75	8.83	2657.67	2230.54	1602.32	-15.52
增城区	21289.08	31266.45	31875.01	14.40	3057.84	4081.42	2922.71	-1.50

2. 区域间财力资源配置呈显著性差异

单因素方差分析结果表明，不同区域间普通高中生均一般公共预算教育事业费和生均一般公共预算公用经费均有显著性差异（P=0.001，P=0.000）。经事后检验表明，荔湾区、海珠区、天河区和黄埔区的生均一般公共预算教育事业费（平均为39254.99元）显著高于番禺区和从化区（平均为20838.29元），其中荔湾区与番禺区分别为历年的最高区和最低区，荔湾区约为番禺区的2.55倍。生均一般公共预算公用经费的区域差异在于最高组别（平均为6610.02元）与最低组别间（平均为2503.54元）的差异；最高组别包括荔湾区、天河区、黄埔区和花都区，最低组别包括越秀区、白云区、番禺区和从化区，其中黄埔区与从化区的极差达到3.33倍（见表6）。

由此可见，普通高中教育财力资源较优的区域为荔湾区、天河区和黄埔区，财力资源偏弱的区域为番禺区和从化区。

综合分析各区人力、财力、物力资源配置可见，天河区、黄埔区和南沙区普通高中教育资源配置较好，从化区、增城区、白云区和番禺区普通高中教育资源配置亟待改善。

表6 2016～2018学年广州市各区普通高中财力资源配置情况

行政区	普通高中生均一般公共预算教育事业费(元) 均值	标准差	普通高中生均一般公共预算公用经费(元) 均值	标准差
荔湾区	44031.11	6792.75	6455.53	1990.42
越秀区	28902.84	8120.01	2948.33	706.57
海珠区	38360.89	3325.01	5648.69	920.24
天河区	38772.74	7353.23	5900.36	1478.05
白云区	27993.68	5124.74	2737.12	415.38
黄埔区	35855.21	5850.61	7206.70	1762.25
番禺区	17271.09	2976.88	2165.18	259.96
花都区	26115.21	7630.29	6877.48	1471.52
南沙区	32634.95	8711.51	5039.29	1623.32
从化区	24405.49	3378.23	2163.51	530.86
增城区	28143.51	5943.91	3353.99	633.59

（五）不同等级普通高中学校的教育资源配置状况

本部分采用自行设计的调查表对全市公办普通高中学校进行了抽样调查，调查内容包括2016～2018年学校人、财、物资源配置情况以及校长对高中教育资源配置的看法。调查共回收学校调查表42份，约占全市公办普通高中校数的42%；其中广东省国家级示范性普通高中学校19份（以下简称省国家级示范校），市级示范性普通高中学校7份（以下简称市级示范校），省一级学校7份，市一级学校9份。

1. 不同等级学校间的人力资源配置存在显著差异

单因素方差分析结果显示，不同等级学校间的人力资源存在显著差异。事后比较[1]分析发现，省国家级示范校的生师比显著高于市级示范校和市一级学校，市一级学校的生师比显著低于省国家级示范校和省一级学校。班额差异表现为省国家级示范校班额最大，接下来依次为省一级学校、市级示范

---

[1] 此部分采用Bonferroni法进行事后比较。

校、市一级学校。中级职称教师占比表现为省一级学校占比最高,接下来依次为市一级学校、市级示范校、省国家级示范校。高级职称教师占比表现为省国家级示范校占比最高,接下来依次为市级示范校、省一级学校、市一级学校。研究生学历教师占比表现为省一级学校最高,接下来依次为省国家级示范校、市级示范校、市一级学校(见表7)。

表7 2016~2018年广州市不同等级普通高中学校人力资源配置差异情况

指标	(I)学校类型	(J)学校类型	均值差(I-J)	显著性	95%置信区间 下限	95%置信区间 上限
生师比 (P=0.000)	省国家级示范校	市级示范校(M=10.91)	1.175**	0.011	0.183	2.166
		市一级学校(M=10.15)	1.933***	0.000	0.941	2.925
	市一级学校	省国家级示范校(M=12.08)	-1.933***	0.000	-2.925	-0.941
		省一级学校(M=11.69)	-1.542**	0.008	-2.803	-0.282
班额(人) (P=0.031)	省国家级示范校(M=45.83)	市一级学校(M=42.80)	3.033*	0.042	0.067	5.999
中级职称教师占比(%) (P=0.000)	省国家级示范校	省一级学校(M=48.25)	-8.526***	0.000	-0.132	-0.038
		市一级学校(M=44.19)	-4.472*	0.031	-0.087	-0.003
	省一级学校	省国家级示范校(M=39.72)	8.526***	0.000	0.038	0.132
		市级示范校(M=39.99)	8.255***	0.000	0.029	0.136
高级职称教师占比(%) (P=0.000)	省国家级示范校	市级示范校(M=31.37)	7.983**	0.005	0.017	0.142
		省一级学校(M=27.95)	11.399***	0.000	0.045	0.183
		市一级学校(M=22.34)	17.015***	0.000	0.108	0.233
	市级示范校	省国家级示范校(M=39.35)	-7.983**	0.005	-0.142	-0.017
		市一级学校	9.032**	0.008	0.017	0.164
研究生学历教师占比(%) (P=0.000)	市一级学校(M=8.90)	省国家级示范校(M=18.91)	-10.009***	0.000	-0.156	-0.044
		市级示范校(M=17.93)	-9.027**	0.002	-0.156	-0.025
		省一级学校(M=22.27)	-13.366***	0.000	-0.204	-0.063

注:表中*代表不同等级普通高中学校均值的显著性水平。*代表P<0.05;**代表P<0.01;***代表P<0.001。

2. 不同等级学校间的物力资源配置没有显著差异

总体上，不同等级普通高中学校之间的差异不显著，但各等级普通高中学校之间存在的差距反映了各等级普通高中学校的物力资源配置现状。生均校舍建筑面积的差异表现为省国家级示范校面积最大，接下来依次为省一级学校、市一级学校、市级示范校；生均藏书和百生均计算机的差异均表现为市一级学校均值最大，接下来依次为省一级学校、省国家级示范校、市级示范校（见表8）。三项指标中，市级示范校均处于末位，表明该等级普通高中学校的物力资源配置情况不太乐观；省一级学校均处于第二位，表明该等级学校的物力资源配置较好。

表8 2016～2018学年广州市不同等级普通高中学校物力资源配置情况

学校	生均校舍建筑面积(平方米) 均值	标准差	生均藏书(册) 均值	标准差	百生均计算机(台) 均值	标准差
省国家级示范校	37.79	57.61	18.11	12.88	53.35	20.85
市级示范校	20.27	7.01	15.54	10.13	53.24	31.53
省一级学校	36.04	19.17	18.45	16.91	65.39	24.41
市一级学校	32.28	30.32	22.05	17.09	66.76	30.87

3. 不同等级学校间的生均公用经费有显著差异

不同等级普通高中学校的生均一般公共预算教育事业费的差异没有显著性，表现为市一级学校的均值最大，接下来依次为省一级学校、省国家级示范校、市级示范校，表明市一级学校和省一级学校的建设力度加大。生均一般公共预算公用经费的差异表现为市级示范校均值最大，接下来依次为省国家级示范校、省一级学校、市一级学校，其中市一级学校显著低于省国家级示范校（$P = 0.027$）和市级示范校（$P = 0.003$）（见表9），表明省一级学校和市一级学校的软件建设还落后于示范性学校。

表9 2016~2018学年广州市不同等级普通高中学校财力资源配置情况

学校	普通高中生均一般公共预算教育事业费(元) 均值	标准差	普通高中生均一般公共预算公用经费(元) 均值	标准差
省国家级示范校	46509.00	23472.91	5457.41	3826.85
市级示范校	40104.47	28056.34	6709.51	6048.23
省一级学校	52676.56	26987.37	5355.47	2774.83
市一级学校	56498.54	31899.80	3208.74	2888.50

以上分析可见，不同等级普通高中学校教育资源配置的差异集中表现在人力资源和财力资源方面，总体表现为省国家级示范校规模大，高级职称教师和高学历教师占比高，生均公用经费更多。

三 影响普通高中教育资源配置的原因分析

教育资源配置是指将一定的教育资源在各级各类教育之间、各地区之间和各学校之间进行分配，以期投入的教育资源能够得到充分有效使用。教育资源由谁配置、配置给谁以及如何配置（教育资源的配置原则、配置方式等）决定了教育资源配置的基本格局[①]。普通高中教育资源配置则是指投放于普通高中教育的人力、物力和财力等资源在各地区和各学校间进行的分配，其配置目标、配置主体与对象、配置方式等决定了普通高中教育的数量、规模、结构和布局等方面。影响普通高中教育资源配置的主要因素有以下几方面。

（一）"效率优先"的价值取向加大了不同等级学校间的资源配置差距

实现最佳效益、实现不同经济主体的利益是资源配置的动力，从而形成

---

① 许丽英：《教育资源配置理论研究——缩小教育差距的政策转向》，东北师范大学博士学位论文，2007。

资源配置的价值取向。长期以来，我国普通高中教育资源配置体现出强调资源相对集中、优先办好重点学校的"效率优先"的价值取向。广州市自2002年起创建广东省国家级示范性普通高中学校，自2016年起创建市级示范性高中学校，自2017年起推进市属优质教育资源集团化办学，这些举措促使各级教育资源配置更加向省、市示范性高中学校等重点校倾斜，挤占了非创建（薄弱）普通高中学校的资源配置，甚至挤占了职业高中教育的发展空间。

"效率优先"的价值取向导致"出台政策规定时人为地将省市属学校与区属高中区别对待""省市属高中急剧扩展，发展规模过大，一定程度上压缩了区属高中学校良性发展的空间"，造成事实上市属普通高中学校可获得的资源和利益多于区属普通高中学校，"省市属学校'一枝独秀'愈演愈烈，'百花齐放'的局面未能形成"[①]。而实际上，随着广州市高中教育的普及，高中教育的性质已在发生转变，即从满足部分人高层次发展的需要转变为所有公民现代生活的必需，从面向部分人转变为面向全体，"公平优先，注重效率"成为我国现阶段高中教育资源配置的价值选择[②]。但广州市尚未能实现向"公平优先"的价值取向转移，普通高中教育资源向重点校倾斜的政策与措施还是常态，薄弱学校或普通学校的发展仍然处于弱势状态。

（二）决策主体不明确的管理体制扩大了区域间教育资源配置差距

普通高中教育决策权一般在地方各级人民政府。广州市普通高中教育形成了市区共同管理的体制，相应的决策权分散在市级和区级层面。决策主体因所涉资源不同而不同，如财力资源的决策主体分为市、区和镇等不同层级；也因具体的管理事务而不同，如创建示范性高中的决策权在市级层面，但创建所需的人、财、物资源配置的决策权因学校归属不同可能在市或区级

[①] 基于广州市42所普通高中学校校长对普通高中教育资源配置的看法的调查结果。
[②] 冯建军：《高中教育资源公平配置：取向与原则》，《教育科学研究》2010年第9期。

层面。地市级的教育决策权不集中，事权与其财权不相匹配，造成事实上普通高中教育的决策主体及其管理权限存在模糊地带，全市普通高中教育发展所需统一的、系统的、延续性的规划与部署不足，市和区之间、区与区之间的普通高中教育发展不平衡。

以财力资源配置为例。按照教育财政投入不同，广州市辖区内的公办普通高中可以分为四类：省属学校（不纳入本研究范畴）、市属学校、区属学校和镇属学校，其中区属学校占大多数。不同的管理性质决定了普通高中学校可获得的人财物等各种资源配置的多寡。如市属普通高中学校可用于校舍改造、教学设备设施的完善、教师工资待遇等的各项经费投入均来自市级财政（市教育局预算单位）；区属学校则来自区级财政（区教育局预算单位）；镇属学校主要来自镇级财政（镇人民政府预算单位）和部分区级财政（镇区共建）。

由于市、区、镇各级财政状况不同，各区各级各类教育的基础不同，各级政府领导的重视程度不同，各级财政和各区财政可用于普通高中教育的经费也不尽相同。以2017年各区普通高中教育经费支出占各区普通教育支出的比例为例，居首位的是番禺区，其普通高中教育经费支出占33.80%，其次是增城区（23.03%）和荔湾区（22.86%）；海珠区（7.84%）和越秀区（0.84%）的支出占比居全市末两位①。番禺区支出比例虽然最高，但当年度其普通高中生均一般公共预算教育事业费却是全市最低（16346.45元），其普通高中生均一般公共预算公用经费（2440.88元）仅高于从化区（见表5）。

（三）以计划配置为主的方式不利于普通高中教育多样化发展

计划配置是以政府指令性计划和行政手段为主的资源配置方式，其主要特征是各级教育行政机构作为资源配置的决策者，掌握一地教育决策权和学校的微观教育活动决策权；计划指标以行政指令形式层层下达，通过行政渠

---

① 根据广州市各区财政局官网2017年财政决算数据进行的统计。

道纵向实现信息传导；学校责任是完成下达计划，其发展动力来自外部。

以普通高中生源配置为例。广州市教育局出台相应的高中考试招生工作意见，就高中招生录取原则、不同等级和不同类型学校招生范围、批次、计划、指标到校、自主招生等做出规定，并使用全市统一的志愿填报平台和录取平台，全市统一时间进行招录，保证全市高中招生步调一致。区级教育行政部门及各学校配合实施与落实。这种自上而下、层层下达、规定具体的单向计划配置方式，首先在一定程度上降低了区域办学积极性，削弱了区域办学自主权。区域在执行招生政策时尽管有一定的弹性空间，但与本区的实际情况有较大偏差，如各区的非本市户籍毕业生所占比例有很大差异，招生意见中给出的比例空间与区域生源结构不相匹配，无法满足区域特点和需求，"造成不同区域非本市户籍生源录取比例失衡""优质生源流失"，亟须"在不影响本地生源录取的基础上将录取比例下放到各区"[1]。

其次抑制了普通学校的发展积极性，发展动力单一或不足。如2019年广州市高中招生共分六批次：独立批进行外语类、美术类、宏志生及自主招生；提前批先后进行公办示范性普通高中学校（含省国家级示范校和市级示范校）的指标计划录取和统一计划录取；第一批至第四批依次进行省一级学校、市一级学校、区一级及以下普通学校和各级各类中职学校（含职业高中、普通中专、技工学校等）的招生[2]。高等级学校优先的招生政策使得不同等级学校间生源分化明显，同一等级学校的生源"扁平化"，导致普通学校始终处于不平等的竞争地位。因而，由市一级学校升为省一级学校，再由省一级学校升为示范性高中学校最终成为最高等级学校，能够更充分地参与生源竞争、人财物等资源竞争，成为许多学校发展的"动力"。这种"不参与即落后"的单一发展路径，使得广州市普通高中学校发展同质化和单一化明显，"普通高中教育发展的个性不足、特色不鲜明、

---

[1] 基于广州市42所普通高中学校校长对普通高中教育资源配置的看法的调查结果。
[2] 广州市招生考试委员会办公室印发《关于做好2019年广州市高中阶段学校招生填报志愿工作的通知》，http://gzzk.gz.gov.cn/zkzz/zkxx/wjtz/content/post_5087267.html，最后检索时间：2019年8月11日。

多样化不足"①。对于无法实现蜕变参与竞争的普通学校来说，因缺乏相应的倾斜政策或其他的补偿措施，这类学校的发展积极性也将受挫。

四 普通高中教育资源配置的对策建议

为缩小区域间和校际的普通高中教育资源配置差距，结合目前高中教育发展的态势和有关政策导向，本研究提出以下建议。

（一）确立"公平优先"的资源配置目标，依此导向制定相应政策

公平与效率的关系问题是资源配置面临的一对矛盾关系。两者此消彼长，只有在资源充足的情况下，才可能实现二者的统一。在教育领域，教育公平是社会公平的重要基础，促进教育公平是国家基本教育政策，教育公平是国家对教育资源进行配置时所依据的合理性的规范或原则。研究表明，不同教育发展阶段，教育公平的特征和重心会不同：发展初期最重要的是普及教育，保障广大儿童平等地接受受教育的权利；普及之后追求的是教育过程中的公正待遇和更高的教育质量，即对教育品质的追求。因此，不少学者认为，高中教育已经普及的大都市首先应逐步摒弃精英教育思维，把教育公平作为基础性目标，以公平发展理念来调整各项高中教育政策，逐步清除因不良政策因素而导致的资源配置不公平，努力打造均衡发展的格局。也就是说，高中教育的发展不应再对重点高中"锦上添花"，而应对薄弱高中"雪中送炭"。资源配置重点应致力于改造和消除薄弱区域和薄弱学校，促使区域之间、城乡之间和学校之间的发展更加均衡。

另外，要设计与重构具有针对性、可操作性的教育资源公平配置制度，包括保障高中教育发展的财政拨款制度、教育人事制度、招生制度、学校评价制度等，尽可能避免因制度设计偏差而带来的教育资源配置失衡与不公平，使公办学校与民办学校、普通高中学校与职业高中学校、示范性高中学

---

① 基于广州市42所普通高中学校校长对普通高中教育资源配置的看法的调查结果。

校与非示范性高中学校等不同类型、不同等级的高中学校能够更大程度、更大限度地公平地参与资源分配。如高中招生制度，应逐步改变仅根据分数来招生的现状，缩减招生批次，淡化不同等级学校抢夺生源的倾向，打破市属学校与区属学校因管理层级不同引发的不公平竞争，营造公平公正的招生氛围。又如教师资源配置方面，应制定与落实"区管（聘）校用"政策，打破行政壁垒和区域壁垒，在区域范围内统一调配教师资源，并通过晋升职称、增加福利等办法引导优秀师资向薄弱学校流动，不断均衡学校师资配置。

（二）理顺高中管理体制，加强对普通高中教育的统筹

普及阶段高中教育发展迅猛，所需的各类教育资源仅靠单一区域自身已经难以满足需求。有的区作为人口流入集中区域，其人口增长快，对高中教育的学位需求数量明显增多，新增学校所需的用地、教师、建设经费等配置在短时间内难以实现。与此同时，有的区域户籍人口减少，高中生源日渐萎缩，但其普通高中学校办学历史悠久，办学质量高。这些情况的解决需要协调区与区之间的相关资源配置，但目前的教育管理体制很难实现区域间资源的分配与调剂，因此有必要将高中教育管理权限上移，通过更高一级层面的管理来协调各区间的资源分配。

如冯建军建议实行"以省为主"的高中教育经费投入体制，适时、合理地分配各项教育经费，特别是向经济发展落后地区倾斜教育投入，从而统筹城乡教育均衡发展和区域教育均衡发展[1]。实践中，上海从"十二五"开始启动市实验性示范高中学校迁建到郊区或者到郊区举办分校的改革举措，就是在省级（或地市级）地方政府的统筹下，建立优质普通高中教育资源跨区流动的机制，输出方确保优质资源真正进入输入地并在生源上提供适度倾斜，输入地则在土地、校舍、编制、人事和经费投入上配置资源，共同实现教育资源的合理流动和公共获益[2]。

---

[1] 冯建军：《普通高中教育资源公平配置问题与对策研究——以江苏省为例》，《教育发展研究》2010年第12期。

[2] 徐士强：《新普及时代普通高中资源配置的思考》，《上海教育科研》2016年第10期。

普通高中教育发展到普及阶段,其教育定位和目标已经发生转向,社会对普通高中教育的需求也从"有学上"到"上好学",对优质教育资源的需求越发强烈,区域间和学校间教育发展的不均衡问题更加凸显,需要从跨区域的层面来进行规划与设计。有关的教育政策落地与实施、教育资源的配置也需要更加统一和强有力的管理来推进。因此,已实现高中教育普及的地区在尚不能将管理权限上移至省级层面的情况下,可以先明确将普通高中教育的管理权限上升到地市级层面,加大地市级统筹的力度。如珠海市通过资源优化整合、初高中分离办学、市属初中下放等形式,逐步理顺义务教育管理体制,并于2016年3月将6所区属普通公办高中学校的办学经费、人事管理、布局规划、招生政策等全面归口市教育局管理,移交后投入将由市、区两级财政共同承担,促进高中优质教育资源在全市范围内科学流动和发挥辐射带动作用,提升高中办学质量,实现教育公平、均衡发展的目标[1]。山东省政府办公厅于2018年发文,就推进教育管理和办学体制改革提出明确要求,即加大市级统筹力度,加快建立市级举办、管理市辖区普通高中学校的新机制,将区属高中阶段学校上收到市级统筹管理,以便进一步促进教育资源合理配置,促进高中阶段教育健康协调发展,促进市区融合发展[2]。

此外,应确立高中教育经费的保障与分担机制。市级教育行政部门应在科学核定生均经费标准的基础上,依据生均经费标准、各区的经济财政水平和各区普通高中教育水平,制定科学合理的各级政府教育投入比例,提高普通高中教育经费投入的稳定性和科学性。在制定市级和区级合理分担比例的同时,应按照教育财政弱势补偿的原则,加大对薄弱区域和薄弱学校的教育投入,也采取一定的措施激励地方财政配套,促进普通高中教育更加快速地均衡优质发展。

---

[1] 《6所区属高中全市统筹 珠海一中托管平沙校区》,《珠海特区报》,https://zh.house.qq.com/a/20160331/010191.htm,最后检索时间:2019年7月11日。
[2] 《市区高中阶段学校管理体制改革启动》,《齐鲁晚报刊》,http://www.qlwb.com.cn/2018/1221/1380253.shtml,最后检索时间:2019年7月11日。

(三)差别化配置资源,促进普通高中教育多样化发展

广州市高中教育表现为普通高中教育体量大于职业高中教育,而在普通高中教育中,公办教育体量又远远大于民办教育,同时在公办普通高中教育中又体现为省一级以上普通高中学校体量大于一般普通高中学校体量。高中教育发展的集中性反映出相应资源配置的趋同性和单一性。而伴随着高校录取方式的多元化,家庭与学生的选择日趋个性化和多样化,要求高中教育在分层培养的同时给予更多的选择性,实行按需分类培养。普通高中学校的发展方式和育人方式也应该转型,如由同质性办学模式向多样化办学模式转型,由单一升学办学评价向综合性办学评价转型;深入推进适应学生全面而有个性发展的教育教学改革,完善选课走班教学管理机制,建立科学的教育评价和考试招生制度,有效保障师资和办学条件,基本形成普通高中多样化、有特色的发展格局[1]。

普通高中多样化发展需要改变原有的资源配置机制与方式,资源配置主体应从单一政府配置主体转向多元配置主体,经费配置应从财政预算教育经费投入转向真正的多元筹措教育经费。在实践中,一是要出台具体的资源配置政策引导高中教育多样化发展。自《国家中长期教育改革与发展规划纲要(2010~2020年)》明确提出推动普通高中多样化发展的任务以来,不少省市根据地方教育发展的特点与需求出台了普通高中多样化实施方案与工作意见,但由于政策中并未对普通高中多样化改革的实践路径加以论述,普通高中多样化改革成为只存在于政策文本中的一项改革内容,始终未对改革实践活动产生较大影响[2]。因此,地方政府应该出台更加具体、更加明确的实践导向的资源配置政策来引导普通高中多样化发展。研究认为,推进高中多

---

[1] 国务院办公厅印发《国务院办公厅关于新时代推进普通高中育人方式改革的指导意见》(国办发〔2019〕29号),http://www.moe.gov.cn/jyb_xxgk/moe_1777/moe_1778/201906/t20190619_386539.html,最后检索时间:2019年8月11日。

[2] 冯晓敏、张新平:《我国普通高中多样化改革的政策解读与反思》,《苏州大学学报》(教育科学版)2016年第2期。

样化办学政策主要借助"学校类型多样化"和"教育课程多样化"两条路径来实现[①]。相关的资源配置政策可以围绕这两方面来制定与实施。在促进学校类型多样化方面，可按学校类型赋予相应的资源配置权限，以学校类型为基础，有针对性地从人、财、物等方面制定详细的配置政策。如艺术类高中除在招生制度、学生培养方面享有更大自主权外，还应在师资配备、经费来源等方面有更多自由配置权限；民办高中应有政策支持来享有一定的资源配置与保障，从而释放学校办学活力，实现公办高中与民办高中之间的良性竞争，促进各类学校多样化发展。

二是对普通高中实施分层分类评价及进行相应的差别化资源配置。以往的资源配置主要考虑不同等级学校的需求，但对不同类型的学校关注较少，当然这与普通高中教育发展的多样化、不充分有很大关系。要促进普通高中多样化发展，有必要对不同地区、不同学校的发展进行分层分类的评价，并以此为依据采取统一集中配置、分散配置和直达配置等方式进行差别化的资源配置。统一集中配置教育资源可以使同类型学校的办学条件达到相对统一的水平，学生在任意一所学校均能够享有相同的教育环境；分散配置为二次配置提供一定空间，帮助标准之下的区域或学校获得补偿性的配置，或获得一些财政外的资源配置，从而得以更加快速发展；直达配置是采用直通式的资源配置方式为有特殊需要的薄弱学校直接配置资源，使教育资源尽快到达受益学校，缩短教育资源配置的过程与时间。

[①] 张雷生：《关于韩国高中多样化办学政策的研究》，《外国教育研究》2016年第7期。

B.7 2019年广州市公办中小学临聘教师调查报告

杨 静[*]

摘 要： 受事业编制紧缩政策以及学龄人口不断增加等因素影响，中小学教师编制供需矛盾突出，临聘教师已成为超大城市公办中小学教师队伍的重要组成部分。临聘教师水平参差不齐，工作负担重、工资待遇低、专业发展平台不足、流动性大。临聘教师制度虽然较好地缓解了目前的"教师荒"，但是易引发合同纠纷和退出难题，影响家长对教育的满意度；若大范围推广，地方财政难以持续支撑。为此，要加强临聘教师管理，整体提升临聘教师队伍质量，加大中央和省级财政对随迁子女流入地的专项财政转移支付力度，建立临聘教师工资待遇保障机制，盘活事业编制存量，并建立以持居住证学龄人口为依据的教师编制动态核定机制，从根本上解决超大城市公办中小学教师的供需矛盾。

关键词： 临聘教师 在编教师公办中学 公办中小学 基础教育 广州

一 问题的提出

2018年1月，中共中央、国务院印发了《关于全面深化新时代教师队

---

[*] 杨静，教育硕士，广州市教育研究院副研究员，主要研究方向为教师教育。

伍建设改革的意见》，这是新中国成立以来中共中央首次出台专门面向教师队伍建设的文件，标志着教师队伍建设"极端重要性"的战略地位成为共识，教师队伍建设迎来了新时代。但随着事业单位"控编"、城镇化进程、"全面二孩"政策及新课程改革等带来的新挑战，编制问题已成为中小学教师队伍建设的一个关键问题，编制的结构性短缺，严重制约着高水平教师队伍的建设，并对教育教学工作产生影响。迫于教师编制总量控制压力和刚性现实需求，为了解决"有人给学生上课"的问题，各地进行了诸多编制外使用教师的探索性改革，本研究把这种编外教师统称为"临聘教师"。所谓临聘教师，是指因教师缺编而长期受聘于公办中小学的非正式编制教师，或因专任教师的产假、病假、支教等而临时聘请的非正式编制教师。

临聘教师已成为超大城市公办中小学教师队伍的重要组成部分。2018学年度广州市公办中小学专任教师74945人，至2019年5月广州市公办中小学临聘教师总体规模已超过9500人，广州市公办中小学临聘教师规模占广州市公办中小学专任教师的比例已超过12.7%，其中部分行政区公办中小学临聘教师的比例已超过30%；《深圳市公办中小学临聘教师管理暂行办法》规定"临聘教师比例不得超过事业编制15%至20%"，但很多学校出现超标30%甚至50%。[①]。

那么，临聘教师这种教师聘用制改革是否可以破解师资不足的难题？是否具有推广性？怎样改革才能长期有效保障中小学教师数量？这是当前超大城市教育发展亟待回应的时代命题。本文通过比较广州市公办中小学校在编教师与临聘教师队伍的结构特征、工作特征以及工作满意度，分析超大城市教师编制问题对教师队伍建设的影响，为政策制定者、执行者及相关研究者提供借鉴。

[①] 张文钰：《对深圳市基础教育领域聘任制度改革的反思》，《人力资源管理》2016年第7期。

二 研究设计

(一)调查对象

本研究以广州市公办中小学担任教学工作的正式编制教师与担任教学工作的临聘教师为研究对象,采用分层随机抽样的方法,抽取广州市11个辖区的55所公办小学、33所公办初中、22所公办高中进行调查。参与调研的学校,要求所有临聘教师参与问卷调查,并选取与临聘教师同等数量的正式编制教师参与问卷调查。本次调查首先进行了测试,检验工具质量、抽样方法等;正式调查时在抽样过程中充分考虑了随机样本不同学段、不同学校类型,以及不同区域的样本特征差异,保证了样本结构与总体结构相似。共回收教师问卷5166份,用于统计分析的有效问卷5035份,有效率为97.47%;其中在编教师问卷2872份(57.04%)、临聘教师问卷2163份(42.96%);小学教师问卷3403份(67.59%)、初中教师问卷1083份(21.51%)、高中教师问卷549份(10.9%),与2018学年广州市中小学教师的学段结构基本一致。

(二)研究工具

结合已有文献和问卷调查所涉及信息,本研究自编问卷,在结构特征、工作特征、工作满意度三个维度,设置了28个问题。本研究的教师队伍结构特征变量包括学历、职称、年龄、教龄四个维度。教师的工作特征是指工作本身以及与工作有关的各种属性或因素,本研究参考李维等教师工作特征变量框架[1],从教师的岗位职务、任教学科、工作量(周课时数、任教班级、年级数),以及工资福利等几个方面,研究临聘教师的工作特征。"教师工作满意度是教师的一种主观价值判断,既包含教师对自我期望、自我实

---

[1] 李维等:《义务教育教师转岗意向影响因素的实证分析——基于有序多分类logistic回归模型分析》,《现代教育管理》2019年第1期。

现的内在满意度，同时也包含教师对工作条件、工作环境、薪资报酬等各方面的外在满意度"①，本研究参考武向荣的教师工作满意度测量框架，从工资待遇、专业发展的外部支持以及职业认同感、社会认同感四个方面，研究临聘教师的工作满意度。本研究在问卷调查的同时，辅以对部分教师的非正式访谈。

（三）数据分析方法

采用SPSS软件对类别资料、人数、百分数进行统计；对不同类型教师群体的资料，进行卡方检验。本研究没有任何定向性的结果猜测，完全遵从原始数据的统计处理结果。

三 调查结果分析

（一）临聘教师队伍结构特征

1. 临聘教师总体学历层次能满足教学需要，但部分学历未达标

教师的质量绝不取决于教师的受教育水平，但规定教师最低学历标准，是保证教育质量的重要措施。《中华人民共和国教师法》明确规定"取得教师资格应当具备的相应学历：取得小学教师资格，应当具备高中毕业及其以上学历；取得初级中学教师资格，应当具备专科毕业及其以上学历；取得高级中学教师资格，应当具备本科毕业及其以上学历"。

从表1可以看出，参与本次调研统计的有效问卷中，临聘教师2163人，大学本科毕业及以上学历占比为91.3%，比在编教师（95.2%）略低；其中小学专任教师大学本科及以上学历占比为89.0%，高中毕业及以下学历占比为0.6%；初中专任教师大学本科及以上学历占比为98.2%，专科毕业学历占比为4.5%；普通高中专任教师研究生及以上学历占比为22.9%，专

---

① 武向荣：《义务教育教师工作满意度影响因素的实证研究》，《教育研究》2019年第1期。

科毕业及以下学历毕业占比为2.6%（学历未达标）。《广州市教师队伍建设第十三个五年计划（2016~2020年）》规定：到2020年，小学专任教师大学本科及以上学历比例达80%以上，初中专任教师大学本科及以上学历比例达98%以上，普通高中专任教师研究生及以上学历比例达20%以上。这说明，广州临聘教师队伍总体学历层次已经超过《广州市教师队伍建设第十三个五年计划（2016~2020年）》的发展目标，但仍有少部分临聘教师学历未达标。

表1 临聘教师与在编教师学历结构比较

项目		有效问卷数（N）	研究生毕业		本科毕业		专科毕业		高中毕业及以下学历	
			人数（人）	比例（%）	人数（人）	比例（%）	人数（人）	比例（%）	人数（人）	比例（%）
临聘教师	小学	1604	103	6.4	1325	82.6	167	94.4	9	0.6
	初中	428	103	24.1	317	74.1	8	4.5	0	0.0
	高中	131	30	22.9	97	74.0	2	1.1	2	1.5
	合计	2163	236	10.9	1739	80.4	177	8.2	11	0.5
在编教师		2857	272	9.5	2448	85.7	137	4.8	0	0.0

2. 绝大多数临聘教师具备任教学段要求的教师资格证，但还有极少部分未具备从事教师职业必备的基本条件

"教师资格证制度是我国对教师实行的职业资格认定制度，是国家对专门从事教育教学人员的最基本要求，它规定了从事教师职业必须具备的基本条件。"[①] 用于调查报告统计分析的广州市公办中小学2163名临聘教师的学段分布为：小学教师占比67.59%、初中教师占比21.51%、高中教师占比10.9%。从表2可以看出，97.5%的临聘教师具备小学及以上级别的教师资格证，其中具备小学教师资格证的占比15.3%、初中教师资格证占比

---

① 刘春兰、郑友训：《教师资格证制度下教师假性成长问题探究》，《现代教育管理》2012年第1期。

16.2%、高中教师资格证占比63.9%；0.2%的临聘教师具备幼儿园教师资格证，2.2%的临聘教师无教师资格证。这说明，绝大多数临聘教师具备要求层级或高于要求层级的教师资格证，但有极少数临聘教师还未具备从事教师职业的基本条件。

表2　临聘教师与在编教师资格证情况比较

单位：人

项目	最高学段教师资格证类型						
	无教师资格证	幼儿园教师资格证	小学教师资格证	初中教师资格证	高中教师资格证	中职教师资格证	高校教师资格证
临聘教师	47 (2.2%)	5 (0.2%)	331 (15.3%)	351 (16.2%)	1382 (63.9%)	29 (1.3%)	18 (0.8%)
在编教师	0 (0.0%)	0 (0.0%)	1070 (37.3%)	397 (13.8%)	1374 (47.8%)	19 (0.7%)	12 (0.4%)

3. 临聘教师未评职称比例过高，职称结构堪忧

"职称既是一种精神上的奖励，也是一种能力上的肯定，还是工资的一种保障，高职称意味着相对满意的工资收入与较高的社会地位。"[1] 从表3可以看出，临聘教师未评职称比例高达64.6%，远高于在编教师（3.5%）；临聘教师中学一级及以上职称比例仅为3.2%，远远低于在编教师（33.6%）；临聘教师小学一级及小学高级职称比例仅为5.2%，远远低于在编教师（43.8%）。

表3　临聘教师与在编教师职称结构比较

单位：人

项目	无职称	小学二级或三级	小学一级	小学高级	中学二级或三级	中学一级	中学高级	正高级
临聘教师	1398 (64.6%)	369 (17.1%)	86 (4.0%)	25 (1.2%)	215 (9.9%)	67 (3.1%)	3 (0.1%)	0 (0.0%)
在编教师	99 (3.5%)	315 (11.0%)	513 (18.0%)	738 (25.8%)	232 (8.1%)	598 (20.9%)	358 (12.5%)	5 (0.2%)

---

[1] 闫巧、车丽娜、王晓诚：《城镇化进程中乡村教师的社会认同研究》，《教育参考》2016年第6期。

4. 临聘教师以青年教师为主体，年龄结构失衡

教师的年龄结构对教师队伍的整体活力、创新能力以及教育生产率有着十分重要的影响。从某种程度上看，教师的年龄结构意味着教师队伍的稳定程度。从表4可以看出，临聘教师年龄结构分布失衡，34岁及以下的青年教师所占比例为88.7%，比在编教师（23.1%）高出65.6个百分点；其中24岁及以下年龄段的临聘教师所占比例为21.5%，比在编教师（1.9%）高出19.6个百分点。这说明，临聘教师以青年教师为主体，年龄结构失衡。

表4 临聘教师与在编教师年龄结构比较

单位：人

项目	24岁及以下	25~29岁	30~34岁	35~39岁	40~44岁	45~49岁	50岁及以上
临聘教师	466（21.5%）	1105（51.1%）	349（16.1%）	156（7.2%）	44（2.0%）	16（0.7%）	27（1.2%）
在编教师	54（1.9%）	313（11.0%）	291（10.2%）	626（21.9%）	746（26.1%）	541（18.9%）	287（10.0%）

5. 临聘教师以新教师为主体，教学经验不足

教龄是指教师从事本职工作的年限，一般来说，教龄越长，教师的教学经验越丰富，薪酬也越高；国内外研究证明，教师在入职后要经过3年以上的经验积累，才能促进教学生产。从表5可以看出，3年及以下教龄的新教师所占比例为62.1%，远远高于在编教师（6.9%）；其中1年以下教龄的临聘教师所占比例为19.9%，比在编教师（1.5%）高出18.4个百分点；临聘教师10年及以上教龄的比例为10.4%，远远低于在编教师（80.6%）。这说明，临聘教师以3年及以下教龄的新教师为主体，教学经验不足。

表5 临聘教师与在编教师教龄结构比较

单位：人

项目	1年以下	1~3年	4~6年	7~9年	10年及以上
临聘教师	431（19.9%）	912（42.2%）	439（20.3%）	156（7.2%）	225（10.4%）
在编教师	42（1.5%）	153（5.4%）	225（7.9%）	134（4.7%）	2304（80.6%）

（二）临聘教师工作特征

1. 从岗位结构来看，部分临聘教师是学校教育教学的骨干力量

从表6可以看出，将近四分之一（24.2%）的临聘教师在学校担任主任、（学科）科长、年级级长、备课组长等岗位职务；近一半（49.0%）的临聘教师在学校担任班主任，高于在编教师比例（43.8%）；56.0%的临聘教师任教小学语文（数学、英语）学科，15.4%的临聘教师任教中考科目，5.0%的临聘教师任教高考科目。这说明，临聘教师有效缓解了"教师荒"，部分临聘教师是学校教育教学的骨干力量。

表6 临聘教师与在编教师岗位结构比较

单位：人

项目	主要职务					担任班主任	
	主任	科长	级长	备长	其他	是	否
临聘教师	272（12.6%）	41（1.9%）	45（2.1%）	165（7.6%）	1640（75.8%）	1059（49.0%）	1104（51.0%）
在编教师	429（15.0%）	349（12.2%）	206（7.2%）	352（12.3%）	1522（53.3%）	1252（43.8%）	1606（56.2%）

项目	任教学科			
	小语（数、英）	中考科目	高考科目	其他
临聘教师	1211（56.0%）	333（15.4%）	108（5.0%）	511（23.6%）
在编教师	1414（49.5%）	506（17.7%）	349（12.2%）	589（20.6%）

2. 从周课时数和任教班数、任教年级数来看，临聘教师工作负担重

从表7可以看出，临聘教师与在编教师的每周课时量存在显著差异（P=0.000），临聘教师的每周课时量远远大于在编教师：临聘教师每周课时量在10节以下的占10.9%，明显低于在编教师（19.0%）；临聘教师的每周课时量主要集中在11~20节，占比88.5%，远远高于在编教师（80.2%）。

表7　临聘教师与在编教师每周课时数比较

单位：人

项目	7节以下	7~10节	11~15节	16~20节	21节以上	卡方检验
临聘教师	53(2.5%)	182(8.4%)	1453(67.2%)	461(21.3%)	14(0.6%)	$X^2=85.299$
在编教师	175(6.1%)	368(12.9%)	1855(64.9%)	437(15.3%)	23(0.8%)	$P=0.000$

从表8可以看出，临聘教师与在编教师任教班数、任教年级数存在显著差异（$P=0.000$），临聘教师的任教班数和年级数远远大于在编教师：临聘教师任教3个班及以下的比例为67.5%，在编教师任教3个班及以下的比例为75.5%；临聘教师任教4个班及以上的比例为32.5%，而在编教师的这一比例为24.5%。临聘教师任教1个年级的比例为67.5%，远低于在编教师（74.0%）；临聘教师任教2~3个年级的比例为27.6%，远高于在编教师（21.3%）。

表8　临聘教师与在编教师任教班数、年级数比较

单位：人

项目	\multicolumn{4}{c}{任教班数}	卡方检验
	1个班	2个班	3个班	4个班及以上	
临聘教师	682(31.5%)	553(25.6%)	225(10.4%)	703(32.5%)	$X^2=50.854$
在编教师	888(31.1%)	932(32.6%)	337(11.8%)	701(24.5%)	$P=0.000$

项目	\multicolumn{4}{c}{任教年级数}	卡方检验
	1个年级	2个年级	3个年级	4个年级及以上	
临聘教师	1460(67.5%)	448(20.7%)	149(6.9%)	106(4.9%)	$X^2=28.239$
在编教师	2114(74.0%)	462(16.2%)	145(5.1%)	137(4.8%)	$P=0.000$

"教师工作量是指教师在履行职业角色时践行的具体工作任务及其所需要的时间，总量及不同工作任务的结构比例共同决定教师工作量状况。教师工作量是影响教师心理健康、教育教学质量的重要因素。"[1] 临聘教

---

[1] 李新翠：《中小学教师工作量的超负荷与有效调适》，《中国教育学刊》2016年第2期。

师的岗位职务、岗位结构的调查结果，不仅说明了多数临聘教师是学校教育教学的骨干力量，而且与临聘教师的周课时数、任教班级数等调查结果互为印证，说明了临聘教师的工作负担重。临聘教师过于繁重的工作负担，不仅造成他们较为强烈的工作疲惫感，而且直接导致临聘教师没有时间和精力参加专业培训，这势必影响到临聘教师专业发展水平的提高。

3. 与在编教师比，临聘教师工资待遇低

教师工资对教师的职业吸引力产生直接影响，不仅影响教师的招聘质量，也影响教师队伍的稳定性。从表9可以看出，不计退休后养老保险待遇等的差异，临聘教师与在编教师的平均每月实发工资差异极其显著（P=0.000），临聘教师工资待遇远远低于在编教师。从表9可以看出，54.5%的临聘教师的月平均工资为6000元及以下，57.2%的在编教师平均每月实发工资收入（含住房补贴、公积金等）为1万元及以上。2018年，广州市城镇非私营单位在岗职工年平均工资为111839元[①]。这说明，临聘教师待遇总体偏低，难以吸引和留住优秀教师。

表9 临聘教师与在编教师平均每月实发工资比较

单位：人

项目	4000元及以下	4000~5000元	5001~6000元	6001~7000元	7001~8000元	8001~9000元	9001~10000元	10001~15000元	1.5万元以上
临聘教师	402 (18.6%)	458 (21.2%)	317 (14.7%)	284 (13.1%)	341 (15.8%)	182 (8.4%)	140 (6.5%)	39 (1.8%)	0 (0.0%)
在编教师	10 (0.3%)	28 (1.0%)	56 (2.0%)	121 (4.2%)	194 (6.8%)	269 (9.4%)	546 (19.1%)	1300 (45.5%)	334 (11.7%)

注：卡方检验：$X^2 = 2777.880$，$P = 0.000$。

---

① 广州市统计局：《2018年广州市城镇非私营和私营单位就业人员年平均工资情况》（2019-06-28），http://www.gzstats.gov.cn/gzstats/tjgb_qtgb/201906/625e12e442404eab97cc55ce3691367e.shtml，最后检索时间：2019年7月8日。

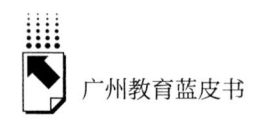

（三）工作满意度

1. 临聘教师对工资待遇的满意度较低，跳槽意愿较强烈

教师工资待遇是衡量教师的劳动价值和生存状况的重要标准之一。本研究从工资待遇总体满意度、工作报酬与付出匹配感受、保持目前待遇留任、跳槽到待遇更好学校的意愿四个维度，重点考察临聘教师对工资待遇的满意度。从表10可以看出，临聘教师与在编教师"对目前的工资待遇满意度"差异极其显著（P=0.000），68.3%的临聘教师对目前的工资待遇不满意，仅20.1%的临聘教师对目前的工资待遇满意，远远低于在编教师（57.3%）。临聘教师与在编教师认为自己"工作报酬与付出匹配"的感受差异极其显著（P=0.000），仅19.4%的临聘教师认为自己工作报酬与付出匹配，远远低于在编教师（50.1%）。临聘教师与在编教师"愿意保持目前工资待遇继续在这所学校工作"的感受差异极其显著（P=0.000），仅33.7%的临聘教师"愿意保持目前工资待遇继续在这所学校工作"，远远低于在编教师（68.9%）。临聘教师与在编教师"想跳槽到工资待遇更好的学校"的感受差异极其显著（P=0.000），52.4%的临聘教师"想跳槽到工资待遇更好的学校"，远远高于在编教师（20.0%）。这说明，临聘教师与在编教师对自己工资待遇的满意度感受差异极其显著；与在编教师比较，临聘教师对工资待遇满意度较低、跳槽倾向强烈；临聘教师"有较强的流动意愿，不断寻求获取事业编制或行政编制的机会，以考取事业编制或行政编制为流动方向"。[①]

2. 临聘教师对专业发展的环境支持及职称晋升途径的通畅性获得感较低

教师专业发展是教师的专业素质不断提高的过程，也是在一定的价值引领下教师与工作环境交互作用的过程。本研究从教师专业发展的环境支持维

---

① 邬志辉、陈昌盛：《我国义务教育阶段教师编制供求矛盾及改革思路》，《教育研究》2018年第8期。

表10 不同编制教师工资待遇比较

单位：人

项目	临聘教师(N=2163) 不符合	不确定	符合	在编教师(N=2872) 不符合	不确定	符合	卡方检验
对目前的工资待遇满意度	1477（68.3%）	252（11.7%）	434（20.1%）	845（29.4%）	382（13.3%）	1645（57.3%）	$X^2=820.503$ P=0.000
工作报酬与付出匹配	1397（64.6%）	346（16.0%）	420（19.4%）	999（34.8%）	433（15.1%）	1440（50.1%）	$X^2=546.176$ P=0.000
愿意保持目前工资待遇继续在这所学校工作	653（30.2%）	781（36.1%）	729（33.7%）	289（10.1%）	604（21.0%）	1979（68.9%）	$X^2=653.387$ P=0.000
想跳槽到工资待遇更好的学校	339（15.7%）	691（31.9%）	1133（52.4%）	1269（44.2%）	1028（35.8%）	575（20.0%）	$X^2=700.286$ P=0.000

度，通过比较临聘教师与在编教师参与专业发展活动的机会，以及职称晋升途径的畅通性感受等，重点考察临聘教师专业发展的支持情况。

从表11可以看出，在参与专业发展活动的机会方面，临聘教师与在编教师的总体感受差异显著：89.8%的临聘教师"能参加校内教师研修活动"，低于在编教师（94.4%）；79.6%的临聘教师"能参加校外教师研修活动"，低于在编教师（82.2%）；73.9%的临聘教师"能参加学校业务竞赛活动"，远低于在编教师（85.7%）。在职称晋升条件的认知方面，临聘教师与在编教师的感受有极其显著的差异（P=0.000），临聘教师对职称晋升条件的认知程度明显低于在编教师：临聘教师"清楚职称晋升条件"的比例为72.7%，远低于在编教师（88.2%）。在职称晋升途径通畅性方面，编内外教师的感受有极其显著的差异（P=0.000），临聘教师的职称晋升途径通畅性的感受明显低于在编教师，临聘教师认为"职称晋升途径通畅"的比例为31.2%，远低于在编教师（48.8%）。这说明，临聘教师与在编教师对专业发展支持情况的感受差异非常显著；与在编教师相比，临聘教师在参与专业发展活动的机会以及职称晋升途径的通畅性方面获得感较低；需要增加临聘教师参与专业发展活动的机会，进一步提升临聘教师对职称晋升条件的认知，促推临聘教师获得职称晋升的条件，畅通临聘教师职称晋升途径。

表 11　不同编制教师专业发展感受比较

单位：人

专业发展	临聘教师(N=2163) 不符合	不确定	符合	在编教师(N=2872) 不符合	不确定	符合	卡方检验
能参加校内教师研修活动	65(3.0%)	155(7.2%)	1943(89.8%)	67(2.3%)	95(3.3%)	2710(94.4%)	$X^2=41.855$ P=0.000
能参加校外教师研修活动	161(7.4%)	280(12.9%)	1722(79.6%)	199(6.9%)	313(10.9%)	2360(82.2%)	$X^2=5.843$ P=0.054
能参加学校业务竞赛活动	204(9.4%)	361(16.7%)	1598(73.9%)	126(4.4%)	285(9.9%)	2461(85.7%)	$X^2=113.272$ P=0.000
清楚职称晋升条件	193(8.9%)	397(18.4%)	1573(72.7%)	139(4.8%)	199(6.9%)	2534(88.2%)	$X^2=203.627$ P=0.000
职称晋升途径通畅	682(31.5%)	807(37.3%)	674(31.2%)	984(34.3%)	487(17.0%)	1401(48.8%)	$X^2=294.596$ P=0.000

3. 临聘教师的职业意愿、职业成就感较高，但对职业发展前景及职业满意度的感知较低

"教师职业认同是指教师能从心底接受教师职业，并能对教师职业的各个方面作出积极的感知和正面的评价，从而愿意长期从事教师职业的主观心理感受。"[1]"高水平的职业认同是教师专业发展的根本动力，也是抵抗职业压力、外来冲突的心理基础。"[2] 本研究分别从职业意愿、职业成就感、职业满意度、职业发展前景的感受四个维度，对临聘教师与在编教师职业感受的差异性进行分析。

从表 12 可以看出，临聘教师与在编教师的职业意愿差异显著（P=0.000），临聘教师"若重新选择仍愿意当教师"的比例为 66.5%，高于在编教师（60.8%）。"编制"身份对教师职业成就感的影响差异不显著（P=0.919），临聘教师在"工作中能体会到成就感"的比例为 72.0%，略高于在编教师（71.7%）。"编制"身份对于教师的职业满意度感知、职业发展

---

[1] Beijaard, D., Verloop, N., Vermunt, J. D., Teachers' Perceptional Identity: An Exploratory Study from a Personal Knowledge Perspective, *Teaching and Teacher Education*, 2000, 16.

[2] 蒲阳:《教师职业认同的意义与现状》,《人民教育》2018 年第 8 期。

前景感知的影响极其显著（P=0.000），临聘教师"对职业发展前景感到迷茫"的比例达51.3%，远远高于在编教师（33.6%）；临聘教师的职业满意度为69.2%，远远低于在编教师（76.3%）。这说明，与在编教师相比，临聘教师对从事教师职业的意愿和职业成就的感知较高，但对职业发展前景以及对职业满意度的感知较低。

表12 不同编制教师职业认同和职业获得感比较

单位：人

项目	临聘教师(N=2163)			在编教师(N=2872)			卡方检验
	不符合	不确定	符合	不符合	不确定	符合	
工作中能体会到成就感	300 (13.9%)	306 (14.1%)	1557 (72.0%)	395 (13.8%)	418 (14.6%)	2059 (71.7%)	$X^2=0.169$ $P=0.919$
若重新选择仍愿意当老师	213 (9.8%)	511 (23.6%)	1439 (66.5%)	354 (12.3%)	772 (26.9%)	1746 (60.8%)	$X^2=18.275$ $P=0.000$
对职业发展前景感到迷茫	578 (26.7%)	476 (22.0%)	1109 (51.3%)	1222 (42.5%)	684 (23.8%)	966 (33.6%)	$X^2=181.318$ $P=0.000$
对教师职业感到满意	366 (16.9%)	301 (13.9%)	1496 (69.2%)	354 (12.3%)	326 (11.4%)	2192 (76.3%)	$X^2=33.370$ $P=0.000$

4. 临聘教师在学校人际关系感受良好，但对学校的归属感偏低

教师的社会认同，是指教师对自己作为教师成员身份的认知，以及附加于这种成员身份的评价和情感方面的意义。[①] 一般而言，社会认同水平越高，群体归属感与稳定性越强，凝聚力也会越强。[②] 本研究分别从教师与学校领导、同事、学生、家长的"人际关系"和"学校归属感"两个方面，对在编教师、临聘教师的社会认同感知的差异性进行分析。

从表13可以看出，不同编制教师的社会认同感差异非常显著；与在编教师相比，临聘教师的人际关系良好，但学校归属感偏低。卡方检验结果显示，两者在同事相处、学生尊重、家人支持方面的感受差异不明显，双

---

① 闫巧、车丽娜：《城镇化进程中乡村教师的社会认同困境与干预策略》，《当代教育与文化》2017年第4期。
② 闫巧、车丽娜、王晓诚：《城镇化进程中乡村教师的社会认同研究》，《教育参考》2016年第6期。

方均有较好的获得感;在家长支持方面的感受差异显著(P=0.032),临聘教师的家长支持获得感更强烈;在学校领导支持方面的感受差异极其显著(P=0.000),临聘教师的领导支持获得感更强烈;在学校归属感方面的感受差异极其显著(P=0.000),临聘教师的学校归属感偏低(55.4%),远远低于在编教师(67.8%)。这说明,尽管临聘教师在学校人际关系感受良好,但由于没有编制,缺乏"学校人"的身份,合同期短、职业状态不稳定,所以,学校归属感偏低。

表13 不同编制教师的社会认同感比较

单位:人

项目	临聘教师(N=2163)			在编教师(N=2872)			卡方检验
	不符合	不确定	符合	不符合	不确定	符合	
与同事相处融洽	23 (1.1%)	68 (3.1%)	2072 (95.8%)	43 (1.5%)	110 (3.8%)	2719 (94.7%)	X^2=3.578 P=0.167
学生尊重自己	69 (3.2%)	161 (7.4%)	1933 (89.4%)	99 (3.4%)	217 (7.6%)	2556 (89.0%)	X^2=0.284 P=0.868
家人支持自己的工作	71 (3.3%)	102 (4.7%)	1990 (92.0%)	65 (2.3%)	101 (3.5%)	2706 (94.2%)	X^2=9.795 P=0.007
学生家长支持自己的工作	86 (4.0%)	279 (12.9%)	1798 (83.1%)	155 (5.4%)	398 (13.9%)	2319 (80.7%)	X^2=6.904 P=0.032
校领导支持自己的工作	75 (3.5%)	245 (11.3%)	1843 (85.2%)	159 (5.5%)	381 (13.3%)	2332 (81.2%)	X^2=17.484 P=0.000
在学校有归属感	445 (20.6%)	519 (24.0%)	1199 (55.4%)	380 (13.2%)	544 (18.9%)	1948 (67.8%)	X^2=85.839 P=0.000

四 主要结论与政策建议

(一)主要结论

1. 临聘教师总体素质不错,但队伍参差不齐

目前,广州公办中小学临聘教师主要分为两类:一类是政府雇员制临聘教师，一般是由于学校扩大办学规模或者开设新校区，编制部门未及时下达编制数、出现师资紧缺而聘用的教师。政府雇员制临聘教师经编办、人社、财政等部门同意，由教育局统一指导学校进行招聘和管理，工资待遇基本上与在编教师同工同酬，整体教育教学水平比在编教师略低或相近。另一类是非政府雇员制临聘教师，一般是因为在编教师脱产进修、产假、支教等，临时性出现师资急缺而聘用的教师。非政府雇员制临聘教师的工资待遇与在编教师有较大差距，整体教育教学水平也与在编教师有显著差别，教育教学能力良莠不齐。

调查结果显示：广州市临聘教师队伍总体学历层次已经超过《广州市教师队伍建设第十三个五年计划（2016～2020年）》所定的目标，但仍有少部分临聘教师学历未达标；绝大多数临聘教师具备相应层级或高于相应层级的教师资格证，但有极少数临聘教师还未具备从事教师职业的资格条件；从岗位结构来看，部分临聘教师是学校教育教学的骨干力量，但临聘教师队伍以3年及以下教龄的新教师为主体，教学经验不足。

2. 临聘教师流动性大，影响中小学教师队伍的梯队建设

教师编制关系到教师的国家公职人员身份、职称晋升、专业发展、薪酬待遇、社会保障等一系列问题。尽管政府雇员制临聘教师与在编教师在工资待遇、职称晋升、考核管理等方面已经十分接近，但不可否认，即使政府雇员制临聘教师，也无法享受在编教师依法享有的所有权益和待遇；而因在编教师脱产进修、产假等临时性出现的师资短缺而聘用的非政府雇员制临聘教师，其工资待遇远远低于在编教师。调查结果显示，64.5%的临聘教师的合同期限为1年以下，其中1.2%的临聘教师的合同期限为3个月以下，17.2%的临聘教师的合同期限为3～6个月，48.9%的临聘教师的合同期限为1年。合同聘期一旦结束，是否续聘的决定权主要在聘用单位，因此临聘教师的工作岗位很不稳定。

调查结果显示：与在编教师相比，临聘教师总体上工作负担更重，但工资待遇低，临聘教师对工资待遇的满意度较低；临聘教师的职业意愿、职业成就感较高，在学校人际关系感受良好，但对专业发展的环境支持及职称晋

升途径的通畅性获得感较低，对职业发展前景及职业满意度的感知较低，对学校的归属感偏低，跳槽意愿较强。临聘教师队伍不稳定，不仅影响了临聘教师队伍的年龄结构，也影响了教龄结构和职称结构，导致临聘教师队伍以青年教师为主体，年龄结构失衡；以新教师为主体，教学经验不足；未评职称比例过高，职称结构堪忧。临聘教师工资待遇低，专业发展平台不足，归属感不强，难以留住优秀教师，流动性大，不利于学校教育教学管理，直接影响公办中小学教师队伍的梯队建设。

3. 临聘教师制度虽然较好地缓解了"教师荒"，但存在诸多风险

广州市临聘教师的规模、占比及其岗位结构、学科结构，说明了临聘教师制度较好地缓解了"教师荒"，但临聘教师制度存在诸多风险。首先，临聘教师制度易引发劳动合同纠纷。无论是政府直接购买服务，还是劳务派遣或直接招聘，用人单位或第三方（劳务派遣机构）都要同临聘教师签订劳动合同。按照《中华人民共和国劳动合同法》等有关规定，连续订立两次固定期限劳动合同后，劳动者可以提出签订无固定期限劳动合同，这可能引发临聘教师退出难题。《中华人民共和国劳动合同法》第六十三条规定"被派遣劳动者享有与用工单位的劳动者同工同酬的权利"，但实际上，采用劳务派遣模式的临聘教师的待遇，要远远低于在编教师。因此，临聘教师制度可能引发退出难题，并存在"公平隐患"，易引发合同纠纷。其次，临聘教师制度影响家长对区域教育的整体满意度。大量使用临聘教师对开展家校合作、提升教学质量有一定的消极影响。无论是哪一种临聘教师，都存在不稳定因素，而教师队伍的不稳定、流动性强将直接影响学校教育教学活动质量，进而影响学生的学业成绩。在调研座谈中，各区代表纷纷表示：临聘教师队伍庞大，且数量和占比不断扩大，流动性大，队伍极不稳定，使学校正常教学难以得到有效保障；加上临聘教师教育教学水平参差不齐，一定程度上影响了教育教学质量，导致家长投诉不断增加，引起较大社会反响。

4. 临聘教师制度若大范围推广，地方财政难以持续支撑

各地改革创新的种种"编制外"教师供给模式，创新性地突破了教师编制数量限制，但没有改变"财政供养教师"这一根本。因此，大量使用

临聘教师，对地方财政能力有较高要求。使用大量临聘教师所需经费，对于财力充裕的地区，地方政府有能力承担；对于财力较薄弱的地区，地方政府保障现有编制内人员的经费支出已经很吃力，根本无法再承担使用大量临聘教师的大额支出。① 因此，临聘教师制度创新了教师补充机制，但若大范围推广，地方财政将难以持续支撑。在调研座谈中，各区代表纷纷表示：由于新开办学校和新增班级，公办中小学学生数量大幅增长，加上全面放开二孩政策，教师休产假的人数逐年增加，临聘教师需求量越来越大，临聘教师所需经费压力很大；由于专项经费有限，从区下拨到校的顶岗费难以满足学校使用临聘教师的经费需求，绝大部分学校只能用办公经费支付临聘教师的工资，造成学校办公经费紧缺，影响学校正常工作的开展；而以低廉的价格雇用的临聘教师，教育教学能力往往不足。《中华人民共和国劳动合同法》明确规定："劳务派遣用工……只能在临时性、辅助性或者替代性的工作岗位上实施。"从这个意义上看，劳务派遣只能作为一种教师不足的补充机制出现，难以真正解决较大规模的教师数量紧缺问题。

（二）政策建议

由于存在难以克服的局限性，临聘教师制度难以彻底解决公办中小学的师资供需矛盾，且容易产生新的问题。"教师编制政策，必须适应我国基本国情与经济社会发展水平，有利于我国基础教育事业建设与发展，我们应实事求是、因地制宜，在保障教育公平、教师权益和满足教育需求的基础上完善教育编制政策。"② 为了维持教师的职业吸引力和队伍发展的持续性，降低编外聘用教师制度改革的风险，我们不仅需要加强对临聘教师队伍的管理，提高临聘教师的工资待遇，整体提升临聘教师队伍质量，还需要扩大教师编制供给，从根本上解决公办中小学师资不足的问题。

---

① 刘善槐等：《农村教师编制制度改革研究》，《中国教育学刊》2019 年第 1 期。
② 韩小雨、庞丽娟等：《中小学教师编制标准和编制管理制度研究——基于全国及部分省区现行相关政策的分析》，《教育发展研究》2010 年第 8 期。

1. 健全临聘教师的管理，整体提升临聘教师的能力水平

为避免临聘教师成为新的历史遗留问题，建议健全市级层面临聘教师的管理机制。出台《广州市公办中小学临聘教师管理办法》，完善临聘教师的准入、招聘、培训、储备以及薪酬待遇制度。严格对照教师准入标准招聘临聘教师，逐步清退不具备教师资格条件或基本教育教学能力的临聘教师。拓宽临聘教师的专业发展和职称（职务）晋升平台。加强对临聘教师的业务培训，各级财政要划拨专项培训经费，建立并完善临聘教师培训体系，加强对临聘教师的岗前培训，提升临聘教师的学校归属感。加大对临聘教师的招考力度，满足优秀临聘教师的入编需求。如深圳市在公开招聘在编教师时，适当放宽对中小学临聘教师的招考年龄限制，对"已超过40岁且尚未达到法定退休年龄的中小学临聘教师，可按其在我市公办中小学的从教年限予以抵减，每从教满1年（含学年）抵减1岁，抵减后不超过40岁的，视同符合年龄条件"。[①] 建议由市教育局牵头，市人社局、市财政局配合，各区教育局协办，建立市级"临聘教师储备库"，通过信息化手段储备包括近几年退休且身体健康的退休老师、具备教师资格的社会人员、师范院校待就业的毕业生、各学校目前招聘的临聘教师等，并加强对"临聘教师储备库"的管理，规范"临聘教师储备库"教师的准入标准、学校申请遴选临聘教师的流程等方面的工作。

2. 合理分配各级政府的财政负担，建立临聘教师工资待遇保障机制

临聘教师制度需要有充足的财政资金支撑，随着临聘教师规模不断扩大，地方财政不堪重负。为此，国家要进一步完善现行教育经费的投入机制，合理分配中央与地方之间的财政负担；根据主要流入地随迁子女的数量，加大中央和省级财政对随迁子女流入地的专项财政转移支付力度，通过发挥财政杠杆调节作用和运用财政转移支付手段，减轻随迁子女流入地政府过重的财政负担。各级政府要充分认识到临聘教师队伍对于稳定教师队伍的

---

① 深圳市教育局：《深圳市教育局直属公办中小学2019年6月公开招聘教师公告》（2019-5-5），http://szeb.sz.gov.cn/xxgk/flzy/gggs/201905/t20190505_17301326.htm，最后检索时间：2019年10月6日。

重要意义，要建立临聘教师工资待遇的保障机制，加大财政性教育经费的投入力度，并制定提高临聘教师工资福利待遇的实施办法，切实提高临聘教师的工资待遇，逐步实现临聘教师与在编教师"同工同酬"。为减少不同财力的行政区临聘教师待遇的差异，建议市级层面出台临聘教师工资标准，指导各区及时调整临聘教师工资待遇，市级以上政府要加大对财力薄弱区域的扶持力度，解决临聘教师待遇偏低的问题，从而减少临聘教师的流动，稳定中小学教师队伍。

3. 盘活事业编制存量，采取多种形式增加教师编制总量

《中共中央　国务院关于全面深化新时代教师队伍建设改革的意见》明确提出，要"适应加快推进教育现代化的紧迫需求和城乡教育一体化发展改革的新形势，充分考虑新型城镇化、全面二孩政策及高考改革等带来的新情况，根据教育发展需要，在现有编制总量内，统筹考虑、合理核定教职工编制，盘活事业编制存量，优化编制结构，向教师队伍倾斜，采取多种形式增加教师总量，优先保障教育发展需要"。[1] 因此，盘活事业编制存量，采取多种形式增加教师总量，体现了党中央和国务院对教师队伍建设的高度重视，是教师编制改革的重大进步。如：安徽、福建等地遵循"省级统筹、市域调剂、以县为主"的调配原则，采取设置附加编制和机动编制等方式，以满足因教师生育、生病、学习等临时性师资不足之需要，并通过跨岗位、跨学校、跨学段、跨区域调剂，动态调整教师编制，缓解教师编制总量不足问题；山东、湖北等地通过跨系统转岗挂职等方式将回收的事业余编调剂至中小学教师队伍，优先保障教师编制供给。但是，在事业单位编制普遍"吃紧"的情况下，通过这些形式增加的教师编制数量有限，在教师编制缺口越来越大而可调配余编数量却有限的情况下，无法从根本上化解教师编制的供需矛盾。[2]

---

[1] 《中共中央　国务院关于全面深化新时代教师队伍建设改革的意见》，http://www.gov.cn/zhengce/2018-01/31/content_5262659.htm，最后检索时间：2019年10月11日。

[2] 刘善槐等：《农村教师编制制度改革研究》，《中国教育学刊》2019年第1期。

4. 建立以持居住证学龄人口数量为依据的教师编制动态核定机制

各级编制部门通常是以户籍学龄人口为基数，按照师生比标准确定本级财政所辖公办中小学校教师编制总量。随着学龄人口的大范围、大规模流动，以户籍学龄人口为主要依据的教师编制核定机制已无法适应现实的刚性需要，出现了城市学校学生数量激增而教师编制供给总量受限的状况。当前，我国城镇化进程中出现的教师编制供给问题，本质上是由学龄人口的大规模空间流动与教师编制的地域固定性之间的矛盾导致的。"是否有稳定的教师岗位供给，直接影响着教师教育专业的吸引力，以及选择从事教师教育专业的大学生的质量，而这些都对教师质量和教育质量具有长远的影响"[①]，直接影响着国家富强、民族振兴、人民幸福和教育强国目标的实现。《国家新型城镇化规划（2014~2020年）》明确要求："将农民工随迁子女义务教育纳入各级政府教育发展规划和财政保障范畴"，"保障随迁子女平等享有受教育权利"。因此，各级政府要进一步完善基本公共服务体系，以常住人口数为基数，将随迁子女义务教育纳入当地教育发展规划，坚持"编制服务于教育事业发展"的总原则，建立以持居住证学龄人口数量为依据的教师编制动态核定机制，突破当前"财政人口只减不增"的编制限制，定期调整教师编制总量和结构，以满足教育事业发展的需要。

---

① 曾晓东等主编《中国中小学教师发展报告（2014）》，社会科学文献出版社，2015。

B.8
2019年广州市中小学校内课后430实践课程调查报告

郑家裕*

摘　要： 本文通过对广州市中小学校内课后服务工作现状及校内课后课程实施情况进行专项调查和研讨，在借鉴学习国内外中小学校内课后课程实施经验的基础上，对广州市中小学校内课后服务工作及课程的开发与实施提出对策与建议，探讨构建具有广州特色的中小学校内课后课程体系，推动形成中小学校内课后430实践课程的广州模式，规范引导中小学校内课后服务工作，从而保障和提升校内课后服务工作质量。

关键词： 中小学　实践课程　课后服务　广州

一　问题的提出

为了破解困扰不少家长的"四点半"难题，《教育部办公厅关于做好中小学生课后服务工作的指导意见》（教基一厅〔2017〕2号）和《广东省教育厅关于做好中小学生校内课后服务工作的指导意见》（粤教基〔2018〕9号）先后颁布实施。广州市教育局于2018年5月和7月先后制定实施了《关于进一步做好中小学生校内课后服务工作的指导意见》（穗教基教一

---

* 郑家裕，教育管理学硕士，广州市教育研究院副研究员，主要研究方向为教育发展、学校管理、中小学教育科研等。

〔2018〕17号）和《关于推进落实中小学生校内课后服务有关工作的通知》（穗教基教一〔2018〕24号），将校内课后服务纳入教育公共服务范畴，着力构建广州市中小学校内课后服务体系。

中小学校内课后服务相关政策实施一年多来，随着校内课后服务工作的深入推进，校内课后服务的质量、课程特色与评价机制日益受到学校、家长及社会的广泛关注。为此，广州市教育研究院及时组建了中小学校内课后430实践课程研究团队，对广州市中小学校内课后服务工作现状及校内课后课程实施情况进行了专项调查，探讨构建具有广州特色的中小学校内课后课程体系，规范引导中小学校内课后服务工作，从而保障和提升校内课后服务工作质量。

二 研究方法与过程

按照"制定方案—调研现状—提炼案例—形成结论"的研究路径，并综合应用文献研究、调查研究、案例研究等方法开展研究。

文献研究法。学习借鉴国家、省、市关于"校内课后服务"及课程实施等有关政策文件，梳理分析相关研究文献和地方经验。

调查研究法。通过问卷调查、专题座谈会、实地考察等形式了解广州市中小学校内课后服务及课程实施的现状、经验及问题，研究团队先后对广州市11个区36所学校（34所小学、2所中学）以及部分参与校内课后服务的第三方机构进行调研，其中重点从"校内课后课程的设立与开发""校内课后课程的需求与选择""校内课后课程的组织与实施""校内课后课程的评价与监管"等四个方面对26位校长、574位教师和945位家长（学生）进行问卷调查。

案例研究法。在调研的基础上，对中小学校内课后服务工作及课程实施的区域经验、学校经验进行梳理分析，提炼优秀案例，为构建广州市中小学校内课后430课程体系奠定基础。

三 调研结果及分析

（一）校内课后服务类型和内容

中小学校内课后服务主要包括在校早餐、午餐服务，在校午休服务，课后托管服务。省、市教育行政部门对于在校早餐、午餐服务及在校午休服务已有具体政策指引，各区、各学校根据实际情况落实。研究团队主要围绕校内课后托管服务进行探讨。

广州市中小学校内课后托管服务主要包括"基本看管服务"和"特色课程服务"。"基本看管服务"主要是安排学生自习、做作业等活动，学校组织教师进行看护和管理；"特色课程服务"主要包括阅读、体育、艺术、科普活动、非物质文化遗产传承教育、观看有益影片、拓展训练、社团及兴趣小组活动等。"特色课程"包括"公益性特色课程"和"普惠性特色课程"。"公益性特色课程"主要指学校校本特色课程和为有兴趣特长学生提供的社团、兴趣小组活动，组织活动主体为学校教师，一般不向学生收费；"普惠性特色课程"主要指社会第三方机构安排专业团队入驻学校并向有需要的学生提供的课程，学校根据有关政策免费提供场地、水电服务，第三方机构可向学生收取一定费用，属于普惠性质。

（二）校内课后服务覆盖范围

广州市各区、各中小学依据已出台的省市校内课后服务政策文件，结合学校实际及家长、学生需要开展校内课后服务。越秀、天河、番禺、花都、海珠等区在全区公办小学全面推行校内课后托管服务。据广州市有关部门在2018年秋季学期开展专项调查的数据显示，全市有超过九成的小学开展校内课后服务，有约六成的小学生参加校内课后服务活动。在开展校内课后服务的公办小学里，单一选择"基本看管服务"的学生约占所在小学学生总数的20%，选择"普惠性特色课程"的学生约占所在小学学生总数的

30%~50%，选择校内课后服务的小学生主要集中在中低年段的学生。截至2019年3月，番禺区所有中小学实现校内课后服务100%覆盖，共为4.45万人次学生提供校内午托、晚托服务，在101所中小学引进60家第三方社会机构开展"个性化"特色课程服务；全区公办小学学生约10万人，参加校内课后服务学生约4.65万人。花都区全区有义务教育学校178所，在校学生人数约17.5万，参加校内课后托管的学生约11.8万，占67%。

（三）校内课后服务工作机制

中小学校内课后服务的对象是在学校就读且有课后服务需求的学生，时间主要集中在下午放学后至18：00时左右。广州市校内课后服务方式主要有四种：学校自行组织；学校统筹街道（社区）、志愿团队、家委会等社会资源开展；学校向第三方社会机构采购服务；学校与少年宫等第三方机构合作共同开展。[①] 由区教育主管部门统筹管理，学校引入第三方机构开展校内课后服务的模式在广州城区学校逐步得到推广，而处于偏远郊区或农村地区的学校主要是学校根据实际需求自行组织。校内课后"基本看管服务"和"公益性特色课程"主要按照"学生（家长）自愿选择+学校统一安排实施及管理"的程序开展。"普惠性特色课程"主要按照"区教育主管部门遴选第三方机构入库+学校及家委会选择第三方机构+学校及家委会与第三方机构沟通课程内容+学生（家长）自愿选课缴费+第三方机构教师进校教学及学校教师巡查管理+学生、家长、学校及家委会对课程实施效果评价"的程序开展。

（四）校内课后服务亮点与特色

广州市中小学校内课后服务工作在政策规范引领、部门协调推进、丰富服务内容等方面形成了自身的亮点和特色。天河区在2016年以来部分学校

---

① 《广州市教育局关于进一步做好中小学生校内课后服务工作的指导意见》（穗教基教一〔2018〕17号）。

试点经验的基础上，于2018年在全区公办小学实施"600工程"，建立"基本托管+特色托管课程"的托管服务体系，设置学生弹性离校时间（部分项目可弹性延迟至19：00点）；花都区建立了责权明确的监管体系、课程体系和保障体系，启动"校园素质训练营"试点活动，允许校内教师参与校内课后服务工作合理取酬，依托信息化管理平台，形成了学校教育、社会教育、家庭教育"三位一体"的校内课后服务模式；番禺区采取引入第三方服务机构统一管理的思路，建立信息化管理平台，由第三方机构联合开发系列课程供学生选择，推动"普惠型"基本托管和"个性化"特色课程服务。越秀区、海珠区也通过遴选、招标等方式引入第三方社会机构，严把准入关，在小学全面实施课后托管服务。

（五）校内课后课程基本情况

通过对广州市26所中小学校校长、574位教师和945位家长（学生）的问卷调查，其结果显示：

1. 校内课后课程的设立与开发

大部分学校结合学校特色课程以及学生兴趣特长开展校内课后课程。学校开设的校内课后课程主要有主题阅读类、体育锻炼类、艺术发展类、科技创新类、社会实践类等。校长、教师认为优先开设的校内课后课程类型前四项分别是体育锻炼类、艺术发展类、科技创新类和主题阅读类；在合理报酬保障下，有31.0%的教师愿意利用自己的专业或者特长参与校内课后课程活动，有50.9%的教师愿意在学科领域开发课程资源用于校内课后服务，部分教师不愿意参与课后服务的主要原因是教学任务重、压力大。

2. 校内课后课程的需求与选择

有67.83%的家长希望通过课后托管来发展孩子的特长；家长认为优先开设的校内课后课程类型前三项分别是体育锻炼类（79.68%）、主题阅读类（66.88%）、艺术发展类（57.25%）。有63.07%的家长与孩子商量共同开展校内课后课程选课，有82.65%的家长参考孩子的喜好进行选课。

3. 校内课后课程的组织与实施

引进第三方机构开展校内课后课程的学校需要安排校内教师参与管理。有93.4%的教师认为校内课后课程教育活动应以引进第三方机构为主。有38.84%的家长认为应以引进第三方机构为主，有61.16%的家长认为应由学校校内教师开展。有81.9%的教师和76.5%的家长希望校内课后课程教育活动在下午5点30分左右结束。有较多的校长、教师和家长认为校内课后课程教育活动实施过程中存在学生安全、师资水平、监督与管理、质量评估等方面的问题需要解决。

4. 校内课后课程的评价与监管

有85.9%的教师和80.64%的家长对目前校内课后课程教育活动效果是"满意"或"基本满意"的；有93.86%的学生喜欢放学后在学校里参加课后托管活动；学生喜欢的校内课后托管活动排序是体育锻炼（71.32%）、阅读活动（61.48%）、艺术活动（54.5%）、作业看管（49.31%）、科技创新（38.52%）、社会实践（20.95%）；有89.9%的教师和95.87%的家长认为校内课后课程教育活动需要评价和监管；有91.6%的校长、78.4%的教师和88.89%的家长认为应该制定课程指南来规范校内课后课程教育活动的实施与评价；有较多的校长、教师和家长认为应从课程体系、师资水平、教学效果、机构实力、安全管理等方面对进驻校内的第三方机构进行监督和管理。

5. 广州市中小学校内课后课程开发与实施优秀案例[①]

番禺区由第三方机构组织开展体育、艺术、科普活动、非物质文化遗产传承教育等"个性化"特色课程服务。第三方机构联合开发了多元配方课程共8大类200多门个性化课程供学生选择。多元配方课程具体包括语言发展课程、数学逻辑课程、空间创意课程、自然探究课程、运动健康课程、非遗文化课程、音乐艺术课程等内容。番禺市桥实验小学开设了个性化课程21门，涵盖了艺术、科技、语言、体育、音乐、心理等领域，其中体育类

---

① 本部分参考广州市部分区域及学校提供的关于校内课后服务及课程实施的书面材料整理而成。

的羽毛球、篮球活动已形成"入门—强化—精英"的梯度发展模式，校内课后课程采取"竞赛+展演"的评价方式。

花都区开展"校内素质训练营"，训练营课程分为科学与综合实践类、体育类、艺术类及安心托管类等四大类，依托花都区社区学院引入的线上线下一站式信息化平台进行管理，家长通过信息化平台可自愿选择每周需要参加的校内课后托管时间、课程和进行线上支付。花都区云山学校确立了培养学生"科技、体育、艺术、阅读、书法"等五项素养要求，把校内课后服务与第二课堂校本课程实施相结合，打造"彩云山课程"的特色品牌。花都区新雅小学结合学校"新雅教育"办学特色育人目标，协同第三方机构主要开展有特色、有创意、有传承性的经典国学类、科学创新和综合实践类、体育类、艺术类四大类素质拓展课程及课后托管服务。

天河区龙洞小学成立了"430课后活动中心"，主要开设足球、游泳、羽毛球、舞蹈、街舞、语艺表演、科技航模、武术、合唱等体育、艺术和科技类课程。天河区华融小学侧重于科技、体育、艺术、表演等素质兴趣项目，开设了弦乐、管乐、合唱（广府童谣）、足球、三棋、击剑、广绣、语言艺术等14门课程。天河区龙口西小学开设了由学校体艺老师开展的足球、篮球、田径、国际象棋、管乐、合唱、健美操等学生非常热衷的校队项目，以及由第三方机构入校开展进行的围棋、书法、少儿舞、花式跳绳、戏剧表演、小主持人培训、机器人基础搭建等课程，全校三个校区一共约4500名学生，报名参加特色托管的学生有2260余人次，而这其中有一半以上的学生参加了多个兴趣托管班。天河区华康小学在校内课后服务中提供学生个人兴趣与校本课程相结合的个性发展服务，引入第三方机构进校开展惠民收费的阅读、游戏、科技、体育、艺术等兴趣小组活动。

黄埔区凤凰湖小学开设了校内课后兴趣班课程，包括跆拳道、网球、围棋、足球、篮球、击剑、舞蹈、英语舞台剧、软笔书法、无线电、粤剧、啦啦操等课程，学校对兴趣班教师资质进行审核，安排专职教师对兴趣班课程计划和目标实施情况进行跟踪，对兴趣班课堂纪律管理和安全管理进行监督。黄埔区东区小学结合学校文化节、读书节等大型活动，开展了校内课后

430阅读课程，如"诗韵佳音"社团、"小小主持人"语言艺术社团、"故事汇"社团、"成语一比通"社团等。

南沙区金隆小学开展"慧心社团——适合我的社团"课后服务，通过推出书法、语言、科技、美术、思维、运动健康、音乐艺术和校队等8大类181门课程为全校学生提供课后个性化服务。学校成立社团服务中心并安排专职教师监管课程的开展及学生安全，还通过举办全校教学展示活动，为学生提供表演平台，让学校和家长检验社团活动教学质量。

四 存在的问题

一是市、区财政对校内课后服务的支持力度还需加强。按《广州市义务教育阶段公办小学午休和课后托管服务财政补助办法（试行）》（穗教发〔2014〕123号）执行"每生每天2元"的财政支持力度偏低。部分区域及学校对"教职工参与校内课后服务合理取酬标准，即原则上每段（约90分钟，即2课时）60元至240元"等有关政策在理解和实际执行方面存在差异，教师参与校内课后服务工作积极性不高。

二是落实校内课后服务政策还需兼顾区域及学校的差异。全市不同区域对校内课后服务的政策及财政支持力度有所不同，不同学校的学生对校内课后服务的需求不一样，不同学校的场地、教师队伍情况也不一样。因此，部分学校倾向于结合实际力所能及地开展校内课后服务工作。

三是校内课后托管服务收费标准缺乏合理价格区间指导。广州市推动中小学开展校内课后服务工作以来，社会第三方机构参与校内课后服务热情较高，积极争取获得入驻学校提供校内课后服务的资格。社会第三方机构的校内课后课程服务收费标准一般比校外同类课程优惠20%~30%。但由于各校组织实施情况不一样，同类课程服务收费价格区间一般是每生每段时间（约90分钟）30~80元。而这个区间幅度偏大，容易对服务的质量有所影响。

四是校内课后服务的质量参差不齐。社会第三方机构根据自身条件开发一些"普惠性特色课程",并与相关学校及其家委会共同就普惠性特色课程的开设、实施及评价达成协议。家长(学生)作为消费主体对校内课后服务的师资水平、教学效果及课程质量往往有较高的期待。学校作为主要管理方,也希望第三方机构提供的校内课后课程服务能为提升学生综合素质、发展学生核心素养发挥更好的辅助作用。部分第三方机构在参与开展校内课后服务中还存在师资队伍不稳定,教师专业水平及教学能力参差不齐,服务简单外包,设立课程内容过于分散,课程质量评价指标模糊以及对课程的系统性、连贯性考虑不到位等问题。

五 对策与建议

开展中小学校内课后服务,是培养学生兴趣爱好、促进学生健康成长、帮助家长解决按时接送学生困难的重要举措,是进一步增强教育服务能力、使人民群众具有更多获得感的民生工程。在借鉴学习其他地区经验的基础上,针对存在的问题,项目研究团队对推进中小学校内课后服务工作及课程的开发与实施提出以下对策与建议。

(一)深化工作认识,创新教育治理模式

校内课后托管服务的提出主要是帮助家长解决按时接送学生困难的问题,只需要提供"基本看管服务"。随着校外培训机构治理和中小学生减负工作的深入推进,校内课后服务范围逐渐延伸到为在本校就读且有课后服务需求的学生提供服务。教育行政部门也要求有关单位和学校从"办人民满意的教育"的高度出发,不断创新校内课后服务模式,根据学生身心发展特点和家长需求,提供丰富多样的校内课后服务。因此,校内课后服务已不仅仅是"基本看管服务",还需要更丰富、更有质量的"公益性特色课程"和"普惠性特色课程"。广州市教育局提出要"积极推行校内课后托管,解决群众实际困难。采取政府给予经费补助、学校无偿提供场地、第三方公益普惠收费、家长部分承担、教师合理取酬等方式,构建校内课后服务机制,

减少家长对校外培训的被动需求"和"为学校开展各种育人活动创造条件，指导各区、校健全校内课后服务体系"。因此，各有关单位和学校要深化对中小学校内课后服务工作重要性和紧迫性的认识，主动担当，加强对校内课后服务工作的统筹管理和指导，注重市、区教育行政部门的顶层设计，开展校内课后服务工作要与解决家长接送困难、减轻学生课后负担、培养学生兴趣爱好以及开展校外培训机构治理工作相结合，建立健全校内课后服务体系，创新广州教育治理模式。

（二）加大财政投入，发挥学校主渠道作用

在建立校内课后服务合理的成本分担机制的基础上，对义务教育阶段公办小学午休和课后托管服务财政补助经费进行重新测算，根据实际情况进行动态调整，建议在现行"每生每天2元"的基础上进一步提高标准。同时，为校内教师参与校内课后服务工作合理取酬提供更具体的政策支持，鼓励校内教师发挥更大的作用。花都区校内课后服务试点学校成功经验之一就是积极落实校内教师参与校内课后服务工作合理取酬政策。鼓励学校结合实际，探索创新校内课后服务的内容与形式，弹性调整开展校内课后服务的时间，充分利用家委会、社区资源以及聘请退休教师、志愿者一起开发和实施校本特色课程与个性化特色课程，把校内课后服务作为学校实施特色课程的重要途径，积极发挥学校在校内课后服务工作中的主渠道作用。

（三）加强监管指导，保障服务工作质量

建立校内课后服务第三方机构准入条件、师资水平、收费标准、学生安全、课程质量的监管体系。有关部门要联合确立校内课后服务收费标准的合理区间，加强收费行为的指导与监督，并探索对第三方机构开展校内课后服务试行减税或免税政策。学校对学生参与校内课后服务情况进行建档跟踪了解，在坚持家长（学生）自愿选择的前提下，指导学生选择适合自身发展的校内课后服务内容。对服务工作质量满意度达到预期目标的第三方机构，学校可优先续签下一周期服务合同，保障校内课后服务工作持续开展。

（四）构建430实践课程体系，提升广州教育品质

由于校内场地承载能力、学生校内活动时间以及第三方机构实力的局限性，学校在为学生提供丰富多样的校内课后课程活动的同时应重点关注学生综合素质提升、核心素养发展的需要，积极培育和实施具有区域或学校特色的校内课后精品课程，推动430实践课程体系的构建，提升广州教育品质。

一是系统认识430实践课程的目标与具体特征。校内课后服务不应只是单一的活动，要上升到课程这一层次来系统思考。中小学校内课后课程要以落实立德树人根本任务为目标，遵循教育教学规律和学生身心发展特点，以素质教育活动为抓手，培养学生兴趣爱好，重点培养学生阅读素养、文化素养、艺术素养、科学素养等核心素养以及促进学生体质健康。研究团队用"430实践课程"来特指中小学校内课后课程。"430实践课程"区别于常规课堂学科教学中的课程，其"实践"特征主要体现了中小学校内课后服务课程在内容设计方面的主题性和专题性、在课程实施策略方面的活动性和探究性、在班级组建方面的小班走班形式以及在课程评价方面的阶段性和发展性等。

二是准确把握430实践课程的类型与内容。中小学校内课后430实践课程按照课程收费性质可分为公益课程和普惠课程两个类型，按照课程层次的不同可分为地方课程、校本课程和个性化课程等三个类型，按照课程领域的不同可分为阅读类课程、体育类课程、文化艺术类课程、科技类课程、社会实践类课程、心理健康类课程、思维发展类课程，等等。中小学校内课后课程实施的时间也是传统的学校课外第二课堂开展的时间，是地方特色课程、学校特色课程和校本课程实施的主要渠道，学校要结合实际构建合理的校内课后课程体系。广州市中小学在广府文化艺术传承教育、智慧阅读活动、人工智能教育等方面已积累了较为丰富和成熟的资源和经验，如果能在此基础上加强资源整合，培育精品课程，将有助于形成具有区域特色的中小学校内课后430实践课程。

三是扎实推进430实践课程的开发与实施。中小学校内课后430实践课程需要建立多部门协同、多主体参与的课程开发机制。地方课程资源的开发要由教育主管部门主导，相关领域多主体参与，推动区域公益性特色课程的开发。例如，广府文化艺术传承教育类的课程需要教育、文化、艺术主管部门和专业人士共同合作。校本课程资源的开发以学校为主体，教科研专业人员参与。个性化课程资源的开发以学校为主导，少年宫、社区、第三方机构共同参与。课程资源的开发要明确细化课程的整体目标和阶段目标，注重课程内容的系统性、连贯性和可持续性。学校应对学生参与校内课后课程活动进行建档跟踪了解，在坚持家长（学生）自愿选择的前提下发挥教师指导作用，指导学生选择适合自身发展的校内课后课程。在课程实施中，学校要结合实际合理组建班级，在个性化课程中探索小班走班的组织形式。引进第三方机构开展校内课后课程服务时可采取"主辅双师制＋行政干部巡查"班级管理形式。场地空间不足的学校要精准开设特色课程。学校争取更多社会资源参与校内课后服务，鼓励教师自愿参与校内课后课程服务并合理取酬。学校和参与校内课后课程实施活动的有关机构要把学生安全放在首位，加强学生安全教育和课程实施安全培训，建立校内课后课程安全管理制度及应急预案。

四是科学开展430实践课程的评价与指导。校内课后课程活动一般采取"项目活动＋作品展示＋艺术表演＋多主体评价"的方式进行评价。参与评价的主体可包括学生、家长、家委会及学校教师代表。对校内服务课程要进行分类评价、多元评价，注重学生发展性评价，建立课程评价体系，保障和提升校内课后课程服务质量。教育主管部门要联合相关部门制定课后服务体系和课程实施标准，指导课程的开发与实施，建设和共享区域性特色精品课程，加大校内课后课程监督与评估，组织开展课程实验活动，并对优秀课程案例进行评选和推广，提高课程的实施效果和区域影响力。

稳妥有序推进中小学校内课后服务工作既是落实立德树人根本任务、推动校外培训机构治理和中小学生减负工作取得明显成效的重要抓手，也是开展基础教育课程改革与创新实验的一个着力点，是广州市基础教育"走前列、上水平"的必要保障。因此，相关部门如能在政策及实践上积极推动中小学校内课后课程活动的实验探索和实践创新，将有助于提升广州市中小学生综合素质和发展学生核心素养，也有助于形成中小学校内课后服务及课程实施的广州经验、广州方案、广州模式，创新广州市教育治理模式，助力广州市打造世界前列、全国一流、广州特色、示范引领的现代化教育。

区域实践篇

Regional Articles

B.9
构建区域0~3岁婴幼儿科学养育指导服务体系的实践研究报告

——以广州市天河区为例

田美萍　关瑞珊*

摘　要： 构建0~3岁婴幼儿科学养育指导服务体系，是促进婴幼儿健康成长的需要。广州市天河区以构建与完善婴幼儿养育指导服务体系、提升区域学前教育公共服务能力为目标，以家长和0~3岁婴幼儿为主要服务对象，以现场体验为主、网络互动为辅的方式进行服务指导，基本形成了政府统筹、专家指导、全社会共同参与的婴幼儿科学养育指导服务格局。为构

---

* 田美萍，广州市天河区学前教育指导中心幼教教研员，幼儿教育小学高级教师（副高级），主要研究方向为园本教研、幼儿社会性发展、幼儿园保教质量考核等；关瑞珊，广州市天河区学前教育指导中心主任，幼儿园高级教师，主要研究方向为幼儿园管理。

建更加科学完善的服务体系,建议要进一步扩大0~3岁婴幼儿科学养育指导范围、完善0~3岁婴幼儿科学养育指导体系、开展0~3岁婴幼儿早期教育师资培养、指导城乡接合部及外来务工人员子女集中地区的早期教育。

关键词: 婴幼儿 科学养育 广州天河区

0~3岁婴幼儿是指从出生后到36个月的婴幼儿。科学养育是指根据0~3岁婴幼儿的身心特点及其特殊性开展保育、教育等育儿活动。对0~3岁婴幼儿养育进行指导可以促进养育质量的提升,为婴幼儿一生发展奠定良好的基础,是一项惠及民生和国家未来的工作。在我国学前教育区(县)负责的教育管理体制下,在区域层面构建0~3岁婴幼儿科学养育指导服务体系显得尤为重要。

一 区域构建0~3岁婴幼儿科学养育指导服务体系的背景

区域构建0~3岁婴幼儿科学养育指导服务体系,是落实国家教育政策的需要。0~3岁婴幼儿的早期教育作为终身教育的起始阶段,其重要性已得到社会普遍认可,并日益成为人们关注的焦点。面对科学研究成果以及现实中家庭早教的困境,国家、省、市相继出台了一系列政策文件,明确提出要发展0~3岁婴幼儿早期教育,建立0~3岁婴幼儿科学养育指导体系,提升0~3岁婴幼儿保教质量。如1981年卫生部妇幼卫生局印发了《三岁前小儿教养大纲(草案)》,该文件对我国3岁前婴幼儿的教养给出了指引。我国政府于2003年提出的今后5年幼儿教育改革与发展目标中,明确要"根据城乡的不同特点,逐步建立以社区为基础,以示范性幼儿园为中心,灵活多样的幼儿教育形式相结合的幼儿教育服务网络。为0~6岁儿童和家长提

供早期保育和教育服务"。其中，要求"城市和经济发达地区，0~6岁儿童家长及看护人员普遍受到科学育儿的指导"。① 我国教育部自2011年起连续在三期学前教育发展三年行动计划中都对0~3岁早期教育提出要求，其中在第三期学前教育行动计划中提出"鼓励有条件的幼儿园面向家长和社区开展公益性0~3岁早期教育指导"，在广东省和广州市的学前教育发展三年行动计划中都有提到0~3岁早期教育，早期教育已是我国学前教育发展的主要内容之一，0~3岁婴幼儿科学养育指导体系的构建已成为政府公共服务能力提升的一部分。

区域构建0~3岁婴幼儿科学养育指导服务体系，也是解决当下婴幼儿早期教育现状问题的需要。我们看到，尽管0~3岁婴幼儿早期教育的重要性已得到政策层面、学术界和社会的一致认可，但0~3岁婴幼儿早期教育现状与指导服务质量仍不理想。在家长层面主要有两种问题存在，一种是虽重视0~3岁婴幼儿期的早期教育，但缺乏适宜的教育方式，一些家长过度教育，而更多的是不恰当的教育；另一种是认为0~3岁婴幼儿期早期教育不重要，在我们面向区内幼儿园家长发放的调查问卷中显示，家长对0~3岁婴幼儿早期教育认为重要和很重要的达到83.7%，认为一般和不重要的达到16.3%。在社会层面，我国0~3岁婴幼儿早期教育研究滞后于3~6岁幼儿教育的研究，然而在市场导向和社会需求的双重作用下，0~3岁婴幼儿早教机构却如雨后春笋般迅速发展起来，管理规范和准入标准刚刚建立，课程内容主要针对婴幼儿潜能开发以及动作、认知发展，较少关注婴幼儿生活中的教育以及家长科学育儿素养的提升，其资质与质量令人堪忧。② 在政府层面，0~3岁婴幼儿科学养育的指导服务体系缺乏，社会早教机构监管缺失。由此，由政府主导的，有质量、有保障、公益性的0~3婴幼儿养育指导和服务体系的构建势在必行。

---

① 《关于幼儿教育改革与发展的指导意见》，《幼儿教育》2003年第4期。
② 赵景辉、何花：《0~3岁婴幼儿早教机构资质研究——基于某市早教机构的实证分析》，《早期教育·教育科研》2017年第41期。

二　构建0~3岁婴幼儿科学养育指导服务体系的理论基础

构建0~3岁婴幼儿科学养育指导服务体系，是促进婴幼儿健康成长的需要。婴幼儿的学习与发展有其自身的规律，在婴幼儿成长过程中，各种能力的获得都有一个最佳阶段，我们通常称作"关键期"或"敏感期"，在这个最佳阶段里如果能给以适当刺激，婴幼儿的这项能力就会处于最积极的接受和成长状态，也会得到最好的发展。[1] 婴幼儿早期教育就是要遵循这些科学的规律，给予婴幼儿适宜的环境和照料，让他们在最佳阶段得到最好发展。

众多研究表明，0~3岁婴幼儿早期教育对人一生的发展具有重要影响。脑科学和心理学等方面的研究结果表明，早期经验剥夺会导致中枢神经系统发育停止甚至萎缩，早期营养不良也会导致脑细胞发育不正常。[2] 诺贝尔经济学奖得主James J. Heckman关于对儿童早期投入与健康的最新研究显示，在早期没有享受到来自家庭和社会的健康、营养和保健等方面的照料和服务的婴幼儿在成年以后会比得到精心照顾和养育的幼儿担有更高的健康和疾病的风险。美国卡罗莱纳州启蒙计划研究揭示，在儿童早期接受过高质量干预计划的贫困儿童，在成年时会比那些没有得到高质量干预计划的贫困儿童有更好的身体健康结果。[3] 我国教育家陈鹤琴先生在关于家庭教育的论述中，提出了幼稚期（出生至3岁）教育的重要性以及儿童心理特点，并提出了相应的家庭教育建议。[4] 这些都充分说明，0~3岁婴幼儿的健康发展需要接受科学养育，0~3岁婴幼儿的养育者需要不断提升养育水平。

---

[1]（意）蒙台梭利：《蒙台梭利敏感期早教手册》，张丽、孙丽娟编译，北京理工大学出版社，2017。
[2] 林崇德：《发展心理学》，人民教育出版社，2015。
[3] 杨宁：《儿童早期投入对人类健康的贡献及其他——2014年〈科学〉杂志关于早期投入之研究报告读后感》，《教育导刊（下半月）》2015年第2期。
[4] 陈鹤琴：《陈鹤琴文集》，江苏教育出版社，2018。

三 区域0~3岁婴幼儿科学养育指导服务模式

为贯彻教育部关于学前教育发展三期行动计划的要求，我们将区域0~3岁婴幼儿科学养育指导服务体系定位为，构建以幼儿园为中心、辐射所在街道社区家庭的科学育儿指导模式，形成政府统筹、幼儿园为依托、社区支持，教育、卫生、妇联等部门和有关组织协同运作的0~3岁婴幼儿科学养育指导的公共服务体系。指导对象包括了对家庭教育的指导和对0~3岁婴幼儿的早期教育。指导服务体系包括指导服务的内容和形式，基于幼儿园方便操作和家长受益面更广的考虑，指导服务遵循"线上"（网络）学习、"线下"（现场）体验、"线上"和"线下"相互补充的原则。

（一）0~3岁婴幼儿科学养育指导服务内容

天河区0~3岁婴幼儿科学养育指导服务的对象为家长和婴幼儿，指导服务的任务既包括促进家长养育水平的提升，又包括促进婴幼儿健康成长。

在家长养育水平提升方面，指导家长了解婴幼儿身心发展特点以及教育规律，帮助家长提升在具体情境中识别儿童发展需求并给予恰当回应的能力，同时让家长知道这样做对儿童后续发展的价值意义。如，0~3个月的婴儿会用哭、微笑、咿呀语等来获取父母或照顾者的亲近，成人如能正确识别并给予及时回应，将会促进积极的依恋关系的产生，积极依恋关系的产生对其今后社会性发展具有重要意义。因此，我们给家长开设的讲座有《0~3岁婴幼儿敏感期及教育》《儿童成长不同阶段主要心理发展任务》《家长给婴幼儿的十样礼物》《有能力的孩子和有力量的父母》等教育方面的内容。0~3岁婴幼儿是人一生发展的重要时期，保育也是这个阶段的重点，因此，我们为家长设置了《0~3岁婴幼儿喂养与脾胃调养》《0~3岁婴幼儿预防保健》《0~3岁婴幼儿的家庭环境创设》等养育方面的内容。除此之外，我们还设置了专门针对家庭教育个性化问题的育儿咨询服务，倾听家长的个性化问题并给予及时帮助，如一位爸爸坚信教育孩子的最好办法是

"不打不成才"，而妈妈坚决不同意，两人一起带着孩子来到指导现场，聆听了专家讲座，咨询了专家意见，并现场体验了亲子游戏的乐趣，回家后教育方式发生了改变，建立了新的亲子关系，孩子的变化也很大。

在促进婴幼儿发展方面，我们通过组织亲子游戏让婴幼儿在其中获得发展。亲子游戏兼具家长学习和婴幼儿学习的功能，将家长育儿理念、方法以及婴幼儿发展很好地融合在了一起，家长可以在与孩子共同游戏的过程中理解和掌握育儿理念及方法，婴幼儿也可以在其中获得经验。亲子游戏让家长理解了游戏对于婴幼儿学习与发展的价值意义，知道了游戏是儿童学习的主要形式，游戏可以促进儿童多方面发展，家长要支持儿童不同类型的游戏，家长要陪伴儿童游戏。为了更好地开展亲子游戏体验活动，我们依照婴幼儿的动作发展、情感发展、社会性发展、认知发展和语言发展等5个方面来设计亲子游戏课程（见表1）。我们要求参与老师在创编和组织亲子游戏时，要完整地呈现游戏的名称、适宜年龄、价值意义、游戏玩法和推荐理由，让家长体验游戏的同时，知道为什么这样做。在亲子游戏体验现场，幼儿园除了开放教师专门设计的游戏，还向婴幼儿及家长开放了幼儿园的娃娃家、积木区等低结构游戏的材料和形式，让家长了解更多的游戏，回家后可以继续支持孩子游戏。我们创编的亲子游戏还向家长传递"生活即教育"的理念，创编亲子游戏尽量多采用身边常见的生活物品和自然物，让家长知道游戏就在身边，生活中的事物都可以创编游戏，要善于挖掘生活中事物的教育价值。我们这样做的另外一个意图是为了让家长愿意使用我们创编的游戏，不会因为玩游戏需要购买新玩具或材料而放弃，因为多数家庭的空间是有限的，一些家庭的经济能力也是有限的。

表1　天河区0~3岁婴幼儿科学养育指导服务内容框架

对象	任务	内容
家长	家长养育水平的提升	婴幼儿教育 婴幼儿保育 亲子游戏
婴幼儿	婴幼儿健康成长	亲子游戏(动作发展、情感发展、社会性发展、认知发展和语言发展)

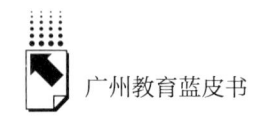

（二）0～3岁婴幼儿科学养育指导服务形式

为落实以上指导内容，我们采取的指导服务形式主要包括现场体验式服务（亲子活动、开放日、论坛、咨询、培训等现场体验）和网络共享式服务（教养知识、亲子游戏、绘本阅读、活动预告等网上资源）。我们在每个街道先设立一所0～3岁婴幼儿科学养育指导实验幼儿园，依托实验幼儿园开展指导服务体系的探索。

现场体验式指导服务体系。现场体验式服务由幼儿园负责设计和组织，主要形式有专家讲座、育儿咨询和亲子游戏，每所幼儿园每学期有1～2次现场体验式指导服务。除此之外，幼儿园还设置了面向社区0～3岁婴幼儿家长的教育宣传栏目，定期向家长发布教育内容。活动场地以幼儿园活动室、功能室和户外场地为主，也会运用社区内的会场、学校礼堂、公园等场地。一开始，我们尝试由各幼儿园自己确定活动时间和内容，活动前由幼儿园发布活动通知，但是家长参与的积极性不够。后面，我们做了改进，集中在每年5月份组织开展活动，将5月份确定为亲子畅游月，21所实验幼儿园分别在5月的4个周末向社区家长开展指导活动，让家长根据内容选择喜欢的1场或多场来参与体验。

网络共享式指导服务体系。现场体验中家长参与面因受时空影响而较小。在面向天河区家长发放的调查问卷中看到，在"您通过哪些途径了解早期育儿知识"的答案中，排在前3位的依次是网络媒体、书刊、电视，其中网络媒体达到了72.55%。从个别访谈中也了解到，现代家长工作和生活节奏都很快，很少有闲暇时间阅读专业书籍或听专题讲座，网络媒体是他们获取信息资讯的主要途径。为此，我们建立了"天河BABY"微信公众号，微信公众号包括"家长充电""亲子时光""实验园"3个版块。其中"家长充电"包括介绍教养方法的"教养大学堂"和传递养育常识的"育儿小贴士"；"亲子时光"包括介绍绘本的"绘本故事屋"和包含动作、语言、社会、情感、认知等5个方面的"亲子游戏坊"；"实验园"栏目分别介绍了21所实验园的基本情况和实验园活动通知及活动报道。现场活动内容经过老师整理后会放到微信公众号，供其他不能到现场体验的家长了解（见表2）。

表2 "天河BABY"微信公众号内容版块

版块一 家长充电	版块二 亲子时光	版块三 实验园
教养大学堂	绘本故事屋	寻找实验园
育儿小贴士	亲子游戏坊	活动集结号

四 区域0~3岁婴幼儿科学养育指导服务条件保障

区域0~3岁婴幼儿科学养育指导服务体系的构建，需要政府层面的重视，同样也需要专业人士的引领，以及社区的支持。

（一）行政引领，建立行政支持体系

在政策层面，教育部和省、市学前教育三年行动计划并没有将0~3岁婴幼儿科学养育指导纳入重点任务，只是其中的工作举措之一，且提出鼓励有条件的幼儿园开展，能否落实关键看区（县）的认识和重视程度。天河区在落实学前教育发展三年行动计划中，区政府相关部门充分认识到0~3岁婴幼儿科学养育指导的重要性，不仅将其写入了区学前教育发展三期行动计划，还配套出台了详细工作方案——《天河区0~3岁婴幼儿科学育儿指导方案》，对0~3岁婴幼儿科学养育指导做了详细的部署，为接下来开展工作奠定了扎实的基础。

方案的高质量落实还需要一个业务部门统筹协调各项工作，天河区0~3岁婴幼儿科学养育指导工作由区教育行政部门下属事业单位——区学前教育指导中心统筹负责。天河区学前教育指导中心对区域0~3岁婴幼儿科学养育指导从内容到形式进行了整体规划，精心策划了每一个版块的内容，尽量达到科学合理。因为我们考虑到无论是现场体验还是网络服务，都是面向社会、面向家庭的开放式活动，都要保证理念和方法的科学合理性，都要经

得起社会的质疑。我们对实验幼儿园的工作给予了细致的业务支持和工作指引，包括活动通知、活动方案和后续文字资料整理都给出了模板，且要经过审稿才能发布。为了确保现场体验活动的安全有序开展，指导幼儿园在开展活动前制定安全预案，活动前后分别做好安全检查和卫生消毒工作。为了提升指导质量，定期围绕工作进展开展培训，每学期组织1~2次区域性教研活动，并将21所实验幼儿园分成了5个教研小组，围绕亲子游戏的创编开展小组研讨。公益性0~3岁婴幼儿科学养育指导工作的开展需要经费的支持，区财政每年都有专项经费给予支持，主要用于幼儿园现场体验活动、课程构建、师资培训、专业书籍配置等。0~3岁婴幼儿科学养育指导工作的推进需要幼儿园的积极参与，为了调动幼儿园的工作积极性，区教育行政部门启动了0~3岁婴幼儿科学养育指导实验园申报机制，在每个街道确定了一所0~3岁婴幼儿科学养育指导实验园，既体现了行政部门对幼儿园工作的认可，也提高了幼儿园在社区家长心目中的可信度。

（二）专家引领，建立专业支持体系

区域0~3岁婴幼儿科学养育指导是一件专业性很强的工作，0~3岁婴幼儿科学养育指导体系的构建需要专业人士的参与。幼教专家和卫生保健专家是区域构建0~3岁婴幼儿科学养育指导体系的核心力量，他们从专业发展的高度协助架构体系，并直接参与科学育儿讲座、咨询等活动。他们还指导和参与区域0~3岁婴幼儿科学养育课程体系以及师资培训体系的建设，并直接参与师资培训。

为了确保区域0~3岁婴幼儿科学养育指导体系的科学合理，区教育行政部门从一开始起草《天河区0~3岁婴幼儿科学育儿指导方案》时就聘请了高校专家介入。在区域0~3岁婴幼儿科学养育指导体系框架搭建期间，更是多次邀请高校老师、资深学前教育研究员进行论证，反复多次修改，最终形成了既适合幼儿园操作又有利于家长学习的指导体系。除此之外，还邀请专家帮助建立0~3岁婴幼儿科学养育指导服务的课程体系。课程开发基于生活化、游戏化的理念，期望实现托幼教育理念的一体化，帮助家长树立

生活即教育、游戏中学习的教育理念。课程开发还需满足支持幼儿园面向社区育儿指导和支持托幼机构科学育儿的双重功能。课程包括身体、语言、认知、社会、情绪5个领域，每个领域包含了教育理念、幼儿发展阶梯和教育建议3大部分。① 为了支持教师高质量开展0~3岁婴幼儿科学养育指导工作，特邀请专家共同设计了0~3岁婴幼儿科学养育指导师资培训方案，因为幼儿园教师虽然在3~6岁幼儿教育方面有着丰富的经验，但对0~3岁婴幼儿特点的认识和了解不够，相关的教育方法比较缺乏，很容易在实践中把握不好婴幼儿学习发展的各种特点和规律。

（三）社会参与，建立实践支持体系

0~3岁婴幼儿科学养育指导的高效开展需要实践层面的全面支持，包括社区、实验幼儿园和家长，而前提是大家要基于互惠互利的原则，建立提高0~3岁婴幼儿科学养育水平的共同愿景。

建立社区支持体系。一方面，幼儿园教育工作需要充分利用社区资源，离不开社区支持；另一方面，社区工作中也有科学育儿的任务，这是围绕0~3岁婴幼儿科学养育工作建立互利互惠的社区与幼儿园关系的基础。但是，幼儿园以往比较忽视与街道、社区建立合作关系，社区也较少开展婴幼儿科学养育的相关活动。在工作开展之初，区教育行政部门与各街道沟通，在每个街道确定了1名0~3岁婴幼儿科学养育指导联络人，在每所实验园所在社区也确定了1名联络人，但是建立良好的支持系统还需要做很多工作。后续，为了让街道和社区大力支持科学育儿工作，幼儿园在日常工作中不断加强与所属街道、社区的联系，在每学期末与其他幼儿园交流相关经验。大家总结得出的经验包括：与街道、社区居委打交道时一定要态度真诚，幼儿园积极配合街道和社区居委开展有关活动，邀请街道和社区领导指导幼儿园日常工作，借助社区资源平台开展宣传活动，协同社区共同承办现场体验活动，及时反馈和推送社区参与科学育儿活动，定期向街道和社区居

---

① 李麦浪：《社会化视野中的婴幼儿教养课程建设》，《保育与教育》2012年第5期。

委汇报与沟通，与街道、社区居委开展联谊活动，等等。通过共同努力，实验园普遍建立了良好的"社园"关系，如前进街领导亲自参与活动，为方便工作，组织街道内所有社区居委会主任建立了微信群。有些幼儿园与社区医院、计生办等建立良好的伙伴关系，联合开展有关活动。

调动实验园开展工作的主动性。在实践层面，幼儿园参与的主动性非常重要。我们通过宣讲0~3岁婴幼儿科学养育的重要性，唤起园长和教师的学前教育情怀。我们还通过宣讲政策，让园长和教师认识到0~3岁婴幼儿教育是学前教育不可或缺的一部分，托幼一体化是发展趋势，掌握0~3岁婴幼儿育儿理念和知识也是幼儿园教师专业技能的发展方向。之后的一系列活动也让幼儿园认识到，开展0~3岁婴幼儿科学养育活动，既造福于社区儿童，又能推进幼儿园发展。如，公众号"寻找实验园"栏目为幼儿园提升了知名度，现场体验活动中为幼儿园做了正面宣传，幼儿园整体组织能力得到提升，在各种培训中幼儿园师资得到培养，育儿理念和方法提升。社区关系的改善也给幼儿园工作带来了很多便利，幼儿园看到了活动给他们带来的收获，工作主动性大增。

建立家长支持关系。社会上有些婴幼儿产品宣传都会兼做婴幼儿教育讲座和咨询等活动，专业讲座因此也被看作有营销的嫌疑。我们在刚开始做的时候也被家长误会过，所以家长的信任度和参与性都不高。为了赢得家长的信任，我们第一步先充分利用幼儿园现有家长资源，将在园幼儿的弟弟妹妹纳入科学育儿的首选对象，之后，再由幼儿园家长逐步向外推广延伸，如通过在园幼儿家长的朋友圈和工作地点、居住点进行宣传，发放活动信息资料。第二步是组织现场体验活动后及时维护和拓展社区家长资源，以便建立更广泛的家长支持关系，如，有些幼儿园在现场体验活动后建立了社区0~3岁婴幼儿科学育儿家长群，以方便发放活动通知和发布科学育儿资讯。

五 思考与展望

我国0~3岁婴幼儿早期教育现状不容乐观，农村地区留守儿童的早期教养缺失问题尤为严重，城市家庭中过度开发智力、不当教育行为等问题也普遍存在。我们常常见到公共场合里吵闹的孩子与责骂的家长，公园里独自玩耍的孩子与忙着看手机的家长……孩子们的时间正在一天天度过，迎接他们的是什么样的未来，等孩子厌倦学习、网游成瘾、交往障碍、逃避现实等问题出现的时候再来反思，为时已晚。0~3岁婴幼儿科学养育指导应是惠及每一个家庭、促进每一个孩子健康成长的重大事情，构建区域0~3岁婴幼儿科学养育指导体系意义重大。

我国政府重视0~3岁婴幼儿早期教育，先后出台相关政策，提出要健全婴幼儿照护服务的政策法规体系和标准规范体系，基本形成多元化、多样化、覆盖城乡的婴幼儿照护服务体系。这是一个长期而艰巨的任务，需要各相关部门的协力奋进，需要在落实过程中做深入系统的思考。一方面要保证照护机构的早期教育质量，另一方面要同时重视对家庭教育的指导，因为家庭教育永远是婴幼儿教育的主要部分。由政府指引的、有质量的、有保障的、公益性的0~3婴幼儿教养指导和服务体系仍需发挥重要作用。

（一）进一步扩大0~3岁婴幼儿科学养育指导的范围

目前社区家长参与积极性不高，如何能吸引城市中忙碌的家长安排好其他时间来陪伴孩子游戏，我们还要做更深入的调研和思考。一方面，从贴近家长需要入手，我们要通过调研了解家长的需求，根据家长需求安排授课内容和其他指导活动，可尝试将指定式活动调整为菜单式活动，让家长在几个讲座中选择自己需要的内容去参加。另一方面，从方便家长参与入手，增加实验园数量，鼓励更多的幼儿园自愿参与进来，扩大指导覆盖面。

（二）进一步完善0~3岁婴幼儿科学养育指导体系

目前形成的指导体系还只是一个大的框架，里面的内容还需要进一步细化。我们将与高校、研究机构和卫生保健部门沟通，建立专家授课资源清单，方便幼儿园选择授课内容和联系授课专家。我们也将继续完善亲子游戏课程，既方便幼儿园组织亲子游戏体验活动，又能保证游戏的质量，同时也为有条件的幼儿园开展托幼一体化尝试提供专业支持。

（三）从培养师资入手，支持0~3岁婴幼儿早期教育的高质量开展

目前的幼儿园教师普遍缺乏0~3岁婴幼儿教养知识的专业培训，但是他们具有教育学、心理学等专业学习背景，而且多数都有养育0~3岁婴幼儿的实践经验，只要经过相关培训，很快就能具备组织亲子游戏、指导家长养育的能力。我们在研究过程中已经尝试和积累了一些教师培训内容，接下来还要进一步完善，形成比较系统的0~3岁婴幼儿科学教养专业素养师资培训方案，对实验园教师进行系统培训，并逐步延伸到区内幼儿园。

（四）关注热点，重视城乡接合部、外来务工人员子女集中地区的早期教育指导

在外来务工人员子女集中的地方，我们将探索更多面向弱势家庭开展早期教育指导的形式，如尝试联合社区医院在预防接种集中的时间段开展相关咨询活动，在社区广场或公园建立亲子游戏角模式，以及送教入户模式。

B.10
2015～2018年荔湾区提升区域普惠性幼儿园保教质量研究

周玮[*]

摘　要： 对幼儿园保教质量评价进行研究是提升区域幼儿园保教质量的重要举措。本文基于对广州市荔湾区2015～2018年42所普惠性幼儿园保教质量评价相关数据的分析与研究发现，普惠性幼儿园普遍存在园所硬件设施使用不当或配备不足、园本课程建构意识较弱、教师专业发展空间较窄、幼儿发展全面性不足等问题。为有效提升区域普惠性幼儿园保教质量，建议要继续加强对普惠性幼儿园保教质量提升支持与评估方面的政策支持，借力国家级专家团队推动区域普惠性幼儿园课程再造和文化提升，深化区域研耕、构建区域教研文化。

关键词： 普惠性幼儿园　教育质量　教育评价　广州荔湾区

一　问题的提出

（一）研究背景

为落实国家学前教育三年行动计划的有关要求，建立幼儿教育科学导

---

[*] 周玮，教育硕士，广州市荔湾区教育发展研究院幼教教研员，高级讲师，主要研究方向为幼儿园教师专业发展、幼儿园园本教研、幼儿园保教质量监测等。

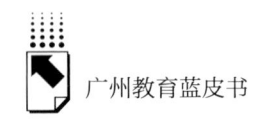

向，广州市荔湾区自2011年开始进行了幼儿园保教质量评价的探索。在探索过程中，结合区域学前教育特点，致力研制符合本区域的幼儿园保教质量评价指标。2015年9月出台了《广州市荔湾区幼儿园保教质量评价指南》（以下简称《评价指南》），区域《评价指南》选取了班级规模、教师配备、教师发展、幼儿园课程、幼儿发展等影响幼儿园保教质量的关键因素作为评价的主体内容，以园、片、区三级教研网络联动，幼儿园自评、学片评、区评等多形式结合在全区进行了幼儿园保教质量评价。近四年来，《评价指南》在区域的推广使用取得了预期成效，区域幼儿园的课程改革力度加大，幼儿一日活动安排与组织渐趋科学化；幼儿园管理规范化，教师专业素养与能力不断提高；形成一支有一定评价能力、专业化水平较高的区域评价人员队伍，成为区教研核心力量，推动区域保教质量得以整体提升。

多年的探索虽取得一定的成效，但随着社会形势变化，如何提升区域幼儿园特别是普惠性幼儿园保教质量成为当前发展学前教育的核心问题。

从国家层面看，从2010年开始，先后颁布了《关于当前发展学前教育的若干意见》（国发〔2010〕41号）、《幼儿园办园行为督导评估办法》、《关于开展幼儿园"小学化"专项治理工作的通知》等针对学前教育领域的具有重要历史与现实指导意义的文件，学前教育受到国家前所未有的重视。在2018年11月，中共中央、国务院出台了《关于学前教育深化改革规范发展的若干意见》，这是新中国成立以来第一个以中共中央、国务院名义印发的文件，对新时期的学前教育改革发展进行了顶层设计和全面部署。该文件明确提出推动学前教育普及普惠安全优质发展的发展目标，同时还明确提出"2020年全国普惠性幼儿园覆盖率（公办园和普惠性民办园在园幼儿占比）要达到80%"。这是国家对人民群众接受有质量的学前教育的有力回应，也是国家在引导全社会走向公益普惠优质办园取向的重大呼声。因此，办好普惠性幼儿园是新时期发展学前教育事业的必达任务。

从区域层面看，广东省和广州市政府均非常重视普惠性民办幼儿园的发展，先后颁布了《广东省人民政府办公厅关于增加幼儿园中小学学位和优质教育资源供给的意见》（粤府办〔2017〕67号）、《广东省人民政府办公厅关于印发广东省促进学前教育普惠健康发展行动方案和广东省推动义务教育优质均衡发展行动方案的通知》（粤府办〔2018〕28号）、《广州市发展学前教育第三期行动计划（2017～2020年）》等文件，政策明确提出要增加普惠性学前教育资源供给，逐年新建、改扩建一批公办幼儿园和普惠性民办幼儿园，提出到2020年，基本形成"公益、普惠、优质、均衡"的学前教育公共服务体系。2019年2月国务院印发的《粤港澳大湾区发展规划纲要》也提出要"推动实现平等接受学前教育、义务教育和高中阶段教育"。而荔湾区正在建设国家中心城市核心功能区和国际大都市现代化中心城区，作为广东省《3～6岁儿童学习与发展指南》试验区，如何通过提升区域幼儿园特别是普惠性幼儿园保教质量，以贯彻落实党的十九大关于"办好学前教育""幼有所育"的精神，回应人民群众对接受优质学前教育的美好期盼，是荔湾幼教工作者需要认真完成的答卷。

本研究通过总结近4年来的区域保教质量评价经验，对区域普惠性幼儿园保教质量评价数据进行统计分析，依据分析进一步修改和完善区域幼儿园保教质量评价标准，并提出促进区域普惠性幼儿园保教质量的适宜性对策，以持续推进区域学前教育改革发展，努力回应人民群众对接受优质学前教育的期盼。

（二）研究方法

1. 研究对象

截至2019年1月，荔湾区共有幼儿园110所，其中普惠性幼儿园93所（公办园38所、普惠性民办幼儿园55所），占总数的84.5%。2015年9月《广州市荔湾区幼儿园保教质量评价指南》出台之后，以幼儿园自评为基础，通过片组织或者区组织的幼儿园保教质量评价基本覆盖全区所有幼儿园。

本研究选取2015年9月至2018年12月参与评价的42所普惠性幼儿园的数据，统计各普惠性幼儿园总体得分和各指标得分情况，并进行比较分析，提出适宜性发展策略。

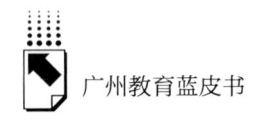

2. 主要概念界定

（1）教育质量。《教育大辞典》认为，教育质量是指"教育水平高低和效果优劣的程度"，其"衡量标准是教育目的和各级各类学校的培养目标""最终体现在培养对象的质量上"。[1]

（2）教育质量标准。用什么标准去衡量幼儿园，这是进行保教质量评价探索和实践的核心问题。衡量幼儿教育质量的评价标准一般包括四种：素质标准（主要是从承担各种职责或完成各项任务应具备的条件的角度提出的标准）、职责标准、效率标准（指以投入与产出的比例为依据评价托幼机构教育业绩的标准）和结果标准。[2]

（3）普惠性幼儿园。"普惠性幼儿园"至少包括三种类型的幼儿园，即公办幼儿园、集体或企事业单位举办的公办性质幼儿园和提供普惠性服务的民办幼儿园。"普惠性幼儿园"具有以下特征：一是达到市教育行政部门规定的办园基本标准；二是面向社会大众招生；三是收费实行政府定价或接受政府指导价。[3]

3. 研究方法

在幼儿园自评基础上，区或者片在具有一定资格的区、片级指导人员队伍中随机抽取人员组成评价小组（区级由8名指导人员组成，片级由5名指导人员组成）。每所幼儿园保教质量评价为1天，评价小组人员分为资料查看组和班级观摩组（分为小、中、大三个年龄班）。各组成员分别进行两小时的资料查看和班级半日活动观摩，然后与被评价园的相关行政和教师进行座谈，最后按照《评价指南》经由个人评价、小组评价、整体评价形成对幼儿园的量化和质性评价。[4]

基于上述评价抽样的42所普惠性幼儿园数据，重点对三类普惠性幼儿

---

[1] 孙丽：《学校质量定义的重构与辨析》，《辽宁教育行政学院学报》2016年第6期。
[2] 刘霞：《托幼机构教育质量评价概念辨析》，《学前教育研究》2004年第5期。
[3] 百度百科：普惠性幼儿园，https：//baike.baidu.com/item/%E6%99%AE%E6%83%A0%E6%80%A7%E5%B9%BC%E5%84%BF%E5%9B%AD，最后检索时间：2019年3月5日。
[4] 周玮：《幼儿园保教质量评价实施初探——以广州市荔湾区为例》，《学前教育》2016年第10期。

园(公办幼儿园、集体或企事业单位举办的公办性质幼儿园和提供普惠性服务的民办幼儿园)进行横向比较,分析三类普惠性幼儿园之间存在的差异或者共性问题的原因,并根据分析提出后续发展的策略。

二 区域普惠性幼儿园保教质量评价的数据分析

《评价指南》共设4个一级指标,21个二级指标(见表1)。二级指标下还涵盖若干三级指标。其中班级规模及教师配备、教师发展2个一级指标下的每个三级指标赋值5分,幼儿园课程和幼儿发展2个一级指标下的每个三级指标赋值4分,总分值为200分。

表1 2015年广州市荔湾区幼儿园保教质量评价指标体系

一级指标(4个)	二级指标(21个)
1.班级规模及教师配备	班级人数 教师配备 团队建设 园本教研
2.教师发展	课题研究 针对培养 继续教育
3.幼儿园课程	实施方案 时间安排 环境创设与利用 生活活动 游戏活动 户外活动 学习活动 卫生保健 家园社区合作
4.幼儿发展	身心健康 社会交往 语言发展 科学认知 艺术表现

(一)三类普惠性幼儿园保教质量各指标得分情况统计

对评价标准的21个二级指标进行统计分析发现,除了户外活动、卫生保健和家园社区合作等3个二级指标外,三类普惠性幼儿园的其他二级指标得分均存在明显差异。

1.班级规模及教师配备

(1)班级规模

公办幼儿园、集体或企事业单位举办的公办性质幼儿园和普惠性民办幼儿园三类普惠性幼儿园的平均得分,分别是4分、2分和3.7分(此项满分5分)。公办幼儿园得分最高,说明其班额均严格遵守"班额不超过标准5

人"的要求（即大班幼儿数不超过40人，中班不超过35人，小班不超过30人）。普惠性民办幼儿园得分次之，集体或企事业单位举办的公办幼儿园得分最低。分析其原因主要在于原荔湾区集体办幼儿园办园较规范，特别是2018年8月新政策出台前政府对此类幼儿园限制收费，相对周边部分民办幼儿园"质优价廉"，吸引了大批家长，造成班级规模偏大情况。

（2）教师配备

教师配备主要包括每班教师配备情况、师幼比、教师队伍资格证取得情况和教师学历情况。三类普惠性幼儿园的每班教师配备基本达到"两教一保"配备要求，差异不大，但其他三个指标存在明显差异。其中，集体或企事业单位举办的公办性质幼儿园师幼比最大，平均超过1:9；教师队伍资格证取得情况和教师学历情况，前两类普惠性幼儿园达标情况良好，不存在明显差异，而普惠性民办幼儿园的得分率均明显低于前两类幼儿园（见图1）。

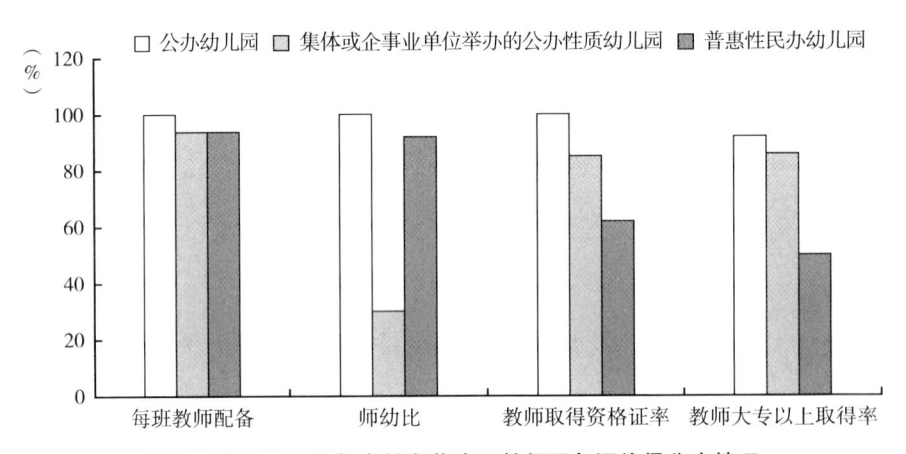

图1 2015~2018年广州市荔湾区教师配备评价得分率情况

2.教师发展

教师发展指标下包括团队建设、园本教研、专题研究、针对培养和继续教育等5个二级指标。总体来看，公办幼儿园除专题研究外，其他指标均取得满分，且明显高于其他两类普惠性幼儿园。集体或企事业单位举办的公办性质幼儿园和普惠性民办幼儿园在专题研究和继续教育的得分不理想反映出大多数幼儿园除了园本教研有专题性之外，没有课题研究，个别幼儿园还存在课题研究不规范、课题研究层次较低的状况。另外，后两类幼儿园教师虽然基本建立了教师继续教育平台，但完成继续教育任务（每年72学时）的教师不超过50%（见图2），这与幼儿园教师队伍不稳定和幼儿园不重视教师继续教育工作有关。

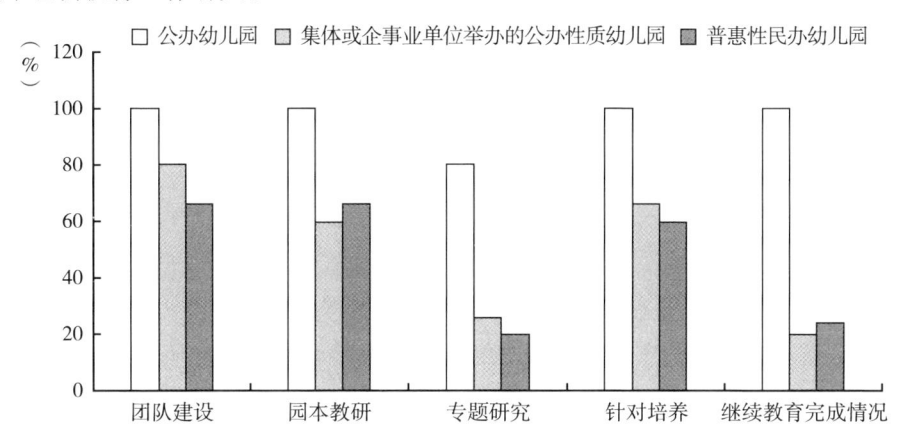

图2 2015~2018年广州市荔湾区教师发展评价得分率情况

3.幼儿园课程

（1）课程实施方案

课程实施方案主要是评价幼儿园课程目标体系和课程实施方案制定统计、实施的总体情况，评价幼儿园课程管理的顶层设计的科学性和可行性。结果显示，公办幼儿园得分高于其他两类幼儿园，但与标准比较，无论是课程目标和实施方案制定，还是课程特色打造、课程实施等还有较大提升空间。其他两类幼儿园得分情况无差异，表明绝大多数幼儿园没有形成具有本园特色的课程目标体系和课程实施方案，园本课程特色不明显，课程实施的全面性和实施方法也存在一定问题（见图3）。

（2）课程时间安排和环境创设、利用

区域普惠性幼儿园能坚持保教结合，能基本合理安排幼儿一日活动，幼儿常规表现良好，在一日活动中幼儿有一定的自主自由活动时间。幼儿园整体规划利用较科学，能按照幼儿特点设置活动室，为幼儿创设一定的活动区角。但从数据统计来看，三类普惠性幼儿园的一日活动安排均存在欠科学的

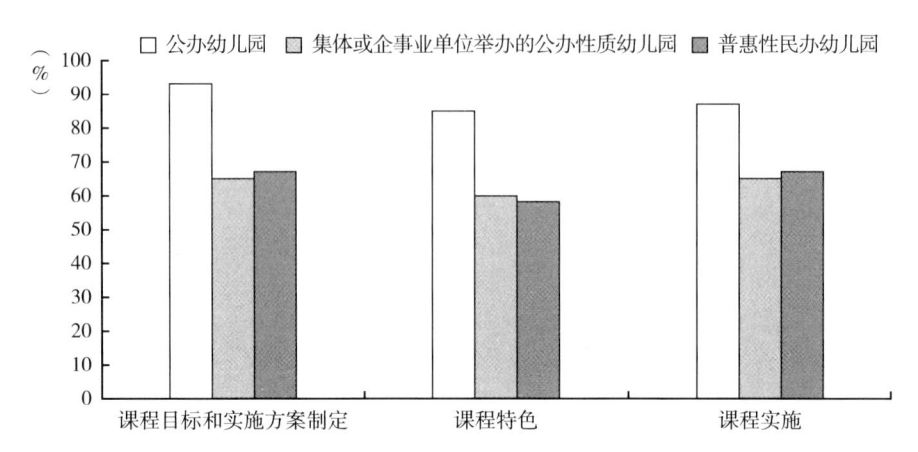

图3 2015~2018年广州市荔湾区幼儿园课程实施方案评价得分率情况

问题，空间规划和利用上也没有很好发挥环境的教育功能。其中，在环境创设和利用这一指标中，公办幼儿园得分高于普惠性民办幼儿园，集体或企事业单位举办的公办性质幼儿园得分率最低（见图4、图5）。

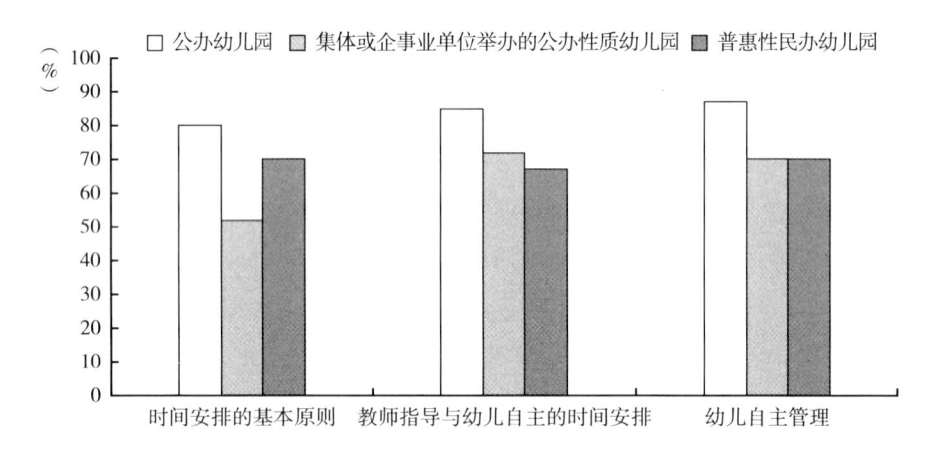

图4 2015~2018年广州市荔湾区课程时间安排评价得分率情况

（3）幼儿一日活动的组织与实施

幼儿一日活动主要包括生活活动、游戏活动、户外活动、学习活动等。三类普惠性幼儿园的四大活动得分率仍然是公办幼儿园占优势，其他两类普惠性幼儿园得分率接近。说明集体或企事业单位举办的公办性质幼儿园和民

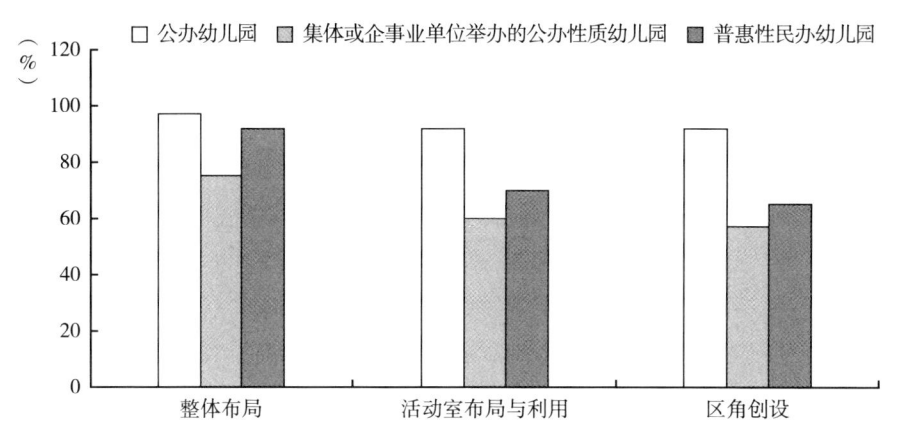

图5　2015～2018年广州市荔湾区幼儿园环境创设与利用评价得分率情况

办普惠性幼儿园的教师在一日活动组织与指导中尚缺乏科学教育观的引领，课程组织实施能力有待提高。

具体看四大活动，得分最低是幼儿游戏活动，无论是自主游戏活动的时间保证，还是游戏环境创设、材料投放和教师对幼儿游戏的观察和支持，与其他活动比较，三类普惠性幼儿园得分均较低。

4.幼儿发展

幼儿发展包括5个二级指标，主要指向幼儿发展的五大方面。从5个二级指标来看，幼儿身心健康和社会交往发展评分比较高，而语言发展和艺术表现次之，科学认知发展相对评分最低。从幼儿园类型看，均呈现公办园幼儿发展最好，集体或单位举办的公办性质幼儿园次之，普惠性民办幼儿园最弱（见图6）。由此可见，从幼儿发展水平来分析，公办幼儿园和集体或单位举办的公办性质幼儿园的整体质量均要高于普惠性民办幼儿园。

（二）三类普惠性幼儿园保教质量总体得分情况比较分析

三类普惠性幼儿园的评估得分率分别是91.9%、69.3%和69.2%，即公办幼儿园的保教质量水平远远高于集体或企事业单位举办的公办性质幼儿园和普惠性民办幼儿园，而集体或企事业单位举办的公办性质幼儿园和普惠性民办幼儿园总体得分率几乎相同。

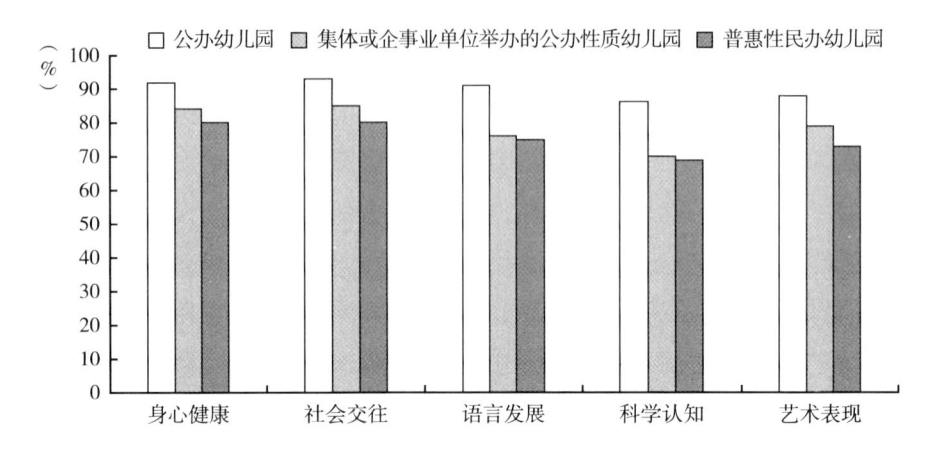

图6 2015~2018年广州市荔湾区幼儿发展评价得分率情况

具体分析，在影响幼儿园保教质量的班级规模、教师配备、教师发展、幼儿园课程、幼儿发展等几个关键因素中，公办幼儿园的保教质量水平均高于其他两类普惠性幼儿园。集体或企事业单位举办的公办性质幼儿园和普惠性民办幼儿园的得分率相同，对后两类普惠性幼儿园进一步分析发现，集体或单位举办的公办性质幼儿园的保教质量评价得分相对较平均，普惠性民办幼儿园保教质量评价得分却呈现明显的两级分化，即近四分之一的市一级、区一级普惠性民办幼儿园得分在80%以上（这部分幼儿园能规范办园，办园条件较优越，能与时俱进根据时代要求积极进行课程改革等），而另外有小部分普惠性民办幼儿园得分率不超过65%，甚者有个别园得分率达不到60%，导致总体得分率偏低。

三 区域普惠性幼儿园保教质量评价的问题与原因分析

区域普惠性幼儿园以《评价指南》为抓手推动了教师观念和行为改变，推动了幼儿园保教质量提升，取得的发展和成效主要体现在以下几方面。一是幼儿园管理渐趋规范。如基本达到每班教师配备"两教一保"要求，教师资格证持有率逐年提升，教师专业发展受重视程度逐年提高，卫生保健工作得到落实等。二是注重教育的实践与改革。能够认真学习和落实《3~6岁儿童学习与发展指南》和《广东省幼儿园一日活动指引（试行）》的有关精神和要求，不断优化幼儿一日活动安排，活动形式多样化，关注幼儿自主游戏和户外活动时间的保证，能较有效利用幼儿园户内外空间创设幼儿活动区域，区域材料渐趋丰富。三是开始关注幼儿的发展评价。力图通过科学有效的幼儿评价反思、调整幼儿园各项工作的落实，以实现幼儿健康和谐发展。但与此同时，也发现区域普惠性幼儿园的保教质量存在以下问题。

（一）园所保教质量问题较多

1. 园所硬件设施使用不当或配备不足

从2011年第一期以"扩大教育资源"为主题的学前教育三年行动计划开始，到2016年第二期以"坚持公益普惠、注重可持续发展"为主题的学前教育三年行动计划结束，荔湾区政府大力支持普惠性幼儿园的发展，使得普惠性幼儿园整体设施设备有了很大改观，但由于地理、历史等缘故，还存在南北片发展差异，导致北片荔湾区老城区部分普惠性幼儿园设施设备条件依旧较差，而南片普惠性幼儿园场地资源相对较好。但无论是南片还是北片的普惠性幼儿园都存在不同程度的设施设备使用不当或配备不足问题，主要表现在：有的幼儿园室内活动室面积不足，空气不够流通，室内光线不足；有的幼儿园户外活动场地严重不足或者利用不充分、不科学，幼儿户外体育活动体育器械设施设备配备欠科学；等等。

2. 教师队伍年轻，流动性较大，专业发展亟待提高

普惠性幼儿园教师队伍整体年轻化，其中普惠性民办幼儿园的教师基本上是以中专与大专学历为主，但因多种主客观因素如幼儿园教师社会地位不高、工资待遇偏低、园本教研落实不到位、教师专业发展空间和途径偏窄等影响，导致年轻教师缺乏科学教育观的引领，专业化水平不高。

3. 幼儿一日活动组织欠科学性

幼儿一日活动组织问题主要表现为活动流程不够流畅、活动过程或环节之间存在消极等待现象、活动组织未体现年龄特点需要。更为突出的是在幼

儿自主游戏的组织和开展过程中，很多幼儿园不能保证"每天连续不少于一小时"的基本要求，游戏环境创设没有很好基于幼儿的年龄特点和发展水平，材料提供的丰富性、可操作性和层次性都不充分。此外，教师对幼儿游戏的观察意识不强，没有足够的专业能力分析幼儿的游戏水平，并恰当地支持或回应幼儿以推进幼儿游戏水平的提高。

4. 幼儿发展缺乏全面性

表现为有的普惠性幼儿园特别是民办幼儿园为了吸引生源，常常以某个特色项目作为办园的招牌，在具体保教活动中也侧重于以某个特色项目的开展为主，以致幼儿出现"偏科"现象；[1] 有的是提供给幼儿使用的教玩具种类不够多，呈现单一、乏味的特点，无法较好地满足幼儿学习和活动的发展需要；在幼儿评价方面缺乏科学的认识，导致幼儿园不重视幼儿发展评价或者评价不科学等。

（二）园本课程建构意识较弱

学前教育还未有国家统一颁布的课程，各幼儿园拥有较大的课程决策自主权，虽然这给园所开发课程提供了极大空间，但也给保教质量带来了极大隐患。当前许多普惠性幼儿园课程开发还很不成熟，缺乏各种有效开展园本课程建构的要素，如课程开发需要专业师资，然而幼儿园普遍存在优质师资薄弱现象；课程开发需要专家指导，但幼儿园普遍缺乏充分的外部系统支持，因而造成区域普惠幼儿园园本课程建构的质量参差不齐。具体而言，存在以下问题。

1. 园本课程与园本特色课程项目相混淆

有些幼儿园对园本课程内涵理解有误，以为在园本课程前面加上"篮球""舞蹈""戏剧"等就是园本特色课程，殊不知园本特色课程是一个系统性的课程体系，需要涵盖幼儿发展的德智体美劳等全面发展内容，并不仅仅是某一个领域课程的特殊开发。

---

[1] 王声平、姚亚飞：《普惠性民办幼儿园教育质量管理的现状调查及对策建议》，《教育评论》2018年第3期。

2. 园本课程理念不清晰，甚至存在套用现象

由于缺乏深挖园本课程资源的意识与能力，对园本课程建构的文化背景、办园目标不清晰，导致幼儿园课程的顶层设计欠科学或者没有顶层设计。绝大多数集体或企事业单位举办的公办性质幼儿园和普惠性民办幼儿园没有幼儿园的课程目标体系和课程实施方案，部分公办园的课程目标体系和课程实施方案不够全面科学。

3. 园本课程体系建构凌乱庞杂

有些园本课程虽然设计要发展全面的儿童，将园所特色项目等全部纳入园本课程中，但出现了课程超载现象，没有一条逻辑主线串联起所有课程，成了"杂烩汤"式的拼凑。

（三）教师专业发展空间较窄

从调研情况来看，教师专业发展受到以下因素制约。

1. 缺乏专项研究

有些普惠性幼儿园在开展教研活动时随意性比较大，没有找准本园优劣方向进行专题培训，如有些普惠性幼儿园是专注于区域活动的开展，但在教研记录中，难以看到如"在区域活动中怎样有效进行材料投放"等专项专题教研主题。

2. 缺乏专业培训

有些普惠性幼儿园由于自身缺乏开展教研活动的成熟经验与专业能力，导致在实施教研活动时，对教研主题的探究处于"浅教研"的状态，无法有效给予教师专业层面的提升。

3. 缺乏专业支持

普惠性民办园由于客观原因，过去较少获得外部系统的专业支持，仅仅依靠自身的力量开展教研培训，导致教研质量无法较快提升，也导致普惠性民办园不重视教研活动的开展，流于形式，轻于质量。

（四）课题研究层次较低

课题研究的重要性已为幼儿园所熟知，但在课题申报、课题研究、运用

课题研究成果时存在不同程度的困境，大部分普惠性幼儿园对课题研究有畏难情绪，自认为很难、自身能力不足等。深入分析，可能存在以下原因。

1. 接受课题开展的专项培训少

许多教师由于接受的开展课题研究的培训较少，导致对开展课题失去信心和兴趣，久而久之，形成了开展课题是"高层次学历"教师任务的认知。

2. 幼儿园课题成果的运用不太重视

对大部分普惠性幼儿园而言，申请的课题层次主要是区级教师小课题，其课题成果也主要局限于课题组成员所知，缺乏将课题成果进行交流、推广运用的机会，导致教师对自己的研究成果没有感受到认可、推广的价值感，也缺乏后续的来自园方的监督与指导，容易出现课题做完以后就"画上句号"，没有后续研究。

3. 申报高层次课题的积极性不足

部分普惠性幼儿园常常局限于区级教师小课题层面的开展，没有积极申报省、市高一级别课题，这一方面源自普惠性幼儿园没有真正认识到利用高层次课题引领整个园所保教质量发展的重要性，而仅局限于鼓励小课题研究推动教师个人或团组专业能力的提高；另一方面在于普惠性幼儿园对申报高一级别课题存在畏难情绪，认为自身园所还不具备条件，而实际上外界认为其已具备。

四 提升区域普惠性幼儿园保教质量的对策与思考

针对以上分析，为进一步提升区域普惠性幼儿园保教质量，特提出以下发展对策和思考。

（一）政策支持：加强对普惠性幼儿园保教质量提升的支持与评估

1. 出台并实施《荔湾区普惠性幼儿园保教质量量化考核方案》，全面推进普惠性幼儿园质量提升

为了更好地提升区域普惠性幼儿园保教质量和水平，在广泛征求幼儿园

以及片、区各级幼儿园保教质量评价人员意见的基础上，以2015年9月《广州市荔湾区幼儿园保教质量评价指南》为基本框架，结合区域普惠性幼儿园目前发展中主要存在的短板和问题，对区域幼儿园保教质量评价指标进行了修改，并于2019年3月出台了《荔湾区普惠性幼儿园保教质量量化考核方案（讨论稿）》（以下简称《量化考核方案》）。

新出台的《量化考核方案》仍然选取了影响幼儿园保教质量的关键因素，即班级规模及教师配备、教师发展、幼儿园课程和幼儿发展等四个一级指标，下设19个二级指标，总分值为200分。在具体分值上，除了一级指标"幼儿发展"下的2个三级指标分值为10分外，其他36个三级指标分值均为5分。有关的指标修改具体如下：

一是教师配备指标将教师大专学历要求由原来的75%提高到85%。二是教师发展指标的二级指标调整为"团队建设""园本教研""专任教师年流动率""继续教育"。"专题研究"调整到"幼儿园课程"指标内；合并"园本教研"和"针对培养"；增加"专任教师年流动率"指标。主要目的是让普惠性幼儿园关注幼儿园教师的稳定性，通过力促教师专业发展提高幼儿园教师的稳定性，为保教质量持续发展奠定基础。[①] 三是将幼儿园一日活动中的"游戏活动"时间改为"保证幼儿每天连续不少于1小时的自主游戏时间"，进一步明确了幼儿一日活动中自主游戏的独特价值，同时能有效地转变教师固有的传统观念，适当消除部分普惠性幼儿园的"小学化"倾向。四是幼儿园课程指标内增加了"课题研究"和"特色发展"两个二级指标，明确提出要"针对幼儿园实际开展多层次的课题研究""课题研究要有效促进幼儿园保教质量提升和教师专业发展""制定幼儿园特色建设方案""以课程为导航，形成一定的园所文化"等指标，旨在引领普惠性幼儿园把课题研究和特色建设作为主要抓手，逐步实现幼儿园特色发展和内涵发展。五是幼儿发展指标内容更倾向于引导幼儿园和教师关注幼儿发展过程和关注幼儿全面发展，鼓励和提倡教师"为每个幼儿建立成长档案……关注

[①] 赵玥：《我国普惠性学前教育存在的问题及解决对策》，《文教资料》2014年第13期。

幼儿园发展的起点水平和动态过程"。

《量化考核方案》在区域的10所普惠性民办幼儿园进行了试用，客观来说，量化考核结果特别是增加或调整内容的得分情况并不理想，如部分幼儿园专任教师年流动率平均超过10%，幼儿园课程体系或者框架没有清晰定位等。如何进一步修改《量化考核方案》，继续把保教质量评价作为区域普惠性幼儿园质量提升的有效手段，如何让省、市相关专家介入区域保教质量量化考核工作，提高区域量化考核的专业性和公信力，是需要继续思考的问题。

2. 继续实施《荔湾区幼儿园片结对帮扶活动方案》，有效推动普惠性幼儿园保教质量共同提高，实现双赢

鉴于区域内幼儿园发展不均衡、部分普惠性幼儿园保教质量不理想的状况，荔湾区教育局于2017年出台了《荔湾区幼儿园片结对帮扶活动方案》，在区内开展片内"一对一"帮扶工作。片区结对帮扶以片内优质幼儿园（以公办幼儿园为主体）为基地幼儿园，形成片内"一对一"帮扶关系（拉手幼儿园主体为普惠性幼儿园或以集体、街道办园为主），通过一年的帮扶以期帮助"拉手"幼儿园提高幼儿园管理水平和教师专业化水平，缩小园际差异，逐步实现区域学前教育均衡化发展。帮扶方式主要有：一是定期指导。基地幼儿园选派骨干教师、行政主任等到"拉手"幼儿园进行现场指导，对相关问题提出改进和发展建议。二是跟岗学习。"拉手"幼儿园选派各岗位人员分批到基地幼儿园进行一定时间的跟岗学习，规范"拉手"幼儿园各项工作的开展和落实。三是资源共享。邀请"拉手"幼儿园到基地幼儿园共同参加专家讲座、科研培训、园内教研等活动，实现智慧共享。

通过帮扶，成效显著。主要体现在：其一，帮助"拉手"幼儿园挖掘园所文化，逐步明确幼儿园办园特色；其二，帮扶"拉手"幼儿园进行课程构建或确定课程重构发展新思路，协同、指导"拉手"幼儿园构建课程或重构课程；其三，基地幼儿园和"拉手"幼儿园的教师互帮互促，专业理念得到提升，教师教育教学行为逐步有了改变，实现双赢；其四，促进普惠性幼儿园规范化建设。

（二）专家引领：借力中国教育科学研究院顶尖专家团队，推动区域普惠性幼儿园课程再造和文化提升

针对区域普惠性幼儿园的园本课程建设和实施问题，在加强区域教研员介入指导的同时，积极寻求外部系统的专业支持。[①] 从2012年开始，荔湾区政府和荔湾区教育局与中国教育科学研究院启动教育合作项目，建立了学前教育专家指导团队，高位引领、专业研发，深入指导普惠性幼儿园的文化建设和课程再造。

第一阶段，专家团队深入指导区属公办幼儿园的内涵挖掘，通过实地勘察、资料查阅、交流讨论，引导公办幼儿园课程建设团队深挖园所文化，并共同提炼出适宜于园所文化的基本理念，并以此出发，确定幼儿园办园宗旨、培养目标等，不断丰富幼儿园环境、团队建设、课程建设、幼儿发展、家园合作等文化打造路径和内涵。目前，荔湾区10所公办园已经基本形成鲜明的园所文化。

第二阶段，公办园在不断梳理园所文化的同时，基于文化引领，逐步完善幼儿园课程实施方案，构建园本课程。在专家指导下，公办园课程建构质量迈上了新台阶：有源自园本文化支撑的课程理念、源自课程理念统领的课程目标与课程内容、基于课程落实的课程组织形式、跟踪课程实施效果的课程评价、推进课程实施与改善的课程管理等。即当前的课程方案既具备一定理论性也具备实践性，是提升课程质量的有效保证。

第三阶段，扩大公办幼儿园园本课程构建的辐射范围。区域部分普惠性民办园也开启了课程再造行动，继续借力中国教育科学研究院顶尖专家团队力量，借鉴公办园课程构建经验，通过区域幼儿园片内"一对一"帮扶活动，帮助普惠性民办幼儿园初步搭建园本课程框架。尽管这些课程框架还不够完善，但普惠性民办园积极参与，努力依托高课程质量来提升办园知名度，这无疑会带动普惠性民办园课程质量的整体提升。

---

① 慕小永：《发展普惠性幼儿园存在的问题及对策》，《河南教育》（基教版）2018年第6期。

（三）教研支撑：开展区域研耕活动，构建区域教研文化，促进教师专业发展

科学化、系统化的教研是提升教师队伍质量的必要手段。[①] 区域"研耕行动"是基于荔湾区教育发展需要，基于课程改革需要，基于教师的专业发展，基于幼儿园实现教育均衡、优质、特色发展的需要，基于教研员角色定位，最大限度发挥教研功能的背景下提出的。"研耕行动"致力创建行走在基地、研培于课堂、耕耘在荔湾的区域"研耕文化"，其宗旨是促进区域教育的均衡化和特色化发展。

基于区域研耕理念，结合普惠性幼儿园教师专业发展的现状，区域幼教教研员以提高幼儿园教师实施课程能力为主线，研培结合，扎根研耕基地幼儿园，深入研究教师专业发展有效路径。如区域"课堂文化"幼儿园研耕小组自2016年开始组成了以5个普惠性幼儿园为主体的教研团队，以点带面，有力推动区域学前教育教师队伍专业水平提升。教研团队从关注"幼儿园科学区域的创设和材料投放"，到注重"幼儿园区域活动中的幼儿学习观察"，再到"基于儿童学习观察的幼儿园课程发展"。每个成员通过讲座、观摩、交流、承担任务等方式获得了专业提升。在此期间，除了研耕幼儿园团队成员之外，还逐步充实教研团队力量，邀请其他普惠性公办园教师与民办园教师参加，以期有更多的教师获得高质量的教研体验与机会。该研耕小组还对45位入职三年内的新教师开展了为期一年的"幼儿园新入职教师实践能力发展培训"。培训紧扣新入职教师职业发展特点，顺应新入职教师实际工作所需，引领新入职教师从研培活动中找到发展定位、确立发展目标、明晰发展路径、获得发展方法，从而为区域未来学前教育发展培养优质师资奠定基础。

[①] 孙海萍：《我国普惠性学前教育发展中的师资建设问题与优化路径》，《基础教育参考》2018年第3期。

B.11
构建区域学前教育公共服务体系的实践研究报告

李 珈　曾伟杰　蒋轶菁*

摘　要： 发展普惠性学前教育是当下和未来相当长的时期内我国学前教育事业发展的核心要务与未来方向。广州市番禺区作为国家学前教育改革试验区，基于地方实际，探索了区域普惠性学前教育公共服务体系建设的实践模式。本文以广州市番禺区为例，剖析了广州市番禺区建设区域普惠性学前教育公共服务体系的发展成效、对策举措，梳理了构建区域普惠性学前教育公共服务体系的实践经验与思考。

关键词： 普惠性　学前教育　公共服务体系　番禺区

2010年，《国务院关于当前发展学前教育的若干意见》（国发〔2010〕4号）首次提出将学前教育纳入社会公共服务体系，以期成为解决"入园难""入园贵"问题的重要突破口。此后，国家层面和广东省先后颁布了系列学前教育政策，进一步明确了发展普惠性学前教育的目标与任务。建设普惠性学前教育公共服务体系已成为当下和未来相当长时期内我国学前教育事业发展的核心要务与未来方向[1]，亦是当下及未来我国学前教育事业发展的重难点问题。

---

* 李珈，教育硕士，广州市番禺区教育局二级调研员，主要研究方向为教育发展规划、教育政策、教育行政管理；曾伟杰，研究生学历，广州市番禺区教育局职成幼民办教育科科长，主要研究方向为学前教育、职业教育、民办教育、教育政策；蒋轶菁，管理学硕士，广州市番禺区教育局办公室副主任，主要研究方向为学前教育、民办教育、教育政策。

[1] 刘焱：《开启学前教育规范发展的新征程》，《中国教育报》2018年11月20日，第2版。

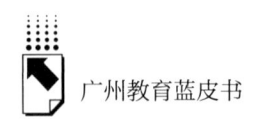

广州市番禺区地处珠三角和穗港澳地理中心位置，作为一个快速发展的新型城市，日益成为珠三角一小时都市生活圈的中心，拥有良好的社会经济发展条件与基础。在社会经济发展与转型的过程中，学前教育公共资源的有限性与人民群众日益增长的优质学前教育需求之间的矛盾也日益突出。由此，发展普惠性学前教育公共服务，不仅是关系民生的重要战略决策，也将为区域社会经济转型提升、人才引进战略等城市可持续发展奠定良好基础。为此，番禺区未雨绸缪，在兼顾规模与质量、效率与公平的原则下，建设区域普惠性学前教育公共服务体系。

一 构建区域普惠性学前教育公共服务体系的现状与问题

（一）番禺区学前教育的基本情况

近年来番禺区学前教育发展迅速，2010年被评为广东省学前教育改革模式试点区，2016年被评为国家学前教育改革发展试验区，2019年被评为首批广东省学前教育改革发展试验区。主要有公益普惠的学前教育财政投入保障机制、规范普惠性民办幼儿园监管、健全学前教育教研制度3项试点任务。为此，番禺区先后开展了一系列区域探索与创新。

番禺区的总面积为529.94平方公里，辖6个镇、10个街道、177个行政村、84个社区居委会。截至2019年9月，番禺区有幼儿园339所，在园幼儿90852人。公益普惠性幼儿园289所，数量占比达到85.25%，其中，公办幼儿园136所，数量占比达到40.12%，普惠性民办幼儿园153所，数量占比达到45.13%（见图1）。番禺区普惠性幼儿园的在园幼儿数达到76944人，占比为84.7%，其中，公办幼儿园在园幼儿数达到36353人，占比为40.02%（见图2）。番禺区户籍在园幼儿数为46988人，非户籍在园幼儿数为43864人，基本达到了流动人口与户籍适龄幼儿入园的全覆盖。

从幼儿园等级来看，番禺区达到规范化及以上等级的幼儿园有323所，

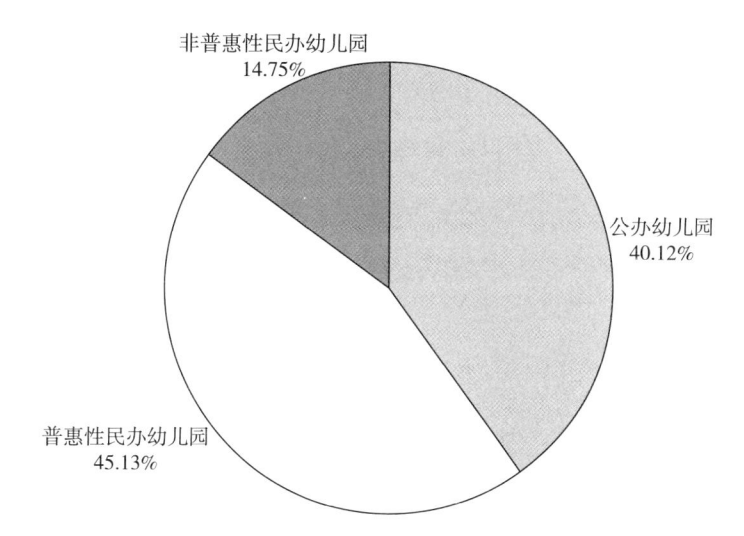

图1 2019年番禺区幼儿园数量占比

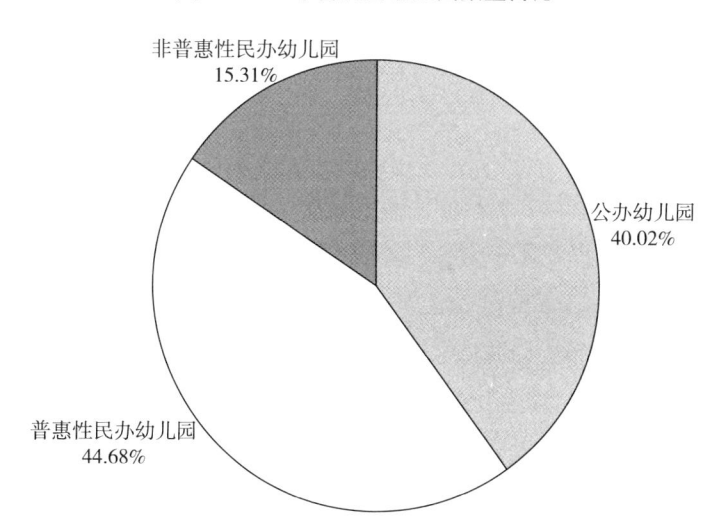

图2 2019年番禺区幼儿园在园幼儿数占比

其中，省一级幼儿园有17所，在广州市11区中排名第二，仅次于越秀区[①]；市一级幼儿园有40所，位居广州市11区榜首，占广州市市一级幼儿

[①] 广州市教育局：《2018年省市级幼儿园名单（截至2018年12月31日）》，http://www.gzedu.gov.cn/gzsjyj/sjtj/201904/8ffb0b1422e34d4996be4c28fd0c8087.shtml，最后检索时间：2019年4月8日。

园总量的23.12%①；区一级幼儿园有130所，区一级及以上优质幼儿园占比达到了55.16%；规范化幼儿园有136所，未评级幼儿园有16所（见图3），其中有13所是2017年以后新建幼儿园，正在筹备园所等级评估。

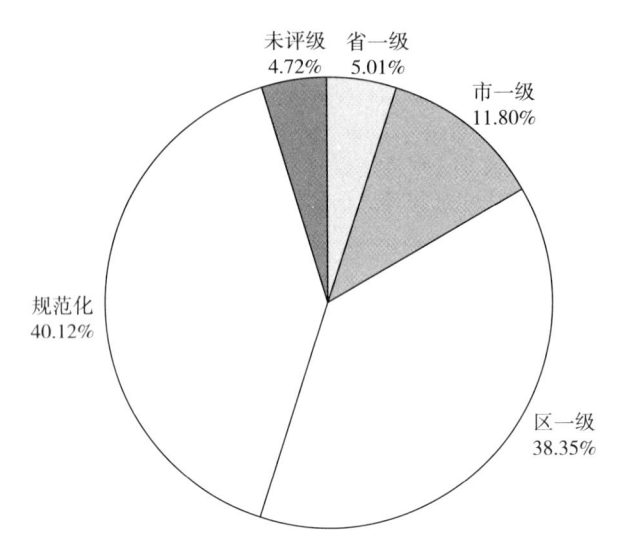

图3 2019年番禺区幼儿园等级结构

未评级 4.72%
省一级 5.01%
市一级 11.80%
区一级 38.35%
规范化 40.12%

番禺区幼儿园教职工共计13750人，其中园长692人，专任教师6706人，保育员3040人，保健医539人，其他人员2773人，教职工与幼儿比达到1∶7，保教人员与幼儿比达到1∶9，符合国家幼儿园教职工配备标准。园长持有园长上岗证人数占比达到100%，大专及以上学历人数占比达到93.21%；专任教师学历合格率达到100%，持有教师资格证的教师人数占比达到82.52%，大专及以上学历占比达到85.22%。

（二）番禺区学前教育供给侧改革是发展之需

从供给侧的角度来看，"入园难""入园贵"问题实质上是普惠性学前教

---

① 广州市教育局：《关于拟评为广州市一级学校、幼儿园名单的公示（截至2019年2月20日）》，http://jyj.gz.gov.cn/gzsjyj/wsgs/201902/4bb0d1f0088b405f94492ae1bee13099.shtml，最后检索时间：2019年2月14日。

育资源的供需矛盾的外在表现，反映了普惠性学前教育资源结构性失衡、供需错位的问题。自2010年以来，番禺区在破解"入园难""入园贵"难题的过程中，还面临着新生儿与流动人口大规模增加、公办学前教育资源相当匮乏、区域发展不均衡的三重挑战，亟待开展普惠性学前教育供给侧改革。

1. 新生儿与外来人口增加，供需矛盾进一步加剧

自2000年以来，广州市市区流动人口逐步向近郊区流动，番禺区作为广州市快速城市化的一个新中心城区，工业化尤其是房地产业快速发展，产业结构转型加快，外来人口日益聚集，人口倒挂现象越来越严重。据统计，早在2008年番禺区的流动人口数量超过常住人口，截至2018年流动人口数达到157.86万人，比2008年的99.6万人增加了58.26万人，增幅达到58.5%。此外，自2010年以来番禺区人口出生率逐年递增，且远高于全国平均水平。尤其是2016年1月广东二孩政策落地以后，番禺区迎来了新一轮生育高峰，截至2018年，番禺区人口出生率高出全国一倍多，达到24.06‰（见表1）。2019年，番禺区全面二孩政策实施满3年，"二孩"达到入园年龄。由此可见，随着新生儿与流动人口的增加，番禺区学前教育学位需求明显加速增长。

表1 番禺区2010~2018年人口统计数据

单位：‰，万人

年份	2010	2011	2013	2014	2015	2016	2017	2018
出生率	11.25	11.46	12.75	13.24	14.39	16.54	23.23	24.06
户籍人口	100.39	100.8	82	83.6	85.57	88.65	93.45	98.94

资料来源：2010~2018年广州市番禺区国民经济和社会发展统计公报。

注：①2012年11月30日，广州市番禺区的大岗镇、东涌镇、榄核镇划归南沙区管辖。因此，2012年与2013年户籍人口变动较大。

②为了便于前后数据的对比，全文统计数据时，把2011~2012年大岗镇、东涌镇、榄核镇的数据进行了删减处理。

2. 公办学前教育资源较匮乏，供给结构性矛盾突出

番禺区入园难主要体现在"入公办园难""入优质园难"，优质普惠学前教育资源相当匮乏。2011年，公办幼儿园数量占比仅为19.32%，19个

乡镇街道仅有9所中心幼儿园，公办幼儿园的数量及覆盖面严重不足。究其主要原因是历史遗留问题导致公办性质幼儿园大量流失，尤其是村办集体幼儿园市场化趋势明显。截至2011年，在120所村办幼儿园中，仅有38所是集体办园，已出租园舍委托私人举办的幼儿园达到82所，占比高达68.3%，村办园回归公办性质是政府增加公办学前教育资源的必然选择。

此外，无证园、未达到规范化的幼儿园数量较多，质量难以得到保障。据统计，2011年，无证园数量达到135所；限期整改园所74所，占总园所数量的28.03%。这些幼儿园普遍存在办园条件简陋、师资不达标、管理不规范、设施设备严重不足等问题，并且部分幼儿园因为历史原因或无房产证而无法获得消防证，在建筑、消防、食品卫生、疾病防控等方面存在诸多安全隐患，严重影响幼儿的健康成长。

3. 区域学前教育发展不均衡，公平与质量难以保障

番禺区幼儿园总体基数较大，幼儿园总数位居广州市各区第二，民办幼儿园总数位居广州市各区第一。近年来新开发小区和中心城区的幼儿园办学水平和质量相对较高，但部分农村地区的村级幼儿园发展比较滞后，城市和农村地区的学前教育质量仍存在一定的差距，公办优质学位资源仍未能满足广大家庭的迫切需求。

面对番禺区学前教育发展的现实困境与挑战，仅仅依靠市场是无法解决的，必须由政府从宏观、系统的角度通盘考虑，结合城市建设和旧村改造，对现有设施简陋、规模小、效益低的幼儿园逐步撤并、改造或迁建，多层次、多路径地增加公办幼儿园与普惠性民办幼儿园资源，切实提升番禺区学前教育整体水平，以满足人民群众对幼有所育、幼有优育的迫切需求。

二 番禺区建设普惠性学前教育体系的改革探索

（一）德政工程：明确政府职责，突破体制机制之难

在构建普惠性学前教育公共服务体系过程中，番禺区始终秉持政府责任

主导的原则，以制度建设为依托，构建起区、镇街两级负责、多部门协作的管理体制，并充分利用"互联网＋"信息管理平台，加强学前教育的规范化管理，确保信息更新及时、准确、完整，提高政府对学前教育管理的效率与科学性。

1. 明确政府责任，搭建区域协同管理体系

番禺区通过区委、区政府牵头，建立区、镇（街道）两级分责和多部门联动配合的管理体制。在区层面，以区托幼工作领导小组为核心，区政府分管领导及15个成员单位定期召开联席会议，推动教育、财政、编办、发改等跨部门合作，协调解决区域学前教育发展的重点、热点与难点问题。在镇街层面，在辖区教育指导中心配备专职幼教干部，强调重视辖区内学前教育发展的规划、建设，协助做好属地学前教育的管理，包括卫生、安全、消防等工作。从2014年起，番禺区启动督学责任区制度，定期开展进园综合督导，把学前教育发展成效纳入每年镇街考核，并与年度绩效挂钩，促进镇街依法履职、主动作为，形成了全面支持学前教育的强大合力。

2. "互联网＋"助力，搭建幼儿园信息资源库

从2011年起，借助互联网信息平台，打造"番禺区幼儿园信息资源库"，搭建了规范监管与激励扶持相结合的普惠性幼儿园信息技术管理平台，将成本核算、限价收费、教师资质、保教质量、经费使用等项目纳入监管范围。目前已开发应用了幼儿园年检系统、招生报名及电脑派位系统、学籍登记管理系统、教师继续教育管理系统，正立项建设采购管理系统、教师管理系统和网络培训学习平台，提高政府管理的针对性、科学性、有效性。

3. 细化制度执行，增强改革的前瞻系统性

番禺区秉持制度先行的原则，通过摸底调查做好发展规划与制度建设，为普惠性学前教育体系建设提供坚实的制度保障。自2010年以来，番禺区先后发布了40项学前教育发展的相关制度文件，覆盖师资队伍建设、普惠性民办园管理、小区配套幼儿园治理等方方面面，通过制度细化责任，加强各部门的协调合作，明确了政策落实的路线图与时间表，为依法执政、有法可依提供了政策依据，保障了政策执行的效率与效果。

（二）惠民工程：扩资源调结构，化解结构失调之困

近年来，"幼有优育"已成为党和政府高度关注的重要民生事项，家长的需求从"有幼儿园上"转变为"入好园、入放心园"，并且更加关注学前教育的质量。番禺区学前教育的矛盾逐步从数量短缺的"入园难"转变为"入优质园难"的结构性供需矛盾，为此，番禺区以扩充优质公办资源、整治无证园所为主要思路，优化区域学前教育供给结构，满足适龄幼儿的入园需求。

1. 提前规划布局，多路径扩充公办园资源

番禺区针对优质公办学位需求紧张的问题，结合城市建设和"三旧"改造，通过新增区属幼儿园及镇街集体办园、小区配套幼儿园举办为公办园等方式扩大公办幼儿园资源，充分发挥公办园的示范与引导作用。第一，截至2016年，通过新建、改扩建的方式实现每个镇街都有一所公办示范性中心幼儿园。第二，收回已出租给私人举办，但是没有领取《民办非企业单位法人登记证》和《民办学校办学许可证》的村办幼儿园。第三，将新建小区配套幼儿园办成公办幼儿园。此外，番禺区2014年启动全区幼儿园选址布点规划，制定《广州市番禺区教育局幼儿园选址规划（2020）》，为下阶段应对入园高峰、确保持续发展提供科学指引。

2. 落实公建配套，探索新型公办幼儿园模式

第一，由区教育、规划等部门联合对已建住宅小区幼儿园设施情况进行摸底清查，全面分析、梳理小区配套园存在的问题，制定整体规划和实施方案，坚持"一事一案"的原则，落实配套小区幼儿园的建设和管理。第二，2011年制定小区配套幼儿园的移交标准与办法，填补原来法规相对不明确、步骤流程不完善等漏洞，其中规划、建设部门在办理单体建筑修建性详细规划、资质年检时，均要求开发商必须提前取得区教育局对教育设施配套的意见；国土房管部门不允许房地产开发小区教育设施确权到开发商名下；新建小区配套园要与小区规划、设计、建设、验收、交付使用实现五同步。

按照国家、省市有关精神文件，番禺区探索建立"资产国有、委托办

园、公益普惠、依法监管"的新型公办性质幼儿园运作模式,提出通过引入优质学前教育机构,委托其对部分新增居住区配套幼儿园进行管理的新型公办园,一方面扩充公办优质资源,另一方面促进区域学前教育整体水平提升。通过公开招标、委托管理、购买服务的方式,委托第三方管理公办性质幼儿园,教育局按照公办园的管理要求,监督幼儿园的教育教学、师资队伍、财务管理等,同时按照集体办幼儿园的标准给予生均公用经费和生均设备费扶持。

3. 重点帮扶农村,让村办园回归"公办性质"

在第一期学前教育三年行动计划期间,制定村级幼儿园发展路线图,详查备案、分期分批推进规范化幼儿园创建工作,遏制村办幼儿园市场化发展趋势。第一,利用集体用地新建、改扩建公办幼儿园,常住人口规模4000人以上的行政村,至少提供1个园舍场地用于举办服务本村常住人口的幼儿园。第二,以"一事一议"方式制定方案,促使对外出租的村幼儿园收回并转制公办。对于转制收回难度大的,可采取试点推进或个案解决的方式,例如通过协商,由原来办学者通过向村提供有偿服务的方式参与幼儿园管理直至合同期满等。第三,加大对村集体办幼儿园的经费资助和奖励力度,在用地、消防、资金等方面给予扶持政策,促进现有集体办幼儿园改善办学条件,使更多符合条件的集体办幼儿园被认定为公办幼儿园。从2018年起,村集体利用集体用地新建、改扩建幼儿园并办成公办园的,区财政承担基建经费的60%,余下的40%由镇(街)和村筹措。对于扩容扩充学位的,每增加一个班补助30万元,还对集体办幼儿园规范化达标改造每班补助15万元。第四,结合旧村改造规划村级公办幼儿园建设,根据广东省番禺区城市更新领导小组办公室《关于印发番禺区城市更新三年行动计划(2019~2021年)的通知》,结合对21个旧村全面规划改造,初步估计新增20所公办幼儿园。

4. 整治无证园所,建设达标"规范化幼儿园"

番禺区2010年制定《番禺区规范化幼儿园评估标准》,2016年印发《广州市番禺区发展学前教育第二期三年行动计划(2014~2016)规范化幼

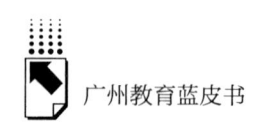

儿园创建工作方案》等配套制度，摸底排查非法、无证幼儿园存在的原因，坚持"属地管理、分类整治、堵疏结合、安全有序"的原则，细化各镇街规范化幼儿园创建任务，强化办园规范，取缔无证幼儿园。第一，完善村集体办幼儿园的备案管理制度，使其取得合法办园资格；第二，对因历史原因不能领取消防合格证的幼儿园，督促整改，并协调相关部门解决因无房产证而不能领取消防证的历史遗留问题；第三，对因超班额而不能达到规范化的幼儿园，引导其进行幼儿分流、减员或园舍整改；第四，对因硬件建设特别是场室及教学用房不达标的幼儿园重新规划和建设，以加大生均建筑面积及户外面积，达到规范化标准。此外，对未经审批擅自设立、被撤销办学许可证或年检不合格且在规定期限内整改不到位或拒不整改的幼儿园进行全面整治，持证办学的幼儿园均悬挂规范化幼儿园统一标识并在政府门户网站上公开相关信息，并建立健全无证幼儿园动态监控和查处的长效机制。

（三）奖补工程：分层分类扶持，疏通激励乏力之疾

财政扶持是构建区域普惠性学前教育公共服务体系的动力驱动，番禺区在摸底调查的基础上，全面、深入地研究教办园、集体办园、普惠性民办园的特点与阶段性发展需求，针对性地设置切实可行的奖惩机制与激励举措，避免公共资源利用浪费，保障学前教育经费的使用效率。

1. 加强财政保障，引导支持社会投资及办园

第一，区政府对学前教育发挥主导作用，逐年加大经费投入，并将学前教育经费列入财政预算，设立全区学前教育发展专项经费，制订各类园所生均财政拨款标准，逐年提高公办园生均公用经费标准。第二，制定《番禺区学前教育财政资金项目管理办法》，设计了涵盖经费奖补、教师待遇、学生资助、建设改造、等级达标、质量考核等各个方面综合性扶持激励政策，规范学前教育经费支出。第三，财政性学前教育经费投入向农村地区、相对落后地区倾斜，并重点解决提高普惠性民办幼儿园的质量与改善幼儿教师待遇问题。第四，引进优质投资办园。实施《番禺区房地产小区配套幼儿园举办权招标方案（试行）》，完善优化实施办法，成为兄弟地区借鉴学习的

蓝本。自2018年起，以小区配套园为试点探索引入第三方管理的新型公办性质幼儿园改革模式。逐年优化招标办法，完成小区配套幼儿园委托开办和通过举办权招标开办达11所，近两年来，引入社会资金8000多万元。

2. 分类扶持推进，强力保障普惠与良性运营

针对园所的不同类型、不同发展阶段，分类制定扶持政策，保障学前教育的公益性与普惠性。第一，大力支持公办园发展，以城乡一体为目标，统一区属公办园、镇街中心幼儿园及集体办园等各类公办性质幼儿园的经费拨付标准，统一执行生均公用经费每生每年2400元、设施设备经费每生每年700元。第二，有效扶持农村集体办幼儿园，将《番禺区村集体办幼儿园体制改革问题的研究》列入区委改革项目，在教职工的工资待遇、生均经费等方面提供经费扶持，派驻公办园干部、教师支教。第三，大力发展普惠性民办园，制定《广州市番禺区普惠性民办幼儿园认定实施方案（修订稿）》，包括生均公用经费补助、生均设备经费补助、教职工补贴、规范化及以上等级幼儿园补助、质量分级量化考核评奖等多种类型扶持，其中设备经费补助按照公办、普惠性民办统一为每生每年700元。此外，为了鼓励普惠性民办园重视质量提升，设立不同奖励梯度，对市一级以上优质普惠性民办园的经费补助标准按照公办园标准执行。

3. 分层激励提升，全方位激发质量提升动力

制定《番禺区学前教育奖补资金管理办法》，执行"优园优奖、优师优奖、优教优奖"的综合奖补政策，提供基础性补助、发展性补助、奖励性补助，注重扶持激励的层次性、针对性、系统性。第一，重点鼓励规范化达标。对村集体办幼儿园规范化达标改造实行每班补助15万元的政策，并可先行按照30%的比例拨付启动资金，完成改造后再给予余下奖励。第二，大力鼓励幼儿园"上等级"。对于成功创建省、市、区一级的各类幼儿园，分别予以一次性奖励15万元、10万元和6万元。第三，设定普惠性民办园发展激励机制，按照不同等级设定收费限价及补助生均公用经费。进行全区幼儿园分类分级质量评价考核，对获得优秀等级园的在园教职工，次年每人奖励1200元。

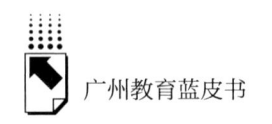

（四）强师工程：准入提升并举，破解队伍建设之惑

当前制约区域构建普惠性学前教育公共服务体系的突出瓶颈和最大短板是幼儿教师数量匮乏，尤其是合格的、专业化的教师匮乏。为此，番禺区从教师聘任与资格准入口、专业提升与培训出口、管理保障接口全方面把控幼儿教师的质量，提升番禺区幼儿教师的整体专业水平。

1. 突破编制"入口"，全面提升教师待遇水平

在教师的资格准入与编制入口方面，完善优秀人才"招、培、管、用"的有效机制。第一，对于区属公办园，建立了每年公开招聘制度，先后吸收了28名专业对口的研究生和优秀骨干教师进编，优化了师资结构。第二，对于镇街中心园，区编办、人社、财政、教育联合发文，根据办园规模共核定81个编制，明确入编人员待遇参照非义务教育事业单位绩效工资标准。第三，从2011年秋季起，新任职的幼儿园园长和新招聘的幼儿教师必须具有相应资格证书才能上岗，新招聘的保育员、营养员、保健员、厨师等岗位从业人员要持证上岗。

在教师待遇方面，逐步提升教师薪资待遇。第一，制定普惠性幼儿教师津贴补助标准，并逐步提高，凡在区内集体办幼儿园任职的教师最高可获得政府补助2900元/人·月，在普惠性民办幼儿园任职的教师最高可获得补助900元/人·月。自2016年起，对在区内同一所普惠性幼儿园连续工作3年的教师每年发放从教津贴3600元，提高教师待遇，稳定教师队伍。第二，设立"优才津贴"。对幼儿园非编制人员，凡取得中小学幼儿园高级教师（副高）及以上职称、硕士及以上学位的幼儿教师，分别给予每月2000元、1000元的特殊津贴，对符合任职资格的专任男教师，给予每月500元的特殊津贴。第三，通过财政半额补助等政策规定，100%落实幼儿教师社会保险。

2. 严把培训"出口"，切实保障师资培训效果

第一，2011年制定了《番禺区学前教育三年行动计划幼教从业人员培训实施方案》，坚持"德育为首、学历牵动、面向全员、突出骨干、整体推

进"的原则，建立起满足不同层次需求的幼儿教师培训体系，每年安排专项经费，常态化、全方位地开展分级分类培训及岗位资格认证，100%涵盖园长、教师、保育后勤人员及举办者。第二，根据番禺区实际，采取委托定向培养等方式，补充农村学前教育师资。第三，支持番禺区工商职校开设学前教育专业，番禺电大及社区学校挂靠高校举办各类资格考证培训。

3. 强化管理"接口"，促进专业发展积极主动

第一，每年安排经费120万元，建立全区幼儿园教师人事管理信息系统，落实资格审查、聘用流动、职称晋升及工资待遇等项目的全程监管。第二，将非编制教师依法纳入社保体系，监督民办幼儿园依法落实教师待遇。第三，每年组织"好园所、好园丁"评选表彰，促使全区幼儿教师专业水平大幅提升。

（五）升级工程：整体优化办园，打破质量提升之艰

1. 深化规范管理，完善评估标准与制度

第一，番禺区以规范化幼儿园建设为抓手，坚持"分类实施、整体推进、分级负责、政府奖励"的原则，区、镇（街）、村三级共同推进规范化幼儿园建设，以缩小区域之间、城乡之间、幼儿园之间的办学条件与办学水平的差距，促进学前教育均衡发展。第二，根据番禺区学前教育的实际情况，制定了《番禺区规范化幼儿园评估标准》《番禺区幼儿园保教质量分级量化考核实施方案》《番禺区托幼机构卫生评价流程指引》《番禺区幼儿教师岗位考核实施方案》等系列评估制度，规范幼儿园办园行为，以评促建、以评促发展。第三，依托北京师范大学刘焱教授主持指导的课题，培养质量评估监测的种子教师，建立一支立足实践、熟悉业务的专业化质量评估队伍，为区域质量评估与考核提供坚实的人员保障。

2. 课题实验驱动，专家引领与团队建设

加强与科研机构、高校合作，以政府购买服务的方式，引进国家教育行政学院、北京师范大学、华南师范大学等院校和团队指导课题研究，建立完善"行政发起推动—园所内驱发展—专家引领示范"的实验研究机制。自

2016年起,委托北京师范大学刘焱教授团队指导开展区域课题研究,邀请北京师范大学李敏谊教授牵头开展名园名教师3年培养计划。

3. 助力园本教研,建区域协同教研体系

首先,创新"大学区"教研。按照城乡区域及质量层次相应组合,划分5个学前教育责任区,建立"大学区教研"模式(见图4)和质量评价监测体系。其次,结合国家试验区项目,2016~2018年实施"三个六百万工程",即安排600万元开展教研共同体建设,探索研究区域保教制度样本、园本教研模式和质量监测体系;安排600万元开展特色课程建设,积极打造20所品牌名园;安排600万元对全区幼儿园实施分级量化考核,促进整体提升。

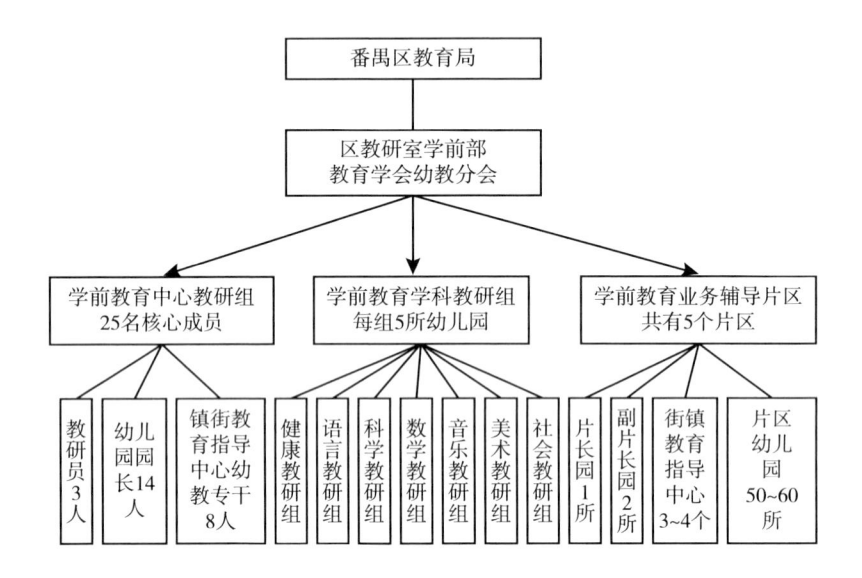

图4 番禺区教研共同体

4. 质量品牌深化,名园名师辐射与带动

近年来,番禺区制定了《关于开展特色品牌幼儿园创建工作的通知》,着力培育区域特色优质幼儿园,打造番禺区学前教育的品牌与名片。坚持"以创促建"之路,分别建立10个"名园长工作室"和20个"名教师工作室",区财政按照每年每个工作室5万元的经费予以专项支持。选取20所幼儿园作为试点,研究传承番禺本土岭南文化、融入幼儿艺术教育、注重幼儿习惯养成的区域特色课程体系建设。

三 番禺区公益普惠学前教育发展的改革成效

(一)学前教育规模逐步扩大,适龄幼儿入园全覆盖

近年来,番禺区学前教育公共服务的供给能力逐年提升,学前教育的普及与发展速度也显著提高。2019年番禺区园所数比2011年增加75所,增长了28.41%,公办园(含公办性质幼儿园)增加85所,增长了166.67%,民办园减少10所,减少了4.69%(见图5)。

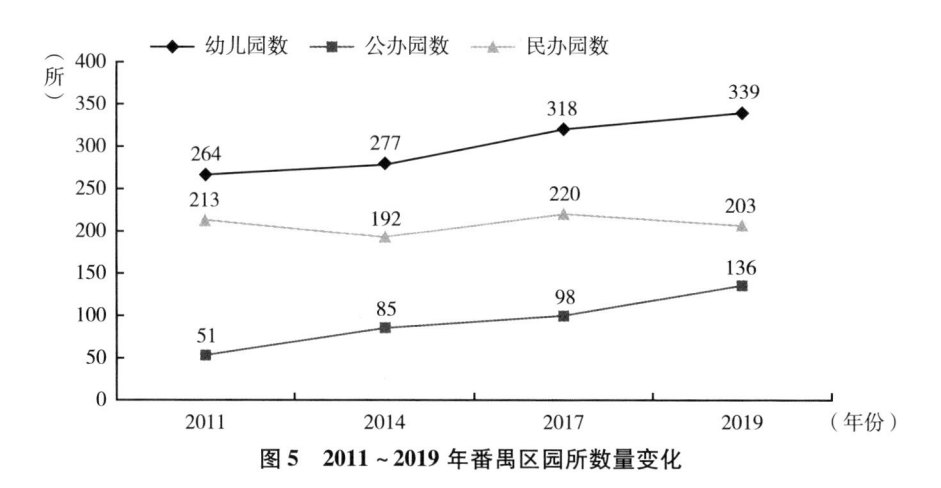

图5 2011~2019年番禺区园所数量变化

2019年番禺区幼儿园学位数比2014年增加27374个,增长34.79%,在园幼儿数比2014年增长26242人,增长40.62%,且2014年以来学位数逐年高于在园幼儿数,学前教育资源的规模与数量日益充足(见图6)。2019年番禺户籍在园幼儿数比2014年增加20833人,增长79.39%,2019年番禺户籍在园幼儿数超过非番禺户籍在园幼儿数(见图7),"全面二孩"政策下的"二孩"入学需求增长趋势逐渐显现,番禺基本实现了户籍与非户籍适龄幼儿入园的全覆盖,解决了户籍与非户籍学前教育资源分配难题。

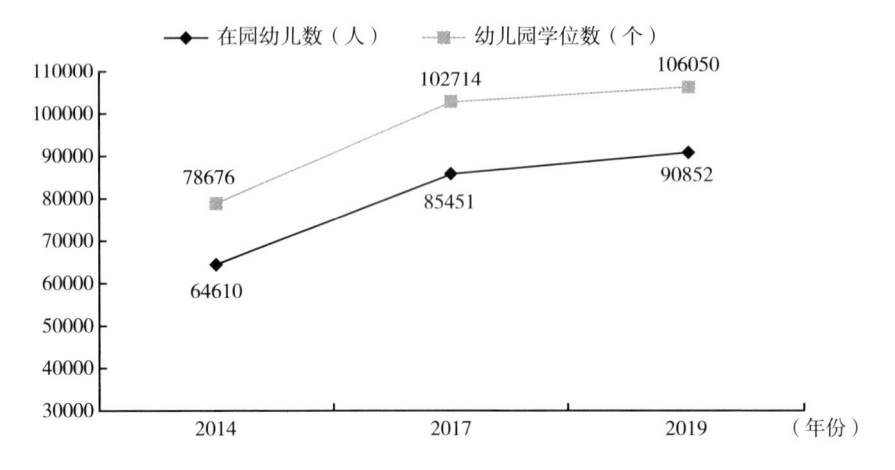

图6　2014~2019年番禺区在园幼儿数与学位数变化

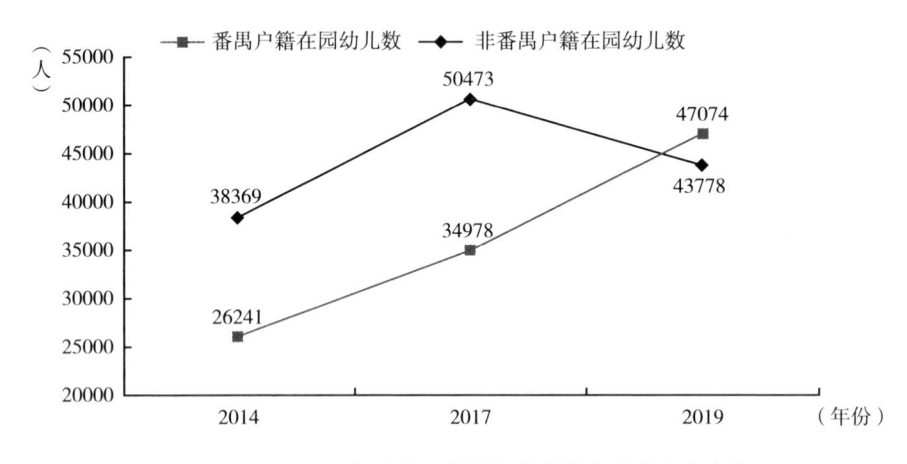

图7　2014~2019年番禺区户籍与非户籍在园幼儿数变化

（二）普惠资源逐步有序增加，供给结构不断优化

自2011年以来，番禺区普惠性学前教育资源逐年增加，尤其是公办学前教育资源大幅扩增。2019年，普惠性幼儿园的数量为289所，比2014年增加97所，增长50.52%；公办幼儿园数量比2014年增加了51所，增长60%。其中集体办幼儿园增加了23所，增长40%。自2013年以来，普惠性民办幼儿园逐年扩增，2019年比2014年增加46所，增长42.99%（见图8）。

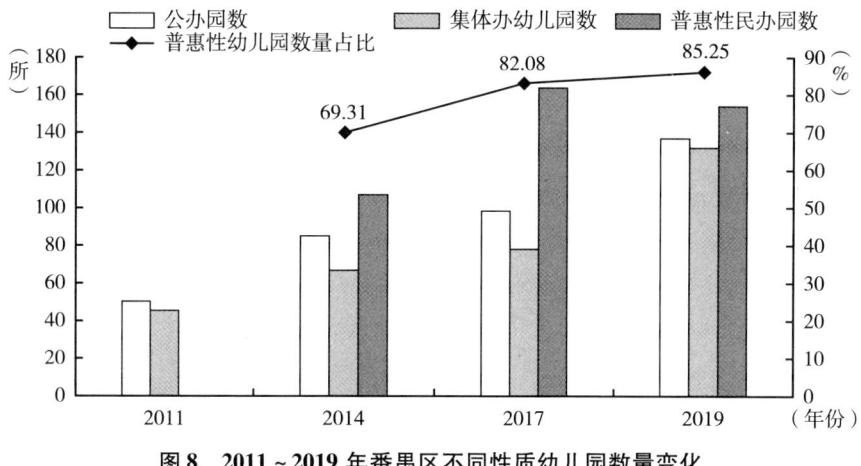

图8 2011~2019年番禺区不同性质幼儿园数量变化

2019年，普惠性幼儿园学位数达到94080个，比2014年增加45562个学位，增长93.91%，其中公办园学位数增加23784个，增长107.79%，普惠性民办幼儿园学位数增加21778个，增长82.33%，非普惠性民办幼儿园学位数减少18188个，减少60.31%（见图9）。2019年，番禺区幼儿园在园幼儿人数达到90852人，比2014年增加26242人，增长40.62%。其中，公办幼儿园在园人数比2014年增长102.64%，普惠性民办幼儿园在园人数比2014年增长57.79%，非普惠性民办幼儿园在园人数减少33.60%（见图10）。

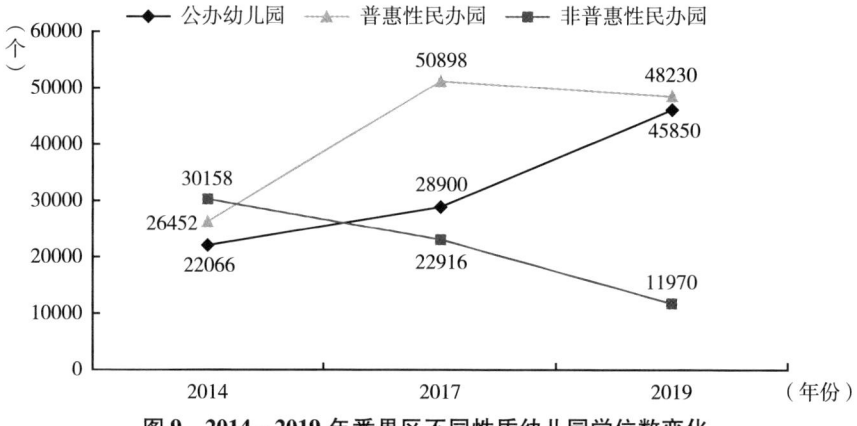

图9 2014~2019年番禺区不同性质幼儿园学位数变化

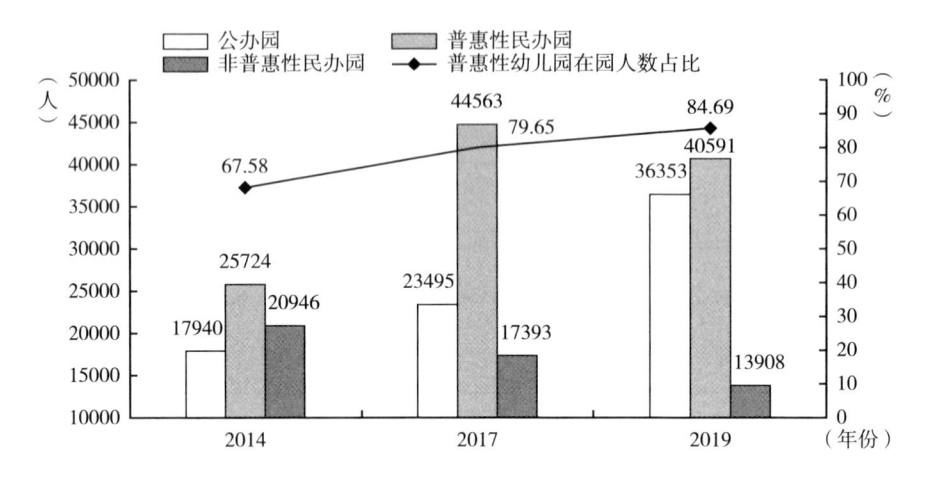

图10 2014~2019年番禺区不同性质幼儿园在园人数变化

从普惠性学前教育资源的结构来看，自2011年以来普惠性学前教育资源规模占比逐年提升，截至2019年，普惠性幼儿园园所数占比达到85.25%，比2014年提高了15.93个百分点；普惠性幼儿园在园人数占比达到84.69%，比2014年提高了17.11个百分点；普惠性幼儿园学位数占比达到88.71%，比2014年提高了27.04个百分点。其中，公办幼儿园资源总量增幅较大，2019年公办幼儿园园所数量占比达到40.12%，比2011年提高了20.8个百分点；在园人数占比达到40.01%，比2011年提高了18.62个百分点；学位数占比达到43.23%，比2014年提高了15.18个百分点。非普惠性民办幼儿园资源占比逐年降低，截至2019年，数量占比仅为14.75%，在园人数占比仅为15.31%，学位数占比仅为11.29%（见图11、图12、图13）。普惠性学前教育资源规模占比基本达到2020年的预期目标。

此外，普惠性学前教育资源的布局也在不断优化，截至2016年，16个乡镇均建设了高标准的乡镇中心幼儿园，17个常住人口超过4000人的行政村均建设了规范化的村办园；4500人以上居住规模的城镇小区至少建设了一所小区配套幼儿园。

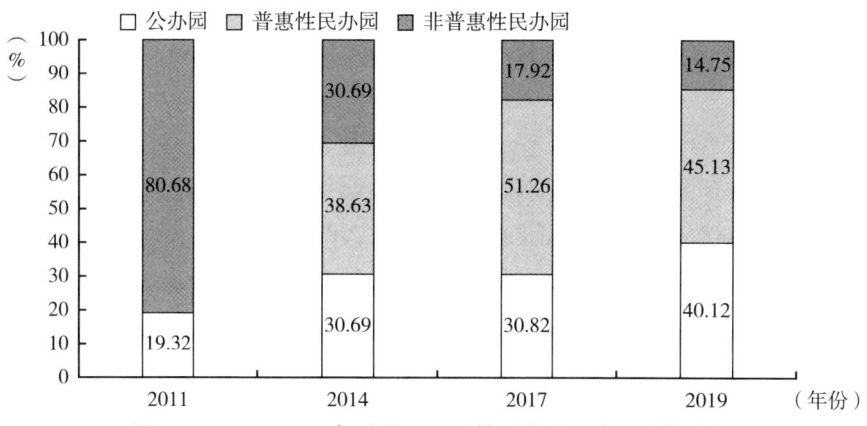

图 11 2011~2019 年番禺区不同性质幼儿园办园结构变化

图 12 2011~2019 年番禺区不同性质幼儿园在园人数占比变化

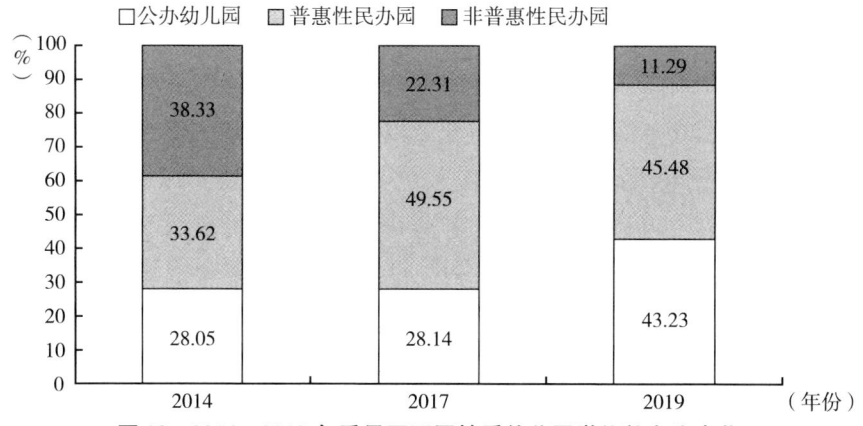

图 13 2014~2019 年番禺区不同性质幼儿园学位数占比变化

（三）普惠性幼儿园全面提质，转向园所内涵发展

在广州市学前教育第二期三年行动计划验收中，专家组评价番禺为广州市发展学前教育的龙头区、先进区。近年来，番禺区优质园所不断增加，幼儿园质量整体得到较大的改善与提升。截至2019年，省一级幼儿园17所，比2011年增加6所，增长54.55%；市一级幼儿园40所，比2011年增加21所，增长110.53%；区一级幼儿园130所，比2011年增加94所，增长1.61倍；未评估幼儿园仅为16所，比2014年减少45所（见图14）。

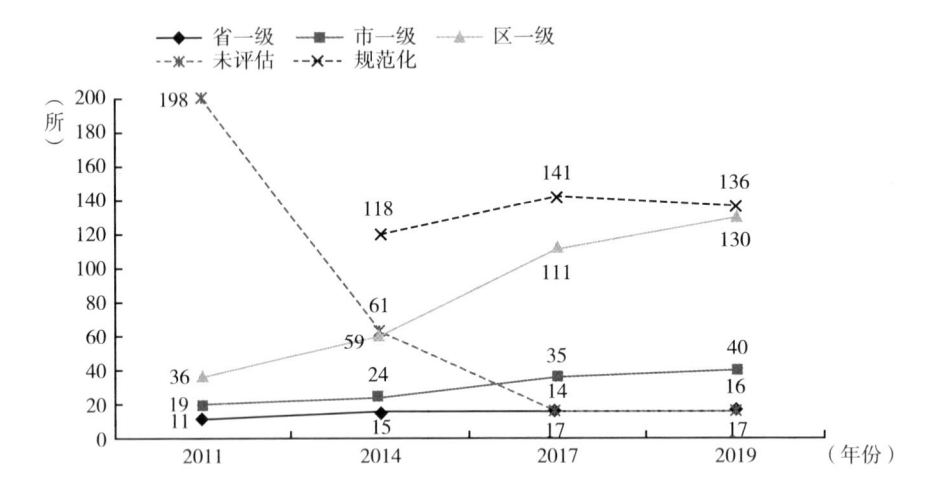

图14 2011~2019年番禺区不同等级幼儿园数量变化

从园所等级结构来看，番禺区优质幼儿园的数量占比逐年增加，整体结构不断优化。其中，2019年，规范化及以上等级幼儿园323所，比2014年增加107所，增长49.54%。其中，2019年省一级幼儿园数量占比达到5.01%，比2011年提高0.84个百分点；市一级幼儿园数量占比达到11.80%，比2011年提高4.6个百分点；区一级幼儿园数量占比达到38.35%，比2011年提高24.71个百分点（见图15）。

自2010年以来，番禺区政府加大对低质、无证园所的整治。2011年无证园数量达到135所；限期整改园所74所，占总园所数的28.03%，其中集

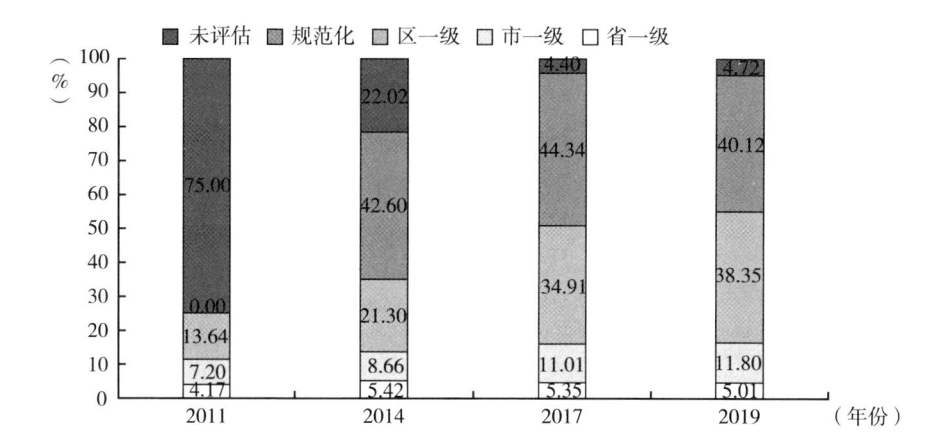

图 15　2011～2019 年番禺区园所等级数量占比

体办园达到 33 所，民办园 41 所。截至 2019 年底，未评估幼儿园数量占比降为 4.72%，比 2011 年降低了 70.28 个百分点，先后取缔了 38 所无证违规园所，撤销了 4 所条件简陋、质量低下的托幼园所，33 所幼儿园经整改取得办学许可证，全区幼儿园 100% 持证办园。

（四）财政激励扶持有序增加，园所发展动力提升

自 2011 年起，番禺区将学前教育经费纳入区财政预算，新增教育经费适度向学前教育倾斜，地方教育附加和教育费附加安排按比例予以落实。截至 2018 年，全区学前教育财政投入逐年上升，达到 31303 万元，比 2011 年增加 25803 万元，增长了 4.69 倍。2018 年财政性学前教育拨款达到 27665 万元，较 2011 年增加了 8.63 倍；其中公办园财政性学前教育拨款增加了 9.23 倍，民办园财政性学前教育拨款增加了 7.77 倍。2018 年，公办园生均经费标准达到 11670 元/年，比 2011 年增加 5807 元/年，增长 99.04%；公办园生均财政拨款标准达到 6101 元/年，比 2011 年增加 5016 元/年，增长了 4.63 倍（见表 2）。学前教育财政经费的持续增加，为普惠性学前教育发展提供了良好的财政保障。

表2 2011~2018年番禺区财政投入基本信息

项目		2011年	2012年	2013年	2014年	2015年	2016年	2017年	2018年
学前教育财政投入（万元）		5500	10602	16882	14050	17183	21697	29699	31303
学前教育专项经费（万元）		2785	6761	6435	6950	9249	9164	9057	11563
财政性学前教育拨款（万元）	总计	2872	7441	9169	14050	17182	21697	28937	27665
	公办园	1695	4093	4126	6308	6165	8985	17807	17343
	民办园	1177	3348	5043	7742	11018	12712	11130	10322
公办园生均经费标准（元/年）		5863	4517	4901	9420	8884	9362	10333	11670
公办园生均财政拨款标准（元/年）		1085	600	960	3516	2973	3824	5437	6101

资料来源：番禺区教育局提供。

（五）教师队伍建设稳步发展，专业水平不断提高

1. 提升教师待遇，增加财政补助与奖励

番禺区采取了多项措施用来保障和提升幼儿教师待遇。一是对区属公办园，2016年非在编教师年收入从6.2万元提高至8.2万元，2018年再次提高至10.08万元，镇街中心园参照执行。二是对集体办园和普惠性民办园，自2016年起增加从教津贴项目，教师每年领取补贴最高达2.04万元（每月生活补贴700~900元、从教津贴300元、社保补助500元）；自2019年起，教师每年领取补贴最高达3.48万元（每月生活补贴1000元、从教津贴300元或600元、社保补助1300元）。由此，截至2019年，番禺区公办园教师年人均收入66649元，民办园教师年人均收入57553元，较2014年分别增长53.60%、60.33%（见表3）。

表3 2014~2019年不同性质幼儿园教师年人均收入的变化

单位：元

年份	2014	2017	2019
公办园	43391	62520	66649
民办园	35896	58716	57553

资料来源：番禺区教育局提供。

2. 教师学历不断提升，资格证持有率不断提高

教师学历与教师资格证持有率是衡量师资队伍专业化与学前教育质量的重要指标。自2011年以来，番禺区全额资助幼儿教师参加大专以上学历进修，参加大专以上学历进修的教师达到3500多人次。截至2019年，大专及以上学历的专任教师占比达到了85.22%，比2011年占比提升了54个百分点，其中公办幼儿园专任教师大专及以上学历人数占比达到88.70%，比2014年提升了28个百分点，民办幼儿园专任教师大专及以上学历人数占比达到83.33%，比2014年提高了24个百分点（见图16）。

从2011年秋季起，规定新上岗幼儿园从业人员均应具有相应资格证书。截至2019年，番禺区教师资格证持有率达到了82.53%，比2011年提高了44个百分点，其中公办园专任教师持有教师资格证比例达到85.99%，比2014年提高了24个百分点，民办园专任教师持有教师资格证比例达到80.66%，比2014年提高了30个百分点（见图16）。

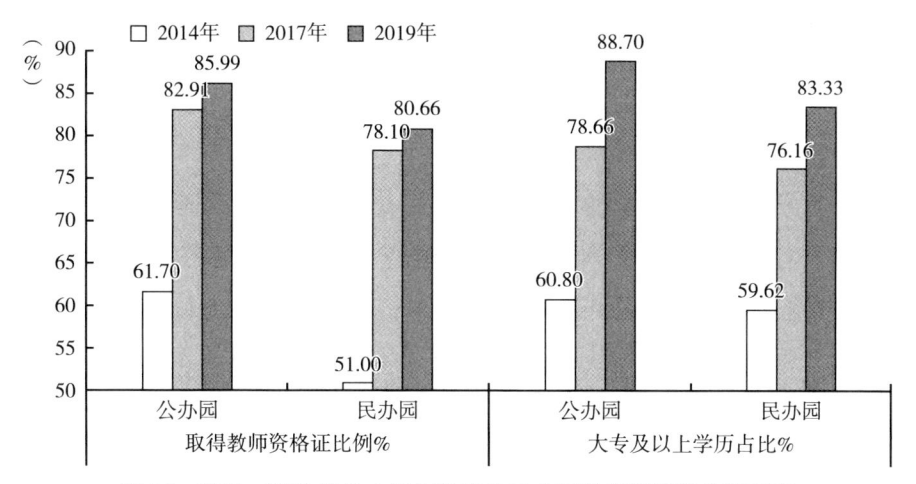

图16　2014～2019年公办园与普惠性民办园教师资格证持有率和大专及以上学历占比情况

3. 课题研究助力专业教科研能力不断提升

近年来，番禺区着力打造区域教师专业发展共同体，通过课题研究与园本教研提升教师专业教科研能力，2015年广东省基础教育课程改革立项12

个,占全市各区立项总数(25个)的48%;2016年区"十三五"教育科研立项45个,比"十二五"时期增加了42个,取得了飞跃性提升;13所幼儿园参加教育部立项课题"积极建构游戏对儿童思维发展的影响"的研究。截至2016年,《3~6岁儿童学习与发展指南》地市级实验园达到16所,县区级实验园达到50所。

四 番禺区普惠性学前教育公共服务体系建设的若干思考

(一)明确政府主导责任,立足区域抓重点聚力攻坚

番禺区建设有区域特色的普惠性学前教育公共服务体系的经验表明,普惠性学前教育公共服务体系建设是一项非常复杂的专业活动,关系民生,且涉及政府、市场与社会等多方力量博弈,仅仅依赖市场是无法实现的。[1] 必须明确政府的主导责任,需要相关部门之间明确分工与职责。为此,番禺区以政府的主导责任为基本前提,不断明确区、镇街、村/社区三级政府及相关部门的主要职责,以摸底调查、数据库建设为依托,循证、系统、整体、深入分析学前教育发展面临的主要问题,坚持"分类实施、整体推进、分级负责、政府奖励"的原则,直面村办园、无证园等发展现状与困境,采取一园一策、分层分类针对性谋划布局,制定好路线图与时间表,为普惠性学前教育公共服务体系建设奠定坚实的组织基础。

(二)制度与规划需先行,科学勾勒线路图与时间表

普惠性学前教育公共服务体系建设的实质就是系列制度安排的有效执行与落地,番禺区正视区域学前教育发展的困难与成果,通过人口需求摸底、未来布局规划等,梳理科学、合理的预期与规划,形成了适宜番禺区的区域普惠性学前教育发展总体战略预期,使普惠性幼儿园布局、供给规模与番禺

---

[1] 刘焱:《普惠性幼儿园发展的路径与方向》,《教育研究》2019年第3期,第25~28页。

区的人口分布、未来发展需求相适应，增强普惠性学前教育对人口集聚和吸纳能力的支撑。在此基础上，通过适宜的制度安排，细化具体、可行的发展目标与任务要求，优化学前教育空间布局。为此，自2010年以来番禺区高密度发布22个相关制度文件，科学、合理、可行的制度安排与发展规划为普惠性学前教育公共服务体系建设提供了制度依据与执行参考，规范了各相关部门的职责，提高了政府依法执政的效率。

（三）以供给侧改革为抓手，调结构巧布局破解入园难

学前教育发展的根本矛盾在于人民群众日益增长的学前教育公共服务需求与学前教育资源供给不足的矛盾。[①] 尤其在普惠性学前教育资源相对不足的情况下，如何破解流动人口中适龄幼儿入园问题是各大城市面临的难题之一。番禺区以人民群众的需求为导向，以供给侧改革为抓手，着力推动城乡学前教育公共服务专业化、标准化，构建设施完备、主体多元、供给充足、群众满意的城乡学前教育公共服务体系。为此，第一，普惠性学前教育供给对象全覆盖，突破户籍限制，平衡户籍人口与非户籍人口、业主与非业主家庭适龄幼儿入园问题。解决这一问题的基本前提是扩大普惠性资源，在坚持优先保障户籍人口、业主家庭子女的同时，通过电脑派位与自主报名相结合的原则，保障所有常住人口适龄幼儿入园。第二，供给布局优化，保障普惠性幼儿园覆盖所有乡镇、所有大型居住社区，制定针对性的扶持、补贴政策，重点倾斜农村地区，优先保障家庭贫困等处境不利家庭幼儿入园。第三，普惠性幼儿园结构优化，通过改扩建、增办新型公办园等多种路径扩充公办学前教育资源，聚力突破小区配套园治理，建立长效支持激励机制，扶持普惠性民办幼儿园可持续发展。

（四）扩量提质双重兼顾，坚持公平均衡与质量导向

如何平衡普惠性学前教育公共服务的规模与质量，是各地建设普惠性学

---

① 王培峰：《我国学前教育的五大结构性矛盾及其政策应对——兼论残疾儿童等弱势群体学前教育安排的政策思路》，《教育发展研究》2011年第6期，第25～34页。

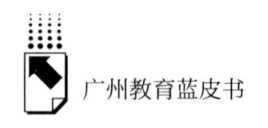

前教育公共服务体系必然面临的难题。番禺区在普惠性学前教育公共服务体系建设过程中，始终坚持扩资源与提质量并重兼顾的基本原则，以人民群众的基本需求为依据，综合考虑人口变化趋势，整体、系统、深入地做好摸底调查与前期规划，切实保障普惠性学前教育可持续性、教育公平。

第一期学前三年行动计划，以"规范办园"为关键词，规范办园行为与办学条件，以保基本、有质量为前提，以整体统筹与局部优先的思路，多路径扩大学前教育资源，保障每个乡镇、大型居住社区配备普惠性学前教育资源。第二期和第三期三年行动计划以"品质提升"为关键词，探索番禺区普惠性学前教育质量模式，打造区域质量提升平台，促进园所内涵式、品牌化发展，探索区域质量提升的有效路径。

（五）分层次针对性激励，保基本、促发展

建设普惠性学前教育公共服务，如何针对教办园、公办性质园、普惠性民办园的特点及发展阶段，全面、系统地制定切实可行的奖惩机制、激励举措，从而提高不同办园主体的办园积极性与质量改进主动性。[①] 这一问题亟待实践探索，也关系到在财政投入上大幅增加的同时，对于"投给谁、怎么花、投多少、投入的侧重点"等进行精细规划与合理布局，避免大水漫灌式投入，保障财政投入用到刀刃上。番禺区围绕"保基本、广覆盖、有质量"的根本任务，在摸底调研与大数据分析的基础上，分层次设计了针对性的激励扶持举措，并充分发挥"互联网+"平台，建立动态监管长效机制，保障学前教育公共服务的普惠性、公益性。

[①] 姜勇、庞丽娟：《以供给侧改革为抓手 推进普惠性学前教育公共服务体系建设》，《教育发展研究》2019年第8期，第17~25、48页。

B.12 2018年广州市海珠区小学生阅读力培养的实践研究报告

陈海燕 谢李文 林玉莹*

摘 要： 本研究提出阅读力"三维度五层级"模型，认为阅读力是指阅读者在阅读活动中所表现出来的阅读积累、阅读能力、阅读情意三方面的综合水平，阅读能力是阅读力的核心，包括"提取信息""解释与整合""分析与推论""反思与评价""应用能力"五个层级。区域性提升小学生阅读力应立足课堂主阵地，强化阅读策略学习的目标意识，优化课内外阅读教学，推进语文学科的阅读教学改革；构建"午餐故事屋"阅读资源库，实现课内外相互延展、家校联动的网状课外阅读课程，推进"全生"阅读；借助"智慧型成长阅读平台"，通过各学科的主题式阅读和跨学科的项目式学习，推进"全科"阅读。

关键词： 课外阅读 阅读力 阅读能力

一 研究背景及意义

（一）培养阅读力是培养核心素养的关键

核心素养是指"学生应具备的，能够适应终身发展和社会发展需要的

---

* 陈海燕，文学学士，广州市海珠区教育发展研究院副院长，高级教师，主要研究方向为语文教育教学；谢李文，教育学学士，广州市海珠区教育发展研究院小学语文教研员，主要研究方向为小学语文教育教学；林玉莹，教育硕士，广州市教育研究院小学语文教研员，主要研究方向为小学语文教育教学。

必备品格和关键能力"。中国学生发展核心素养以培养"全面发展的人"为核心，分为文化基础、自主发展、社会参与三个方面，综合表现为人文底蕴、科学精神、学会学习、健康生活、责任担当、实践创新六大素养。各素养之间相互联系、互相补充、相互促进，在不同情境中整体发挥作用。本研究认为，学生要学会学习、自主发展，要实践创新、参与社会，要具有丰厚的文化底蕴，都离不开阅读。"阅读力和教育力、学习力、创新力一样，是一个综合能力，是可以衡量一个族群、一个民族整体水平的标准。""阅读力，其实就是教育力、文化力、思想力的一部分，一个人如此，一个社会更是如此。"

阅读力是一个人关键能力的基础；阅读力是重要的学习能力。培养阅读力是培养核心素养的关键。

（二）阅读成绩与学科成绩呈显著相关

本研究运用SPSS统计方法，对广州市海珠区三所小学（海珠区实验小学、第二实验小学、瑞宝小学）的六年级学生2017学年第一学期的期末测试成绩进行统计，以学生的阅读测试成绩为自变量，分别以他们的习作成绩、数学应用题成绩、数学总成绩为因变量，来考查学生阅读成绩与习作成绩、与数学应用题成绩、与数学总成绩之间的相关性。三所学校的成绩统计结果显示，阅读成绩与习作成绩、数学应用题成绩以及数学总成绩均呈现显著的正相关。研究表明，学生的阅读成绩影响习作成绩、数学应用题成绩以及数学总成绩。阅读成绩好的学生，不仅语文习作成绩好，而且数学应用题成绩和数学总成绩都好。

（三）小学生阅读力有待提高

本研究于2018年4月对海珠区三至六年级学生的"阅读力"进行问卷调查。问卷分"提取信息""解释与整合""分析与推论""反思与评价""应用能力"五个维度进行设计，分教师问卷和学生问卷。学生问卷有效填写人次为17258，教师问卷有效填写人次为1200。结果表明：

1. 大多数学生对自身阅读能力的自我主观评价比较高，但随阅读层级的提高而逐渐下降。对具备"提取信息""解释与整合""分析与推论""反思与评价""应用能力"这五个层级的能力表现，选择"非常同意"和"同意"的学生合计超过70%，但随阅读能力层级的提升，比例逐渐下降。

2. 教师对学生阅读能力的评价低于学生自我评价，认为学生阅读能力不大理想。教师对学生的评价，只有对"提取信息""解释与整合"这两个维度中的部分能力表现评价较好，对其余子项评价均不理想。

对区内个别校长、部分骨干教师的访谈表明，他们普遍认为阅读力不强的学生比重不小，并认为喜欢阅读不等于阅读能力强，提升学生阅读力是一个复杂的过程。

总之，阅读力是小学生学习能力的重要基础，并直接与其各学科的学习能力相关。小学生的阅读力是国家、民族未来竞争力的重要因素，培养学生的阅读力，就是提升国家的竞争力。因此，无论从学生自身的学习能力的发展需要，还是国家、民族未来的竞争力来看，都应该重视培养小学生的阅读力。

那么，阅读力究竟是什么？有哪些因素影响阅读力？如何评价小学生的阅读力？如何培养小学生的阅读力？本研究对此进行了理论思考与实践探索。

二 小学生阅读力的界定与内涵

以阅读力的提升为核心价值，研究小学生阅读力的内涵和构成要素，是实现学科教学育人价值的前提和基础。本研究依托广东省教育科研"十二五"规划2014年度研究项目"PISA视野下发展小学生阅读能力的实践研究"（课题批准2014YQJK024），进行了文献研究和质性研究，解构阅读力的要素，建构阅读力"三维度五层级"模型。

（一）概念界定

从心理学角度看，阅读是一项复杂的认知过程，包括许多心理历程。从认知心理学角度来解释，阅读偏重于个体、个性心理特征的研究。而在当前

信息时代，阅读不仅是个体的行为，也是一种社会行为，是一种交流、交际的行为，也是学生现在和未来参与社会活动的行为。PISA阅读素养测试明确指出，阅读素养测试的目的指向是"为了实现个人发展目标，增长知识、发挥潜能并参与社会活动"。本研究培养小学生的阅读力，也是要培养学生能实现个人发展、参与社会活动的基础学力。

基于认知心理学理论对阅读的解释，在现有对阅读能力、阅读力研究成果的基础上，借鉴当前国际上权威性的PISA和PIRLS阅读素养测试理念，本研究认为，阅读力是指阅读者在阅读活动中所表现出来的阅读积累、阅读能力、阅读情意三方面的综合水平。既有"显性"的能力表现，又有"隐性"的情意因素，还有"阅读积累"的经验基础。阅读力既指向现在的能力，也指向未来的潜力，是动态发展的，是可以培养和训练的。

（二）阅读力的三维结构及其内在关系

阅读力的构成要素可以从三个维度进行分析：①阅读积累是基础，指阅读视野和生活体验；②阅读能力是核心，指提取信息、解释与整合、分析与推论、反思与评价以及应用能力；③阅读情意是动力，指阅读动机、阅读兴趣、阅读态度、阅读习惯。阅读力的内涵与构成要素见图1。

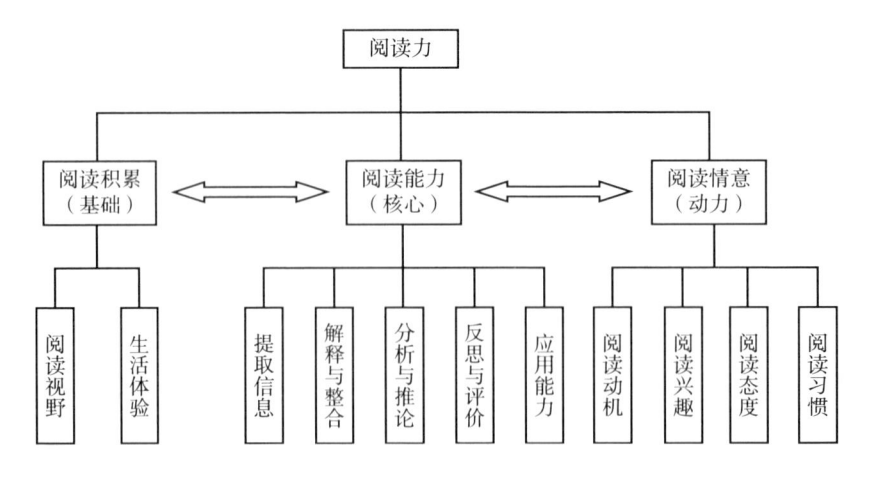

图1 小学生阅读力的内涵与构成要素

阅读积累与阅读能力的关系如图2。

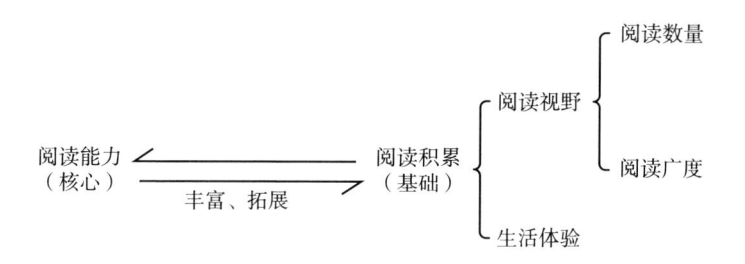

图2 阅读积累与阅读能力的关系

阅读情意与阅读能力的关系如图3。

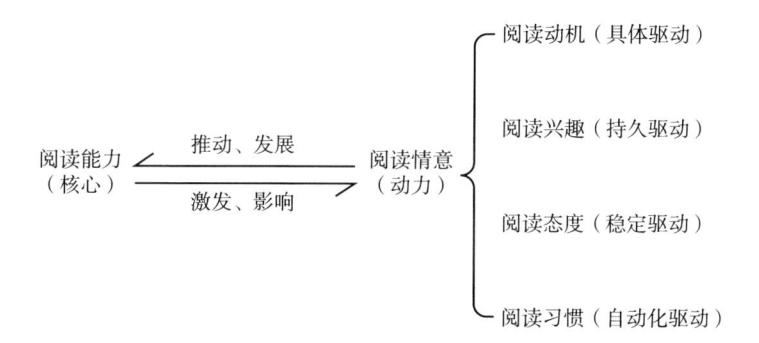

图3 阅读情意与阅读能力的关系

阅读积累与阅读情意的关系如图4。

图4 阅读积累与阅读情意的关系

阅读积累、阅读情意与阅读能力是相互影响、相互促进的，阅读积累、阅读情意和阅读能力共同构成阅读力。在培养小学生阅读力时，本研究以阅读能力这一核心要素作为主线，同时关注阅读积累的丰富与拓展、阅读情意的激发与培养，从而在整体上促进阅读力的培养与提升。

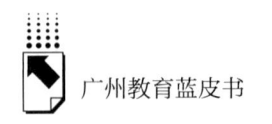

（三）阅读能力的五层级

在阅读力的三维结构中，阅读能力是阅读力的核心，明晰阅读能力的层级表现，有助于有针对性地加强阅读能力的训练，以提升阅读力。

基于小学生的认知特点，结合学生个体成长与未来世界生存的需要，本研究认为小学生的阅读能力应包括五个层级：提取信息、解释与整合、分析与推论、反思与评价、应用能力（见表1）。

表1 小学生阅读能力层级

阅读能力	能力描述	能力说明	举例说明
提取信息（信息检索与定位）	认读文本，找到信息点。在文本内提取直接表述的信息、明显的信息、关键的信息	1. 找到直接的信息点 2. 指出某种事实 3. 找到某个依据	●指出事件的主角，发生的时间、地点、背景 ●指出作者在文中明确表达的观点 ●找到得出某种结论的依据 ●指出直接陈述的某种事实
解释与整合（文本意义的建构：基本的理解）	对文本词、句的理解和解释；对文本整体感知，形成整体的理解	1. 解释词语、句子的表层意义 2. 根据某个主题提取相关信息 3. 概括文段大意 4. 概括文本主要内容	●根据句子的意思找到文中相应的词语、句子 ●用自己的话解释词语、句子的意思 ●概括小标题 ●概括段落、文章主要内容 ●梳理文本的写作顺序
分析与推论（文本意义的建构：深层的理解）	根据文本信息，联系阅读经验，建构阅读理解。分析某个问题，做出某个推论	1. 联系、对比、列举文本的相关信息，分析或说明某个问题 2. 推断词、句深层的含义 3. 推断文本隐含的主题、观点、写作意图等 4. 根据文本相关信息，预测某种结果、情节 5. 联系、对比、列举文本的相关信息，推断文外之意	●分析句子的深层含义 ●想象人物的心理活动 ●推断文中人物隐含的观点、态度 ●推断作者的写作意图 ●猜想故事的情节

续表

阅读能力	能力描述	能力说明	举例说明
反思与评价（对文本的批判性思考）	在对文本形成意义构建的基础上，对文本进行批判性思考	1. 评价文本的思想内容 2. 评价文本的语言表达	●评析人物的特点 ●评析作者的观点 ●鉴赏字词的精妙之处 ●鉴赏句子的修辞手法 ●鉴赏文本的篇章构思
应用能力（拓展与运用）	联系、运用文本的相关信息，解决新情境下的问题	1. 运用所识读的信息解决新情境下的问题 2. 联系文本信息，在具体新情境中提出新见解	●读懂故事的道理，联系生活中的例子谈体会 ●联系文本的信息，提出富有创意的方法或独到的感悟 ●运用所读信息解决生活的实际问题 ●运用所读信息解决新情境中的问题

阅读能力的五个层级大致是从提取信息、解释与整合、分析与推论、反思与评价、应用能力逐层上升的，第一、第二个层级属于基本的阅读能力，在小学低、中年级开始培养，第三至第五个层级属于高阶阅读能力，侧重在中、高年段培养。但是，这五个层级的能力也不是截然分开的。尤其是上一层级的能力往往是包含下一层级的能力，譬如，要进行信息的整合，首先要能够提取关键的信息；对文本进行反思、评价时，必须以整合、分析能力为基础。将阅读能力解析为五个能力层级，是为了明晰阅读能力的具体指向，以便有针对性地进行阅读指导和训练。

三 提升小学生阅读力的实践探索

如何有效地提升小学生阅读力呢？本研究的整体思路是：从课内到课外，从语文学科到各学科，从纸质阅读到多媒体阅读，从以能力培养为主到同时关注其相关因素。

（一）立足课堂主阵地，推进语文学科的阅读教学改革

培养小学生阅读力的主阵地在课堂，主学科在语文。传统的小学语文阅

读教学,往往是采取以教师为中心的高控制的阅读教学。改变这一状况,需要建构有效的提升小学生阅读力的阅读策略和教学策略,尊重儿童的身心发展规律、满足儿童的阅读需求。本研究在实践探索中,首先从语文阅读教学改革切入,以课例研究为示范,以实验小学、新港路小学、瑞宝小学等学校为试点学校,引领区域进行阅读教学的改革与实践。

2017年6月,本研究召开了课题研究的阶段性成果汇报会,在全区逐步推广运用,强化阅读教学的目标是指向十大阅读策略的学习与实践,构建指向阅读力培养的"四环节"阅读教学模式、实施课外阅读课内指导的三大教学策略。

1. 强化目标意识,指向十大阅读策略的学习与实践

阅读力的核心是能够恰当地运用各种阅读策略来进行意义建构,小学生可以通过学习并掌握以下十大阅读策略来提升阅读力。在阅读教学中,培养学生的阅读力,首要的任务是培养学生掌握一定的阅读策略。如果一个人能够在阅读过程中有效地运用阅读策略,就可以说其具备了一定的阅读能力;反之,如果一个人没有学会运用阅读策略,需要根据他人提示的方法进行阅读,则说明他的阅读力有待提升。是否能自主选用一定的阅读策略进行阅读,是阅读力高低的分水岭。

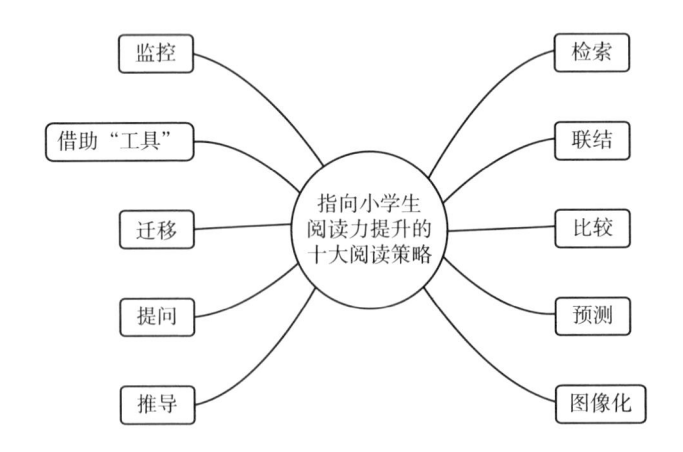

图5 指向阅读力提升的十大阅读策略

（1）检索。是指根据阅读的目的，从文献资料、文本信息中查找到自己需要的信息、资料。这是阅读中一个最基本的策略。大致的环节是：定标—定位—筛选。如在一个段落中筛选与所需要的信息直接相关的句子，在一个句子里筛选与所需要的信息直接相关的关键词语，从而确定与目标指向一致的关键信息。

（2）联结。是指在阅读中将相关的信息联系、结合起来。相关的信息可以是同一个文本或不同文本间的信息，也可以是阅读者已有的阅读积累。文本之间的联结，不仅是在同一个文本内，还可以是同类文本之间的联结，或者是与文本相关的时代背景、作者生平等相关的文本资源。

（3）比较。是指把有联系的两种或两种以上的事物加以对比，确定它们之间的异同及相互关系，形成对事物的认识。比较的策略，包括横向比较和纵向比较。比较的内容，可以是同一文本内进行比较，可以是不同文本之间进行比较，还可以是所读文本与原有的阅读积累进行比较。比较的策略，在培养分析与推论、反思与评价等阅读能力时是非常重要的阅读策略。

（4）预测。即根据文本的某些信息去预先猜测未知的内容或者文本没有写出来的内容。在阅读的过程中，对文本后面的情节、细节等进行预先猜测，就是预测。在阅读的心理过程中，预测能激发阅读动机、兴趣等阅读情意。通过预测，丰富文本的内容、细节，丰富阅读体验和理解，进一步拓展阅读积累。

（5）图像化。是指将文本的语言文字、数据等信息符号转化为脑海中的图像。通过图像化的策略，在脑海中将语言文字描述的内容转化为具体的图画、形象，以及将故事情节转换为动态的影像。图像化不仅包括平面的图像，还包括动态的图像；不仅包括视觉的想象，还包括听觉的想象。

（6）推导。是指根据文本内容以及阅读积累进行判断、推理，导出文本隐含的观点、原因或结论以及作者的写作意图等。这种推导要依据文本内容，是有理有据的。推导大致可以分为顺推和逆推两种，顺推就是根据文本的信息和已有的阅读积累，推断出结论。逆推就是根据结论，从文本中找依据、分析、推导出原因。

（7）提问。在阅读过程中，对有疑问的、感兴趣的内容、细节、观点

以及表达等提出问题，边提问边思考。提问的角度可以是多方面的，可以从内容方面提问，可以从表达方法的角度提问，可以在不同文本的比较阅读中提问，在群文阅读、拓展阅读中提问。

（8）迁移。是指将阅读文本中的某个信息、情境等，置换到另一个相似的或相关联的信息、情境中。这种迁移可以是置换到一个来自生活的真实情境，也可以是置换到阅读积累中的相似的语境，还可以是置换到一个虚拟的情境、创设的语境中。

（9）借助"工具"。在阅读中，面对多个相关联的信息，如何进行整合、梳理，如何比较、分析，小学生单凭抽象的逻辑思维，有时难以厘清思路，因此可以借助"工具"的策略来处理信息。这里的"工具"，指图表、示意图、思维导图等。借助"工具"的策略，有助于培养小学生整合、分析与推论、反思与评价的阅读能力。

（10）监控。监控的策略是属于元认知的策略，即在阅读过程中，阅读者自觉地确立目标，并根据不同的阅读材料、阅读目的来选择、灵活运用各种策略，调整各种阅读方式方法。监控策略是一种高级的阅读策略，是阅读能力、阅读情意和阅读积累三维度达到高水平融合的标志。

这十个阅读策略会在不同年段进行有针对性的侧重学习和运用，即低年段（一、二年级）侧重培养检索、联结和图像化策略；中年段（三、四年级）侧重培养借助"工具"、预测、推导和提问的策略；高年段（五、六年级）侧重培养比较、迁移和监控的策略。

2. 优化教学模式，构建四环节的课内阅读教学模式

阅读教学要以阅读力的培养为目标指向，在课内阅读教学中要设计有效的教学活动，指导学生学习运用恰当的阅读策略，培养提取信息、解释与整合、分析与推论、反思与评价、应用的阅读能力。本研究建构了四环节的课内阅读教学模式，教学模式如图6。

图6的教学环节，通过检测的方式检查学生初读课文后的阅读理解，培养提取关键信息的能力。同时，在课堂上通过"阅读小达人大闯关"的游戏形式，激发了学生阅读的兴趣，强化了阅读的动机，提高了阅读的效率。

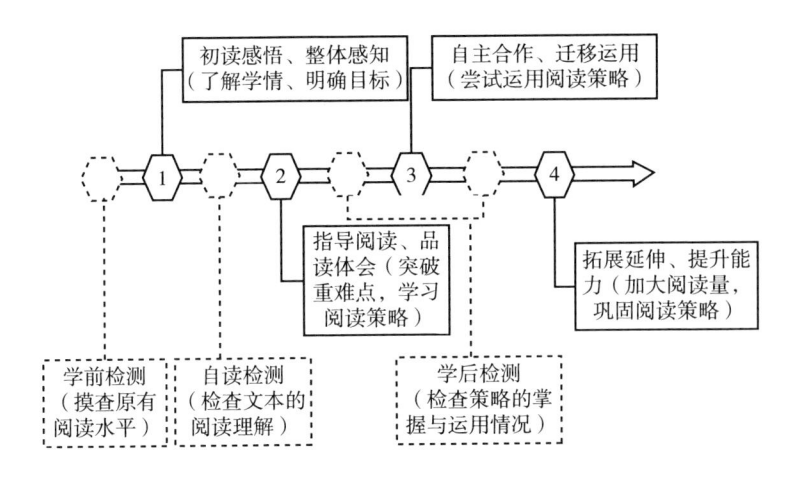

图6　指向阅读力的课内阅读教学模式

3. 提升课外阅读实效，实施课外阅读课内指导的三大教学策略

针对课外阅读大多是停留于布置阅读任务、进行自主阅读、缺少有效指导的现状，本研究有效地将课外阅读与课内阅读打通、联接，在课内教学中实施课外阅读指导的教学策略（见图7）。

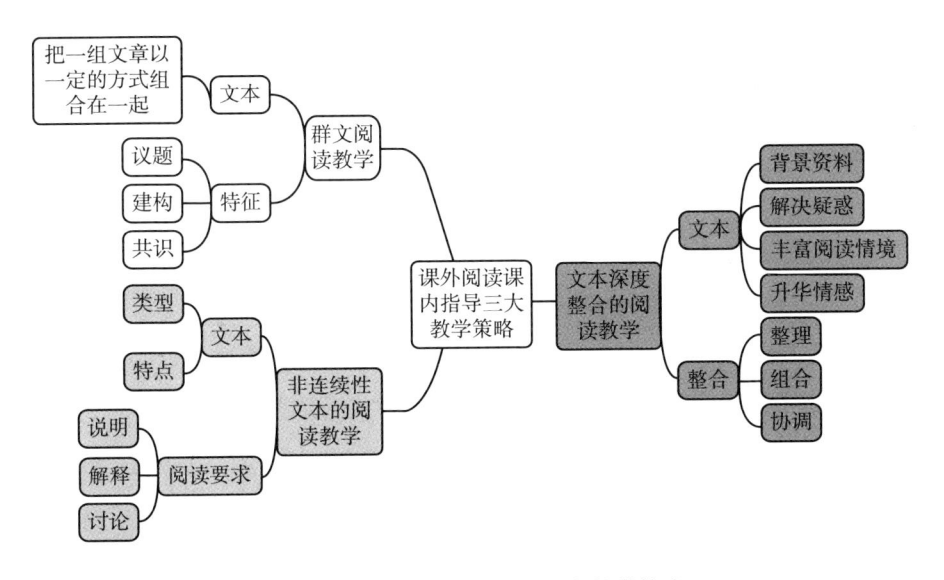

图7　课外阅读课内指导的三大教学策略

(1) 文本深度整合的阅读教学

整合是系统论的一个核心概念，就是打破原有各要素之间的封闭状态，促进各要素之间的优势互补，发挥整体大于部分之和的作用。相关要素经过整理、组合、协调之后，在整体优化的基础上产生了重组效应，进而成为一个系统且发挥更大的功能。通过引入相关文本补充背景资料、解决学生疑惑、丰富阅读情境、升华情感主题等，达到文本的深度整合。

(2) 非连续性文本的阅读教学

非连续性文本，是相对于以句子和段落组成的"连续性文本"而言的阅读材料，多以统计图表、图画等形式呈现。常见的非连续性文本有数据表格、图表和曲线图、图解文字、凭证单、说明书、广告等。非连续性文本具有直观、简明、醒目、概括性强、易于比较等特点。非连续性文本阅读有利于学生贴近生活阅读。

(3) 群文阅读教学

"群文"就是聚集在一起的一组文章。"群文阅读"就是把一组文章以一定的方式组合在一起，指导学生阅读，并在阅读中生发出自己的观点，进而提升阅读力。"议题—建构—共识"是群文阅读的三大特征，即师生围绕着一个或多个议题选择一组文章，而后围绕议题进行阅读感知、阅读理解、阅读评鉴和阅读表达的建构，最终形成共识和个人见解的过程。

（二）构建"午餐故事屋"阅读资源库，推进"全生"阅读

在推进语文阅读教学改革的同时，本研究思考如何推进区域全部学校的整体阅读，如何帮扶相对薄弱的学校，提供区域的阅读资源，促进东西部学校的阅读资源均衡。

本研究利用喜马拉雅FM这个国内最大的有声资源录制和展示的平台，创建了海珠教育"午餐故事屋"。从2017年6月至2019年4月，由区教育发展研究院小学语文科牵头，依托"海珠区'午餐故事屋'的建设与实施的研究"课题，根据教学需要，精选文本，录制故事，建立了

小学生听故事的有声资源库，以及与其相匹配的电子阅读文库，开发了低、中年级的课外阅读课程，实现了课内外相互延展、家校联动的网状课外阅读课程。

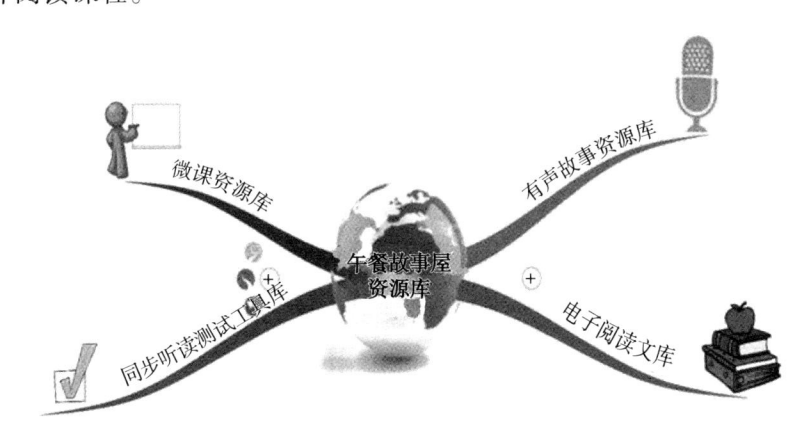

图8 "午餐故事屋"资源库建构

每天午餐时间，海珠区各小学的教室里就会播放"午餐故事"；课余时间，学生可以登录喜马拉雅FM平台，收听故事。听完故事，可以做阅读测试题。截至2019年4月16日，本研究团队在喜马拉雅FM平台里录制了1~3年级415个音频故事，拥有1.3万的"小粉丝"，收听人次超160万。

表2 "午餐故事屋"听读情况

项目	故事类型							合计
	绘本	神话、传说、寓言、名人故事	小说	科普	童话	粤语	
故事篇目(个)	141	85	37	72	61	19	415
收听次数(万人次)	58.1	40.6	6.2	30.8	21.4	3.7	160.8

"午餐故事屋"资源库的建设，不仅促进了阅读资源的均衡，而且还进一步拓展了学生的阅读积累、培养了阅读情意，推进了全区全体学生的阅读，整体促进了区域小学生阅读力的提升。

(三)借助"智慧型成长阅读平台",推进"全科"阅读

在推进学科阅读教学改革、均衡全区阅读资源的同时,海珠区注重借助广州市"智慧型成长阅读平台",以试点学校为依托,积极尝试推进全科的阅读实践。

1. 在各学科教学中,进行主题式的阅读

阅读是各学科学习的基础,每个学科的学习都要通过阅读获取信息,同时,通过各学科的学习,也在不断提升学生的阅读理解能力。因此,在各学科学习中,重视阅读情意的培养、阅读积累的拓展、阅读能力的训练,就能提升阅读力,同时促进学科的学习。

试点学校宝玉直实验小学对数学学科做了积极尝试。如二年级《讲故事·学数学》数学阅读活动课;学生阅读数学故事《数字0出逃记》《八戒分阅读桃》《空瓶换蜜有奥秘》《正方形寻亲记》;分享交流自己课外阅读的数学故事,如数学家《高斯的故事》和《小马虎买面包》等,让学生享受数学阅读的乐趣,获得数学的智慧启迪,提高语言表达能力和增强自信心。

2. 在项目式学习中,进行全科式的阅读

通过项目式学习活动,以阅读活动为主线,实现学科之间的整合,进行全科式阅读,更能激发孩子的阅读兴趣,培养实践能力、创新能力。如宝玉直实验小学联合了科学、美术学科教师,共同完成《探秘昆虫世界》的项目式阅读活动。该阅读活动设计的目标包括:①通过阅读了解昆虫的相关知识,能够绘制简单的昆虫图谱。能够根据阅读收获的知识,辨别生活中常见的昆虫。②能自主阅读《昆虫记》,学习写作方法。能根据计划把观察昆虫进行实验的过程写下来。③在阅读中对昆虫产生好奇,能够提出问题,与同学进行辩论和交流。④通过阅读了解保护昆虫的方法,尝试设计、制作昆虫保护宣传画;增强热爱大自然的情感和保护昆虫的意识(见表3)。

表3 项目式阅读《探秘昆虫世界》活动设计

序号	活动名称	活动说明	项目任务	推荐阅读书目	任务提交方式	涉及学科
1	奇妙的昆虫世界	了解各种昆虫，认识地球上不同类型的昆虫	1. 用思维导图形式绘制一份昆虫世界的图谱 2. 用"观察记录单"记录自己看到的昆虫	《恐龙昆虫海洋生物大搜查——昆虫知识达人》《昆虫世界大揭秘》《走进奇妙的虫子世界》	1. 思维导图 2. 观察记录单	科学 语文
2	"做个小小法布尔"	了解法布尔观察和描写昆虫的方法，进行实验和仿写	1. 对感兴趣的内容提出疑问，并尝试做实验验证 2. 写一篇观察实验作文	《昆虫记》《DK小博物学家昆虫研究》	捕捉和实验过程的图片，"观察实验"主题作文	科学 语文
3	昆虫保护宣传画	能够遵循主题设计的方法，尝试围绕主题设计、制作昆虫保护宣传画	给你喜欢的昆虫画像，并制作一张名片，召开"昆虫明星"大会	《小丑蜻蜓》	图片与简单文字展示	美术 语文

此项目式阅读活动历时约一个月，学生通过小组合作，共同完成学习任务。在这样的阅读活动中，实现了"全科式"的阅读，促进了学生阅读力的提升。

（四）发挥评价导向功能，研制阅读力评价工具

研究小学生阅读力的评价体系，进而研制能检测小学生阅读力的能力测试题和相关因素问卷，发挥评价的诊断、导向功能，这是培养小学生阅读力的重要内容。本研究研制了三至六年级阅读力评价工具，包括阅读能力测试题以及阅读力相关因素的评价问卷。

1. 研制小学生阅读能力测试题

阅读能力测试题根据小学生认知特点进行命制，力求体现以下特点。

（1）能力层级清晰。聚焦阅读能力的五大层级，根据三至六年级学生的能力要求，赋予适当的权重，形成鲜明的层级特点。有利于教师把握阅读

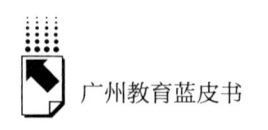

能力在不同年级的教学重点与难点。

（2）文本类型丰富。文本是阅读能力测试的主要载体。各年级测试题根据学生的认知特点，文本形式多样，如高年段连续性文本占75%，非连续性文本占25%；体裁类型丰富，包含各类文学性和实用性文体等。

（3）基于真实情境。测试注重检测学生在真实生活中使用书面信息的能力，各年级测试文本、命题都非常注重真实生活情境的再现，与儿童生活密切相关，解决生活中的问题。

2. 研制阅读力相关因素评价问卷

要比较全面地评价学生的阅读力，除了阅读能力的测试以外，还需要通过问卷等方式了解学生的阅读情意、阅读积累的情况。本研究运用常见的事实描述法和利克特量表法来编制问卷，通过"问卷星"面向家长、学生、教师设计了一系列问卷，了解影响学生阅读力发展的阅读动机、阅读兴趣、阅读量等相关因素的发展。根据问卷评价结果，导向日常阅读教学。

例如学生问卷里的"你阅读的目的主要是什么？"这一题目，主要是评价学生的阅读动机，其中，"为了感受阅读的快乐""为了丰富自己的知识和修养"属于内在动机，其他三项"为了语文考试拿高分""为了完成老师、家长布置的阅读任务""为了和同学、朋友有共同话题"则属于外在动机，根据统计结果，本研究就可以分析学生阅读动机是否强烈，是内在动机强还是外在动机强，根据此分析结果，就可以有针对性地改进阅读教学。这就是阅读测试促进阅读力提升的功能表现。

四 效果分析与反思

经过多年的探索，本研究在理论上建构了小学生阅读力的维度，明晰了阅读能力的层级以及与之相关的因素。在实践方面，本研究从语文学科的阅读教学改革起步，从课内外阅读的结合再到课外阅读资源的构建，进而推进全生阅读、全科阅读，推动了海珠区小学生阅读力的整体性提升。

（一）海珠区小学生的阅读力得到了整体的提升

1. 区域间对比，海珠区学生的阅读能力高于市平均值

2016年海珠区六年级学生整体阅读水平高于全市平均水平，区平均分高于市平均分3.22分。学生间差异也小于市平均水平，标准差低于市标准差1.84。说明海珠区六年级学生整体阅读水平表现较好，两极分化程度相对较小。

表4　2016年海珠区学生阳光评价测评数据

单位：分

项目	平均分	标准差
全市	77.07	12.33
海珠区	80.29	10.49
最高分	92.45	7
中线	80	10.37
最低分	72.04	13.86

2. 区内历年变化的对比，海珠区学生的阅读能力逐年提升

2019届学生在海珠区2018年六年级阅读测试中的成绩和2016年四年级阅读测试成绩相比，阅读能力有了较大的提高，提取信息、解释与整合、分析与推论层级的能力（这是小学阶段最主要的三个阅读能力层级）表现较好，得分率分别提高了5.2个百分点、29.51个百分点和16.47个百分点。

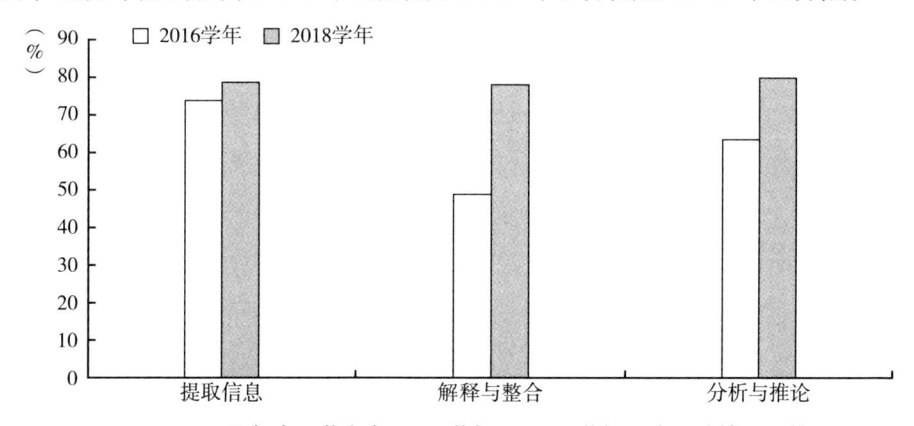

图9　2019届海珠区学生在2016学年和2018学年阅读测试情况比较

（二）反思

小学生阅读力的培养是一项复杂的工程，如何进一步促进阅读力三个维度的整体协调发展，如何有效推进"全生""全科"阅读，如何利用线上平台，加强家校合作促进学生阅读，如何更科学地评价学生阅读力水平等，需要进一步地研究与实践，以提升学生面向未来、面向核心素养的阅读力。

B.13
教研创新推动区域义务教育高质量发展研究报告

吴幸萍*

摘 要： 在政策环境和社会需求背景下，本文全面论述了教研创新推动区域义务教育高质量发展的四个方面的经验：以实践问题为导向开展实地调研；以教育科研为先导提升教研质量；以课程化教研为路径推动教师专业成长；以智慧教研为手段促进教学方式创新。针对校际教师水平有差异、新入职教师教育教学能力不足、学区化管理中教研工作深度不够、分数指标唯上的教育评价未能突破等问题，本文提出了扎实课堂教学研究、加大新入职教师培训力度、加强中小衔接的研究、区域推进智慧教育等今后发展的举措。

关键词： 教研创新 义务教育 高质量发展

一 工作背景

（一）政策环境背景

近年来，国务院和教育部相继发布了一系列重要的政策文件，加大推进

---

* 吴幸萍，生物学学士，中学生物正高级教师，广州市越秀区教师进修学校副校长，主要研究方向为中学生物教学和教学管理。

义务教育均衡优质发展力度。广州市越秀区政府和教育主管部门充分认识到推进义务教育高质量发展是"办人民满意的教育"的根本路径，制定和全面实施了《广州市越秀区推进义务教育均衡优质发展总体实施方案》及配套子方案，通过政策倾斜、分类扶持、资源共享、课程共建、课题共研、教研联盟等手段，扬峰填谷，促进不同层次学校间的联盟协同发展，实现了教育资源的优化配置，逐步缩小了学区间和校际的差距，提升了薄弱学校的办学质量。一流的教育需要一流的师资，一流的师资依托一流的教研，《关于全面深化新时代教师队伍建设改革的意见》的出台恰恰说明了教师队伍水平是教育质量的关键。在此政策背景下，越秀区着力在教研创新上下功夫，开展中小学教师全员培训，促进教师终身学习和专业发展；转变培训方式，推动信息技术与教师培训的有机融合，实行线上线下相结合的混合式研修；改进培训内容，紧密结合教育教学一线实际，组织高质量培训，使教师静心钻研教学，切实提升教学水平。

（二）社会需求背景

越秀区共有义务教育阶段学校87所（含民办3所），其中小学53所、中学30所（含民办3所）、九年制学校4所（含民办2所）。公办普通中小学规范化学校达标率为98.8%。义务教育阶段在校生95064人，其中流动人口子女超过10000人。办学基本标准情况：小学班额、设施设备、教师学历和生均公用经费达标率均为100%，其他指标达标情况为：生均建筑面积46所小学达标，占86.79%；体育活动场地40所小学达标，占75.47%；生均图书册数54所小学达标，占101.89%；师生比50所小学达标，占94.34%。中学生生均建筑面积、设施设备、班额、教师学历和生均公用经费达标率均为100%，其他指标达标情况为：体育活动场地19所中学达标，占63.33%；生均图书册数28所中学达标，占93.33%；师生比28所中学达标，占93.33%。

以上数据表明越秀区义务教育学校数量大，在校生人数多，在规范化办学方面取得了优异的成绩。然而，面对越秀区人民对高质量义务教育的需求，区域内优质教育资源不平衡、不充分问题依然突出，义务教育阶段学校校际教育教学质量的差距仍然存在。学校之间教育教学质量的差距关键原因是学校师资队伍整体水平的差异。因此，越秀区通过调查研究，实地蹲点，查找学校教师专业发展深层次问题，创新教研方式方法，带动了一大批教师快速成长，促进了义务教育均衡优质发展。

二 工作经验

（一）以实践问题为导向，开展实地调研

教学是学校教育的中心环节，课堂教学是学校教育的核心部分。教育的要求、内容、任务均需通过课堂教学落实，如不落实到课堂，教育就是一句空话。教师队伍建设是影响学校教学质量的关键，关乎学校的发展。教师队伍建设是一个系统工程，越秀区长期以来致力于以教研推进教师队伍建设。区教师进修学校是教师成长的孵化器，多年来越秀区以课堂教学为核心，多层面全方位开展区域教学调研。

1. 联合视导

由局长、局中教科、督导室、评估中心和教师进修学校多个部门组成联合视导，全面诊断、指导、服务学校的教育教学工作。调研内容有：①教育教学，包括新课程实验、学校教学管理、毕业班备考、课堂教学状态、校本研训、科组建设等方面；调研采取听取汇报、查看资料、听课评课、行政和学科教师座谈、现场反馈和问卷调查等形式。②课题研究，包括小学与初中教学衔接，义务教育阶段学生学科学习分化现状与原因及大面积提高教学质量的对策等。

2. 集体调研

区教师进修学校独立对中小学校进行部门集体调研，有意识、有目的、有针对性地研究和解决教学中的各种实际问题，不断提高质量。每学期坚持开展3次以上的集体调研，有以义务教育专项调研、中小学衔接专项调研、

阳光评价专项调研、毕业班工作专项调研、素质教育专项调研等为主题的集体调研。

3. 科组和个人教学调研

不同学校、学科组情况各异，具有优势特色的科组可能也存在弱点和不足，通过坚持科组调研与个人下校调研，有效地帮助了学校、学科组、新任教师解决实践难题。学科组存在一些共性的教学问题，例如，数学科加强对教材的分析与优化，加强对教学重点的把握；加强对练习的设计，多设计一些变式练习、开放性练习；让学生训练，画图的时间可以长些，让学生充分思考、表达，教师尽量少讲，应讲在关键处，让学生通过自己的内化达到掌握知识的目标。政治科加强课堂小结，加强课堂上的能力训练，特别是思维能力训练。信息科教师要进一步把握复习课的课型特征，提高复习课的课堂容量和效率，精讲巧练，查缺补漏，形成有效反馈。针对存在的问题，各学科组和教研员对学校进行调研，开展学科教学研究。

4. 蹲点调研

蹲点教研中，长期的调研、跟进、探索和创新，能有效地促进科组特色的形成，能帮助骨干教师提升教学能力、提炼教学经验、挖掘潜能发挥所长，形成个人教学风格。蹲点学校是教研员教学思想的着陆点、教学研究的试验田，蹲点调研是形成科组特色和个人教学风格的有效途径。

例如，八一实验学校是教研员的蹲点学校之一，十多年来，教研员以多层面的调研方式指导该校的教学工作，促进教师的专业发展和教学质量的提高。通过校本培训促进全校教师分析总结课堂教学现状，找问题，明方向。2018年1月，区教师进修学校在八一实验学校的校本培训中，以"高效·灵动——课堂教学现状分析与优化建议"为题，通过2008学年第二学期、2010学年第一学期、2011学年第二学期、2013学年第一学期、2014学年第二学期和2017学年第一学期共6次的联合视导和集体调研的数据和材料，对八一实验学校十年课堂教学基本情况做出分析，并对课堂教学优化提出了建议。

（二）以教育科研作先导，提升教研质量

教育科研是探求和解决教学实践问题的根本方法，提高教师教学能力、研究能力和教学质量是教研的主要目标。

越秀区以"中小衔接的实践与探索"课题为抓手，从教学目标、教学内容、教学策略、教学评价四个方面开展学科中小衔接研究。通过科组座谈、个人访谈、问卷调查等形式开展中小衔接情况调查；语文和英语学科组织七年级与六年级进行联合教研，为中小衔接提供互相学习和交流的平台。组织中小学教师互换角色进行教学研讨，如恒福中学何晓敏老师执教六年级《卖火柴的小女孩》，黄花小学刘敏老师执教七年级《音乐巨人贝多芬》等；组织老师撰写中小衔接的论文、教学设计等；2018学年数学科在七年级开展初小教学衔接系列教研活动（如表1所示）；以华侨外国语学校、八一实验学校等九年一贯制学校为基地，定期开展专题研讨，为老师开展衔接教学提供理论指导和可操作的范式。

表1　2018学年数学科开展中小教学衔接系列教研活动

项目	内容
一	1. 区专题讲座"中小学数学衔接教学研究与体会" 2. 区专题讲座"中小学数学应用题教学衔接研究" 3. 区公开课《实际问题与一元一次方程——方案选择问题》
二	1. 区专题讲座"中小学数学教法与学法的衔接" 2. 区公开课《实际问题与二元一次方程组》
三	1. 区专题讲座"无缝衔接，共促成长" 2. 区专题讲座"基于不同课型的中小学数学教学衔接研究" 3. 区公开课《从算式到方程（第1课时）》 4. 区公开课《实际问题与一元一次方程》

政治科以课题为引领，持续地、有条不紊地开展学科教研工作，连续八年以课堂为核心，依次举办了"优化课堂教学，促进均衡发展""聚集课堂均衡发展""优化课堂教学做好教学衔接促进均衡发展""不断调整策略，

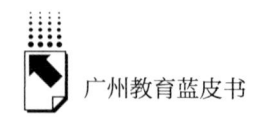

重视均衡发展""深入研究促进教学均衡发展的策略""实施均衡教学促进均衡发展"等教学研讨会,设立"广州市越秀区思想品德课教学均衡发展贡献奖"奖励项目,历时八年,以评促教,关注中下层学生的成长,推进区域学科教学均衡发展,成绩显著。

生物科针对教学中生物园建设存在的问题,进行长期的、艰苦的探索,创造性地提出了园地建设与校园绿化相结合、体现校园文化特色的建园思路,得到广泛推广。"中学生物园建设与应用研究"成果获广州市教研院首届基础教育教学成果特等奖、广州市教学成果培育培优项目奖。

其他学科开展了多项课题研究,如"义务教育阶段语文课堂学习共同体建设研究""基于现代学习论的中学数学基本课型教学研究""新旧版七年级英语牛津教材使用效果的对比研究""提升区域初中信息技术课堂教学质量的手段及策略研究""越秀区美术文化课程资源开发与利用的实验研究"等,其共同特点都是课题源于实际问题,通过研究探索出解决教学问题的思路和方法,在教学中产生积极的作用。

(三)以课程化教研为路径,推动教师专业成长

教研水平的高度决定了课程改革的深度和教师执行课程的力度。教研员应围绕教学问题展开思考、探索,组织教师团队研究、试验。教研活动的过程是思考层层深入、问题逐渐清晰、成果不断形成的过程。基于问题导向的系列化教研活动,可进一步研发适合教师需要的培训课程,教研成果的提炼和深化是教研员专业成长的路径。教研活动系列化是形成精品培训课程的基础。

近年来越秀区的教研活动呈系列化,以主题的形式展开,层次分明。如化学科初三年级的系列化教研活动,在课堂教学质量方面,开展以"创造更有魅力的化学课堂"为主题的系列课堂教学研讨活动,力求初三化学课堂教学达成"突出重点、突破难点、有趣有效、活力阳光"的目标。在学生学业质量监控方面,以"提升学生化学学科素养"为主题,组织开展初三化学单元教学测评的命题及质量分析活动,狠抓学生学业质量的形成性评价过程。在教师专业成长方面,以"做研究型教师"为主题开展系列教师

专业成长活动,包括"以学习为中心的实证研究""学生化学学习问题的发现与解决技术""如何选定中学化学教研课题"等系列专项培训活动。课程开设的形式是多样的,如在偏远的云山小学、九年一贯制的八一实验学校定点开设课程,方便教师学习。

区域研训以教育教学实际问题为出发点,把问题解决的过程变成教师专业发展的过程。提炼教学中的典型问题,研制开发有针对性的培训课程。教研员将优秀个案,如优秀的教学设计和课堂实录、评价方案和实例、课程资源等作为培训资源,与教师共同研究、分析、反思、讨论、评价。2018年区域开发的特色培训课程如表2所示。

教研是科研、培训的重要载体和生成点;科研是教研和培训的高位把握,能挖掘教研的深度,提升培训的高度;培训是教学与研究实施的策略和手段,能完善教师的专业结构,丰富教师的专业内涵,提高"教"与"研"的质量水平。教科培"三位一体"的研训模式,使教研有深度,教师专业发展有高度。这是区域教育均衡优质发展的有力保障。

表2 2018年越秀区开发的特色培训课程

类别	课程
第一类:统编教材培训	课程1:小学语文统编教材全员培训
	课程2:小学语文统编教材高级研修
	课程3:《道德与法治》课程实施
第二类:课堂教学实践研修	课程1:基于核心素养的初中数学不同课型教学课例研究。该课程内容涵盖:初中数学不同课型教学设计原理;初中数学概念课型课例分析与教学策略研究;初中数学规则课型课例分析与教学策略研究;初中数学解题课型课例分析与教学策略研究;初中数学复习课型课例分析与教学策略研究;初中数学测评课型课例分析与教学策略研究等六个主题
	课程2:核心素养背景下小学音乐课堂教学实践
	课程3:小学美术课堂中的有效提问
第三类:新教师培训	课程1:2018学年新教师见习期培训
	课程2:小学语文新教师培训
	课程3:小学英语骨干教师与新教师学习共同体的构建

续表

类别	课程
第四类：教师专业提升研修	课程1：秘密书架——小学语文教师专业成长的有效阅读 课程2：核心素养理念下的小学英语拓展阅读教学 课程3：中小学教师软式棒垒球运动教学
第五类：地域特色拓展研修	课程1：非遗项目进课堂 课程2：广州榄雕艺术传承

（四）以智慧教研为手段，促进教学方式创新

充分利用越秀区城域网互联互通的教育信息化体系，促进教育内容、教学手段和方法现代化，创新运行机制和管理模式，提高教师应用信息技术水平，更新教学观念，改进教学方法，提高教学效果；鼓励学生利用信息化手段主动学习、自主学习，增强运用信息技术分析解决问题的能力。推广智慧课堂应用的经验和成果，提供更加先进、高效、丰富、实用的优质数字化教育资源，促进优质资源的开放共享。

1. 互联网背景下教研方式的创新

（1）推广公众号教研

多所学校、学科和教师开设了学习公众号，在教学上做出了有益的尝试。区域教研时，学科推介优秀的公众号，分享教学经验。英语科建立英语教研公众号，开设"教研动态"、"交流学习"和"教师成长"三个栏目，发布核心期刊文章、课例点评和教研简讯等进行学习交流。

（2）创建网络教研新形式

网络教研活动主要围绕平时的教研内容展开，并根据研究的内容采用不同的活动方式，如集体备课、课题研究、教学论坛等。在活动设计中，强调教师之间的协作能力和实际解决问题的能力。网络环境下合作教研主要作为平时集体教研的补充，弥补其不足。越秀区网络教研逐步向课程化方向发展，政治科主要围绕"如何有效备课""如何有效设问""如何驾驭教材中的疑难问题""如何有效导入疑难问题""如何有效讲解疑难问题""如何培养解决疑难问题的能力"等话题展开教研。

2. 互联网背景下教学方式的创新

（1）微课教学的尝试

越秀区教育局高度重视微课教学，开展各层面的微课制作培训。各中小学校教师在日常备课中，根据自身的教学特长和本校学生的学习需要，积极开发课堂教学微课，体育科教师制作了120集的足球组合技术动作微课，并拟出版配套丛书。结合毕业班教学，各学科开发微课帮助学生备考，如数学科针对初三数学教学的重、难点内容和相关的例题和习题，开展微课建设。不少教师自主开发的微课还获得了省、市、区的学科教学比赛奖项。

（2）智慧课堂的教学探索

越秀区利用智慧教育的数字化、网络化、智能化和多媒体化等技术特点，促进开放、共享、交互、协作的教育方式转变，促进教学质量的提高。

智慧教室的小组协作学习模式，教师在使用协作学习模式教学时需根据学生的学习状况进行分组，学生在学习中遇到困难时，先通过小组讨论获得共识，在教师指导下，解决小组学习中存在的问题，再通过小组讨论理解消化，使每一个参与学习的学生都能对所学知识有一定的了解，教师提出的建议能够被学生较好地吸收。语文科开展的小组协作学习，作文辅导课由组长组织开展作文的互相点评，再由教师点拨；物理科推进"智慧走进物理课堂"，小组协作使每个学生都有任务，每个学生都可参与，发表个人意见，有思维的碰撞，相互讨论，共同提高。

智慧教室的个性化学习模式，学生在学习的时候不仅要具有沟通交流的能力，还应该具备个人的学习能力。学校利用国家、省、市、区各级的云平台，探索基于资源推送的个性化学习模式，尝试解决从现有的共性资源中，寻找支持个性化学习的个性资源。东风东路小学语文科以"启发思考、自主探究、协作交流"为主要方式，通过自学反馈、目标设定、个性品读、主题拓读、表达生成等五个环节展开教学活动，学生能在数据库中获取各种各样的知识，较好地达成小学语文课程标准中关于认知目标和情感目标的要求。

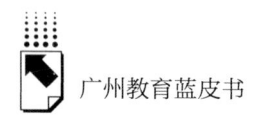

三 存在问题与展望

（一）存在的问题

1. 校际教师队伍建设水平存在差距

通过多年不断努力，越秀区校际均衡差异呈下降趋势。但薄弱学校教师队伍建设水平与名校相比存在较大差距，名教师、骨干教师少，缺少学科带头人，这将制约薄弱学校的发展，加强薄弱学校教师队伍建设，成为越秀区义务教育均衡发展所面临的重要任务。

2. 新入职教师教育教学能力尚待提高

新入职教师走上工作岗位，大学期间所学的教育知识和具备的教育教学能力不足以应付教育问题的复杂性。现有的新入职教师培训内容注重系统性，但可操作性和针对性不强，通常没有较好的策略和方法解决实际的教育教学问题。

3. 学区化管理探索中教研工作尚未深入

在学区化管理促优质均衡探索中，越秀区建立学区管理平台和管理机制，形成"资源共享、优势互补、错位发展"的学区建设特点，不断优化结构，逐步实现"教师联合培养、硬件资源融合、课题共同开发、研训相互结合、典型示范带动、资源共同分享、成果推广交流"的学区建设发展格局，较好地实现了效益的最大化。然而，直指课堂核心的学区教研尚未深入开展，目前多停留在相互听课、同课异构的层面上。

4. 分数指标唯上的教育评价传统惯性亟待突破

越秀区在课程教学改革方面推出一系列措施，在智慧课堂提升教学品质方面取得了较好的成绩，然而，对于究竟什么是高质量的教育、信息化手段如何助力中小学学业质量评价改革、开展什么样的评价、如何对待评价结果等关键问题，依然众说纷纭；受传统文化和升学竞争的影响，以学业分数和升学率为导向的评价仍然制约着课程改革的深入推进。课程的丰富性与评价的单一性之间的偏差，使得课程目标在实施过程中或多或少地"打折"。如何切实减轻学生的学业负担，回归教育本原，依然需要进一步探索。

（二）未来展望

1. 扎实课堂教学研究，促进教师教学水平和教学质量双提升

（1）坚持两头蹲点

教研工作抓两头，选择教学教研实力强的科组蹲点，培植教师发展其所长，集其学科组特点，提炼特色，搭建平台，辐射区域；选择薄弱学校薄弱科组蹲点，落实教学教研常规管理，尤其是教学内容的优化——突出重点、提高有效性。

（2）尝试镶嵌式教研

优势学科组和薄弱学科组通过共同备课、听课、命题等联合教研，薄弱学科组能得到好的资源，提升课堂教学能力，提高教学质量；优势学科组也有机会从另一角度审视本校的教学，对本校学科组的建设或有新思路，或受启发。这是一种双赢的新型教研方式。

2. 加大新入职教师培训力度，提升新教师教育教学能力

新入职教师培训是教师专业发展的起搏器，新入职教师培训项目旨在提高新教师准入门槛，夯实新教师队伍的专业基础，使新教师在优秀学科教学的浸润和指导教师团队带教的过程中，形成良好的教育教学行为规范，尽快成为合格的教师，整体提升区域中小学新教师的素质与能力。越秀区的教育基础、人文氛围和地理环境为打造新入职教师培训特色项目创造了十分有利的条件，培训应围绕职业感悟与师德修养、班级工作与育德体验、教学研究与专业发展、课堂经历与教学实践四大内容展开，注意可操作性和针对性。例如，从区域名班主任库中选出班主任实践导师，从区域特级教师、名教师中选出学科教学实践导师，对新入职教师进行一对一的教学指导，其间应设考评制度评价师徒结对的培训效能。

3. 加强中小衔接的研究，提高义务教育教学质量

中小衔接是提高义务教育质量的突破口。目前越秀区设立了4个中学学

区和6个小学学区,还成立了培正教育集团、育才教育集团,学区教研聚焦中小衔接的研究。区域两所九年制学校在中小衔接的研究中已取得初步成果:组建九年制大学科组、中小学一起开展校本教研、编写中小衔接教材、开展中小衔接的内容教学等。目前,数学科组在教学内容、教学方法、学习方法、学习心理的衔接上有较具体的操作并形成培训课程,今后中小衔接的研究将推及各学科,其成果将惠及集团和学区。

4. 区域推进智慧教育,构建信息化教育评价系统

(1) 实现对义务教育阶段学生学业质量全过程监控与立体化评价

学业质量监测评价管理是提高教学质量的生长点。探索区域备考管理新路,完善区域学生学业质量监测模式和工作机制。从微观评价、中观评价和宏观评价三个层面构建区域学业质量监测评价体系,坚持教学质量全过程、立体化跟踪分析,以系统化模式促进各个监测评价子系统的良性运行和持续发展,实现从体系、方法、反馈到应用的一体化,达成全区监测评价系统的整体效应最优化。从入口到出口各个重要阶段实施学业质量监测把关,对各校的教学过程质量和备考效能进行跟踪和指导,"教育行政决策层、督导"子系统——科学决策,以评促建;"学校、校长"子系统——扬长补短,改进管理;"级组、班主任"子系统——造势协动,跟进教育;"教研部门、教研员、中心组"子系统——锁定问题,靶向教研;"科组、备课组、科任教师"子系统——研究学情,以学定教;"学生、家长"子系统——量身定制,抓准突破口。通过课程对各层面成员进行培训。

(2) 构建智慧型学校教师评价体系,推动教育管理、教学研究和教学行为的转变

越秀区依托先进的越秀城域网智慧云技术,借鉴国内外经验,建立一套符合区域特点、能够解决区域实际问题的学校教育质量与教师发展评价体系。对教育人本价值、学生全面发展、学校内涵建设、教师专业成长做深度审视和实践突破,走出单纯理论研究范畴,探索综合评价和全面"健康体检"的机制与技术,建立以校为本、基于过程的教育质量综合评价和保障体系。具体工作包括:构建学校教师综合评价的模型,构建学校教师评价的

理论体系，健全和完善学校教师综合评价的评价标准及内容，健全和完善学校教师综合评价的测量标准，开发测量和评价工具，建立评价结果解释及应用系统，建立学校教师综合评价的标准化实施流程，解决学校教师综合评价长效运行的问题。对学校发展和教师成长实行持续跟踪发展性评价的完整运作，体现以师生成长为基础、以师生"幸福+成功"为目标的多元化、个性化、全面综合发展，评价教师关注"教学+教研"，评价学校关注"规范+创新"，对评价结果进行反馈，形成基于数据和实证的行政决策和教学改进的共识与习惯，让阳光评价的理念深入校长和教师的思维和话语系统中，形成全面的教育质量观。

B.14
区域推进高中学生发展指导工作的实践研究报告

黎耀威 李进成*

摘 要： 本文以方晓义的"5L & 5S高中生三级发展指导模式"理论为核心，结合番禺区的区域文化和各个实验学校的学校特色进行实验，提出了三维五步分级发展指导模式：教育局、科研机构（大学）、学校三个机构分工合作，开展学生需求评估、学校方案制定、学校方案实施、学校工作评估和学校工作改进五步工作。由此提出包括管理机制、专家引路、学校内涵、个性方案、资源平台、保障机制等六大策略的番禺模式。

关键词： 番禺区 高中学生 发展指导

一 工作背景

（一）政策背景

2003年，教育部在颁发的《普通高中课程方案（实验）》中第一次明

---

* 黎耀威，教育学硕士，广州市番禺区教育局教学研究室主任，中学高级、省特级教师，主要研究方向为教育管理、综合实践、学生发展指导；李进成，硕士，广州市番禺区教育局教学研究室生涯教育教研员，中学高级教师，主要研究方向为教育理论、德育、生涯教育。

确提出了"培养学生具有强健体魄、顽强的意志,形成积极健康的生活方式和审美情趣,初步具有独立生活的能力、职业意识、创新精神和人生规划能力"的教育目标,这是我国第一次以政府文件的形式对高中阶段的"人生规划"教育提出目标要求。教育部《中小学心理健康教育指导纲要(2012年修订)》明确指出,高中年级的心理健康教育内容包括:帮助学生在充分了解自己的兴趣、能力、性格、特长和社会需要的基础上,确立自己的职业志向,培养职业道德意识,进行升学就业的选择和准备,培养担当意识和社会责任感。

《国家中长期教育改革和发展规划纲要(2010—2020年)》指出,"建立学生发展指导制度,加强对学生的理想、心理、学业等多方面指导",并要求为学生"提供更多的选择"。因此,建立区域层面的推进高中学生发展指导工作开展的有关机制,确保该项工作有序、高效进行就显得非常有必要。

(二)区域背景

2015年暑假,番禺区教育局与北京师范大学、广州大学联合开展了区域推广高中学生发展指导实验的项目,选取了广东仲元中学、广东番禺中学、番禺象贤中学、番禺石北中学、番禺南村中学、番禺实验中学6所学校作为实验学校,从全面推进、协同研究、共同发展、资源共享等层面展开了深入研究。

虽然番禺的教育质量不断提升,一直位居广州市前列,但是随着社会发展、经济转型、百姓生活水平改善,很多学生对学业成就认识不足,对未来前途感到迷茫,尤其是在改造拆迁过程中富裕起来的地方,学生学习动力不足、沉迷于物质享乐的思想非常严重。为了引领学生树立远大理想,对各种职业有更多的了解,根据个人兴趣特长做好人生规划,系统科学地做好自己的生涯规划,番禺区以生涯教育为切入点,激发学生学习动机,计划开展高中学生发展指导实验。

二 工作模式

（一）番禺模式的理论基础：5L & 5S 高中生三级发展指导模式

番禺区高中生发展指导实验研究主要以"5L & 5S 高中生三级发展指导模式"理论为核心，以促进全体学生积极发展、构建学校学生发展指导机制、提升高中办学水平为目的，系统开展高中学生发展指导教育改革实验。

"5L & 5S 高中生三级发展指导模式"包括几个重要的部分：

1. 发展指导理念的转变，强调发展指导要转变过去很多理念；

2. 发展指导制度的建立，为保证发展指导的顺利进行，要建立适合学校的发展指导制度、机构和机制；

3. 发展指导内容的多样性，强调学生的发展任务是全面而有层次的，包括品德、心理、学业、生涯、生活各个领域；

4. 发展指导的层级性，指导模式根据学生的不同需求而分为三个层级：一级指导、二级指导、三级指导；

5. 发展指导的步骤性，通过具体可操作的发展指导步骤来进行学生发展指导，促进全体学生健康而有个性地成长。

"5 Learning"包括：学会做人（Learning to behave）、学会健康（Learning to be healthy）、学会学习（Learning to study）、学会工作（Learning to work）、学会生活（Learning to live）。"5 Steps"包括：学生需求评估（Step 1）、学校方案制定（Step 2）、学校方案实施（Step 3）、学校工作评估（Step 4）和学校工作改进（Step 5）。

（二）三维五步分级发展指导模式

针对高中学生发展指导的五个领域，学生发展指导工作的顺利开展有赖于一套科学、有效的工作机制。既需要管理部门的统一协调，也需要科学的理论指导，更需要每个学校因地制宜地开展创造性的工作。因此，番禺区教育局根据实际情况，充分利用大学城的教育资源，探索出了三维五步分级发展指导模式。

"三维"是指教育局、科研机构（大学）、学校三个机构分工合作。充分发挥区教育局的领导作用，建立区级学生发展指导领导小组，充分利用大学的学术资源，成立专家指导团队，每个学校配备固定的专家团队，定期到学校指导相关工作。充分分析学校特色，挖掘校本资源和当地家长与社区等社会资源，结合学校实际情况，探索学校的具体实施模式，不断探索一条具有番禺特点的学生发展指导工作机制。

"五步"包括：学生需求评估（Step 1）、学校方案制定（Step 2）、学校方案实施（Step 3）、学校工作评估（Step 4）和学校工作改进（Step 5）。首先依据北京师范大学方晓义教授团队研发的有关测评系统，在开学初对番禺区高一高二学生进行全面测试，然后写出每个学校每个班级每个学生的测评报告。学校根据测评报告在专家的指导下制定有针对性的工作方案。学校根据工作方案开展有关学生发展指导的相关工作，在工作期间专家组定期到学校进行视导。每学期对学校的有关工作进行评估，在评估的基础上总结经验，发现不足，改进和完善方案。

分级发展指导：由于成长环境和个体的差异，学生的发展水平和需求有所不同，所以需根据指导范围的不同，通过多种指导途径来满足学生的成长需求。番禺区高中生发展指导实验学校构建的三级发展指导模式及代表性活动见表1。

- 一级发展指导：面向全体学生，主要通过课程渗透、主题班会活动、校园文化活动、发展指导课程等形式进行指导。
- 二级发展指导：面向部分学生，主要通过社团活动、主题讲座、团体辅导、选修课等形式进行指导。
- 三级发展指导：面向个别有特殊发展需要和问题的学生，由发展指导教师对学生进行心理咨询，专业导师组的导师对其进行个别指导。

表1　三级指导模式的具体形式与代表性活动

三级发展指导模式	指导目标	学生范围	指导方式	代表性活动
一级发展指导	发展	全体学生	课程渗透 主题班会活动 校园文化活动 社会实践活动 发展指导课程	模拟人才Mall活动,"我的未来我做主"演讲比赛,"扬帆·竞渡·领潮"计划——班级三年发展规划,学业指导校级交流活动,参观广汽集团
二级发展指导	发展 预防	部分学生	主题讲座 社团活动 团体辅导 选修课	大型团康活动——"激情高三,追逐梦想,桥梁承重校园设计大赛,学生常见心理问题的识别及应对,"携手共进,永不独行"心理健康教育活动,心理压力释放——"彩绘曼陀罗"校园减压活动,"心动剧场"校园心理剧。
三级发展指导	发展 矫治	个别有特殊发展需要和问题的学生	心理咨询 个别指导	学生常见心理问题的识别及应对

三　番禺模式的实施策略

（一）建立区级学生发展指导管理机制

番禺区教育局牵头成立"广州市番禺区中学生发展指导实验研究领导小组",由区教育局局长任组长,副局长任副组长。领导小组下设"发展指导办公室",负责统筹制定具体的实验方案,明确具体任务、实施步骤和进度安排,实施实验项目的组织、研究、指导和推进工作。此外,为确保实验项目的顺利开展,提高导师的指导能力,领导小组成员还包括教研室、组织人事科、基础教育科、督导室和进修学校等部门领导。发展指导办公室设在教研室,由教研室主任担任办公室主任,同时教研室又配备了生涯教育教研员,成立番禺区生涯教育研究中心,整合各个学校的教育资源,开发区域生涯教育课程,为学校有序有效开展生涯教育工作提供课程保障。

（二）组建专家指导团队

实验学校积极转变观念,处理好与各项工作的关系,如与"教育质量阳光评价"实验工作相结合，与当前教学改革、德育要求、质量提升需要的常规工作相结合；在国家层面尚未推开实施时，乐做先行者，加强队伍建设，借力专家资源提高教师发展指导的技术素养，促进教师队伍的专业发展，推动优秀教师群落的形成，配套实验协同推进学校办学水平的提升。

（三）挖掘学校内涵发展元素

在正式开展实验项目之前，专家团队先后走访了六所实验学校，就如何开展学生发展指导工作开展调研，并指导各个实验学校建立学生发展指导制度，筹建发展指导委员会、指导中心、导师组，明确实验学校职责。调研中，深入了解各实验学校在学生发展指导方面已存在的特色，并确定各学校参与实验研究的重点方向、内容和特色。

在测评、专家论证的基础上，确定每个实验学校重点研究方向，凝练特色，并全面开展学生发展指导工作。开展学生需求调查、制定指导计划、实施计划、评估效果、改进实施方案，以培养学生积极向上和自主发展的良好心理品质，促进学生个性潜质的充分发挥，进一步推进学生核心素养全面健康发展，为学生获得步入下一阶段学习、生活与工作的能力，成为适合社会发展需要的合格公民和优秀人才奠定坚实的基础。

（四）制定学校个性化指导目标和实施方案

在前期调研基础上，根据学校的实际情况，为六所学校制定了个性化的指导目标和实施方案，各个学校侧重于某一方面的实践研究。具体见表2。

表2　各实验学校重点研究方向及其目标

实验学校	重点研究方向	5Learning	主要目标
仲元中学	学业发展指导	学会学习	理解学业任务和目标,激发学生的学习兴趣,改进学习方式,制定学习计划,提高学生的学习能力
番禺中学	心理发展指导	学会健康	理解自己,学会心理调适,提高学生心理健康和幸福感水平

续表

实验学校	重点研究方向	5Learning	主要目标
番禺象贤中学	生涯发展指导	学会工作	理解职业与工作,发现个人的潜能和特长,初步选择职业发展方向,促进学生生涯发展
番禺石北中学	品德发展指导	学会做人	理解社会和他人,学会交往和责任,促进学生品德、价值观的发展
番禺南村中学	生活发展指导	学会生活	理解生活的价值,提高学生生活技能,使学生成为一个有品质的人
番禺实验中学	学生发展指导课外实践模式	综合实验	通过实验项目检验学生发展指导的有效性,并探索学生发展指导实践课程模式

（五）整合多方资源平台

为充分发挥校外资源对高中学生发展的促进作用,番禺区各实验学校在三维五步高中生分级发展指导模式引领下,以学校为基点建立了"校外支持组织"和"社会资源组织"。据此,教育局鼓励各学校围绕学生发展搭建"教育局—学校—专家—家庭—社会"互助共享平台,实现校内外协同,共同为促进学生发展助力。具体见图1。

教育局：为各学校顺利开展学生发展指导工作提供有力保障,例如：设立"学生发展指导"专项课题,鼓励一线教师加入学生发展指导工作；为实验学校开展学生发展指导提供必要的经费支持。

学校：建立学生发展指导委员会,并配套相关的规章制度；为开展实验项目提供支持,鼓励教师参与学生发展指导项目。

专家：专家的引领是学生发展指导工作落地番禺的有力保障。一方面,邀请专家对实验学校发展指导教师进行培训,提高学生发展指导职业技能、专业水平；另一方面,与广州大学合作开展高中学生发展指导实验项目,邀请专家走进学校,实现点对点的专家指导。

家庭：家长资源是学生发展指导工作需要争取的重要资源,家长的职业经验、生活经验对学生发展具有重要的促进作用。因此,实验学校开展了系列活动鼓励家长参与学校管理。例如,仲元中学成立家长委员会,邀请家长担任学生发展导师；番禺实验中学召开家长职业宣讲日，邀请诸多奋斗在各行各业的家长来学校做职业宣讲。

社会：社会资源的组织可为学校发展指导工作提供更为专业的建议，也可为学生提供社会实践的场所，使学生了解各行各业，同时也有助于发现学生各方面的能力、兴趣和爱好。例如，仲元中学开设了"真人图书馆"，通过邀请来自传媒、法律、管理、艺术等各领域的行业精英与高中学生见面，分享他们的行业经验和见解，搭建起一个平台让学生与社会有更多接触，更真实、立体地了解社会现状与需求，促进学生对自身梦想的认知，从而更清晰、准确地制定出实现梦想的方案，这也是鼓励和促进他们在高中阶段努力前进的强大内驱力。

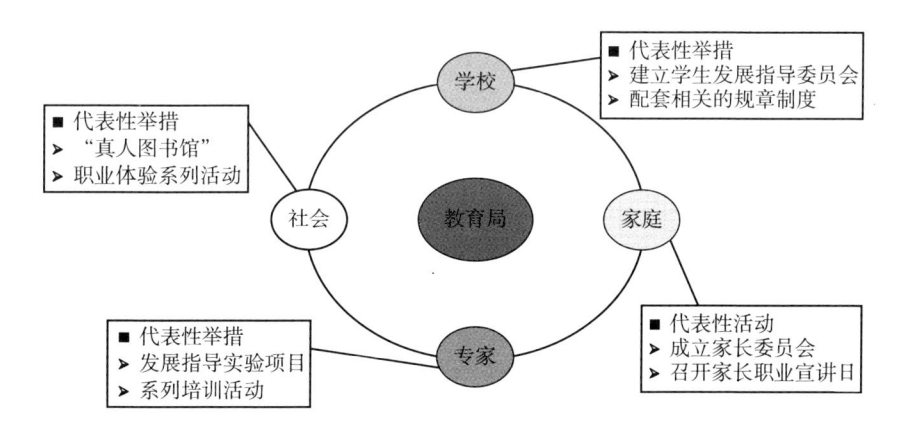

图1 "教育局—学校—专家—家庭—社会"互助共享平台

（六）构建保障机制

1. 制度保障

为了保证该项目的实施，番禺区构建了中学学生发展指导体系，具体见图2。同时制定了一系列制度，主要有《番禺区"高中生发展指导"项目实验学校行动方案》《高中学生发展指导组织架构》《学生发展指导教师工作总结报告》《学生发展指导教师工作档案》等，这些制度对学校开展发展指

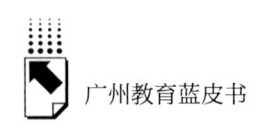

导工作做出了规范，也有了具体的工作抓手，同时也起到了一定的监督评价作用。

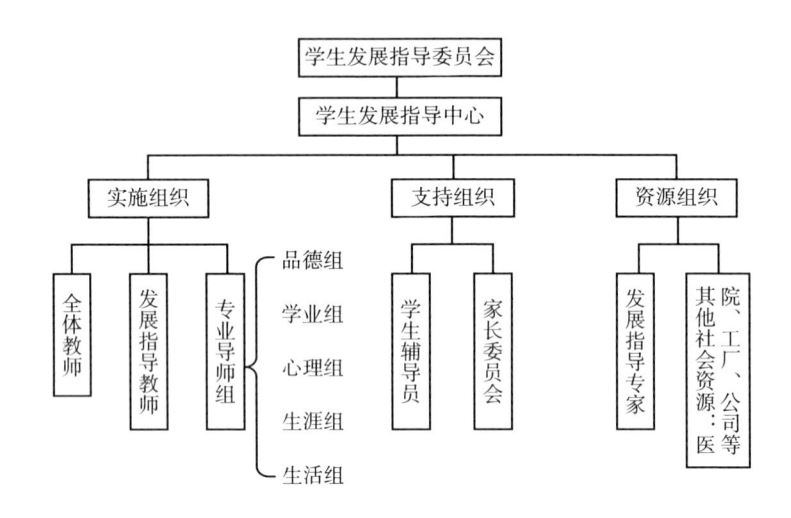

图 2　中学学生发展指导体系

2. 经费保障

每所实验学校将开展学生发展指导实验研究所需要的经费纳入年度经费预算，保障评价工具开发、专业培训、专门测试和调查、评价日常工作等必要经费。区教育局每年资助每所实验学校5万元用于专家培训、指导等活动。

3. 人力保障

聘请北京师范大学发展心理研究所所长担任实验项目顾问，广州大学广州市发展与教育心理学研究基地主任担任实验项目专家组组长，广州大学教育学院副院长为副组长。同时，聘请北京师范大学和广州大学有关心理学专家担任专家组成员，为推进实验研究提供理论创新与实验技术支持，定期组织参与项目的所有教师进行专项培训、指导和督导活动。

4. 宣传保障

建立实验定期会议和课题简讯编印制度，实施"重点突破"和"互联共享"实验工作推进策略，鼓励实验学校积极探索和建构各具特色的、适宜本学校、本区域的实施课程和工作机制，力争为番禺区高中学生发展指导工作做贡献、出理论、出经验。番禺区生涯教育中心组创办了《番禺生涯指导报》，对开展的相关活动进行定期发布，加大宣传力度，让更多的教师、家长了解该项目的开展情况，提升对该项目的认识，优化开展该项目的教育生态。

（七）创新建立以学生发展为本的学校管理模式

以广东仲元中学为试点，率先打破传统的部门架构，对现有的处室、年级的管理职能和人员力量进行整合和重组，组建更为合理的管理组织，形成决策、执行、督导一体化的管理机制，建立"点、线、面、体、魂"的立体管理架构。

年级管理实行年级主任负责制，年级管理工作由年级主任和年级级长组成的年级管理小组进行协调和管理，包括班级设置、教师工作调配、学生日常管理等工作。这个"点"的设置能够更好、更及时地响应学生的需求，为学生发展提供更为直接的服务。

对处室职能进行重组，取消一般学校设置的教导处、德育处、总务处，改设教师教学部、学生发展部、后勤保障部，将原来的行政办公室改为党政办公室。将原来的对事处理创新为对学生发展服务。这些"点"的设置，确保了学生在发展过程中，部门对相应学生发展阶段的规划、设计和工作推进，更有利于学生发展。

年级和部门联合构建成立教师教学中心、学生发展中心、后勤保障中心，并实行分管校长负责制，各中心以服务对象的发展为目的，形成"线"的处理模式，对学生发展提升有着极大的助力作用，减少部门切换和环节间的问题。而中心与中心之间的沟通和协调，形成了"面"上事务的统筹，为各中心提供了强有力的帮助。

由校级领导班子组成的校长室，发挥民主集中制的优势，负责学校整体架构的搭建和重点工作的决策、推进和督促，使得"点""线""面"有机整合，形成学校之"体"。校长室还总结、提炼学校的精神、品质，通过锤炼学校品质，传递仲元力量，形成仲元的"魂"。

（八）丰富学生发展指导的评价方式，与综合素质评价相融合

为了更科学、全面地对学生发展指导进行评价，结合广州市开展的学生综合素质评价，番禺区对两个项目进行了整合。学生发展指导与综合素质评价的内涵，呈现高度一致与对应，见图3所示。学生发展指导内容中"理想"对应综合素质评价"品德"，共同阐明了国家对人才培养的首要任务是"立德树人"。学生发展指导内容中"心理"对应综合素质评价"身心"，培养学生健全人格，促进身心健康发展，是教育的基础。学生发展指导内容中"生活"对应综合素质评价"艺术"，学生发展指导内容中提出的"生活"范畴较广，包含生活管理、兴趣爱好培养等，综合素质评价则有针对性地提出"艺术素养"，更加明确地指出要培养全面发展的人才，艺术素养不可或

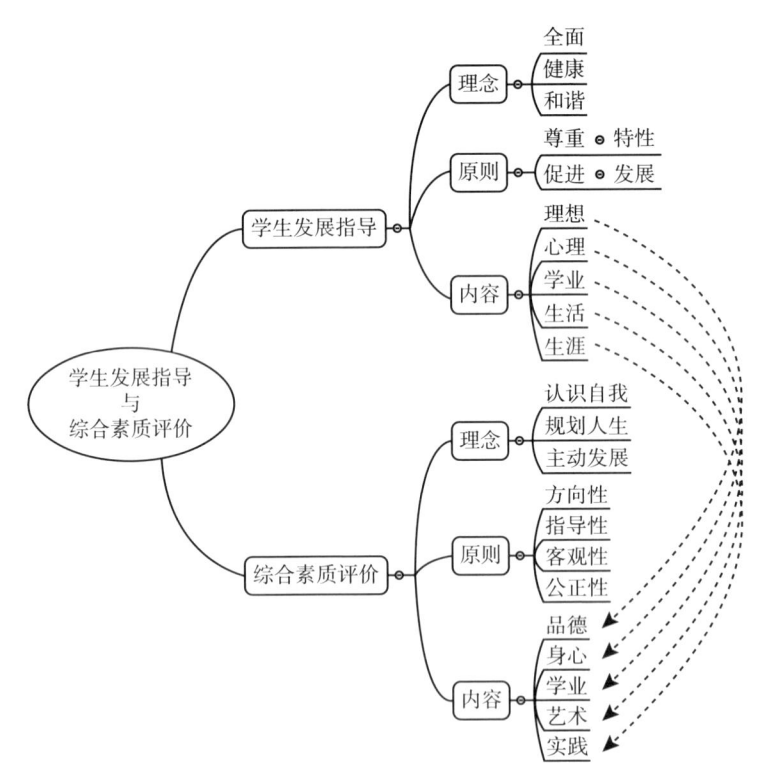

图3 学生发展指导与综合素质评价关系

缺，要多维度培养学生艺术方面的广泛兴趣与特长，丰富精神生活。学生发展指导内容中"生涯"对应综合素质评价"实践"，二者虽然提法不同，但究其本质，生涯规划中自我探究与职业探究都是需要在大量的社会实践中去探索与体验，有感悟才有思考，有思考才有规划。所以"社会实践"是促进"生涯规划"发展的重要途径。

四　实施效果

在番禺区教育局、专家团队和学校的共同努力下，建构适合学校的学生发展指导工作体系的一般模式，通过一系列的专业化培训，提升了实验校学生发展指导教师专业素养和能力，取得了阶段性成果。

1.实验校学生发展指导教师专业素养和能力显著提升

课题组和实验校特别关注发展指导教师的师资水平，无论是提供系列的学生发展指导理论与实践讲座，还是实验校教师参加各类专业培训，都对提升学生发展指导师资水平起到了重要作用。

在"广东省生涯教育示范基地""名教师工作室""名班主任工作室"等评比中，实验校教师在生涯教育、品德教育、心理教育等方面获得个人荣誉共计6项。实验校教师应邀参加国家级、省级、市级等各类公开课共计24次，取得了一系列成果。近3年来，实验校教师共获得学生发展指导相关科研立项共计11项，其中教育部重点项目1项，全国教育科学"十三五"规划重点课题1项，省级科研项目2项，市级项目3项，区级项目4项。实验校教师公开发表学生发展指导相关学术论文共计12篇；获得学生发展指导相关的省级优课、教学竞赛各类奖项共计20项。

2.三年追踪数据显示实验校学生发展指数稳步提升

课题组发布了《番禺区学生发展追踪报告（2015~2018）》，详细报告了番禺区学生发展指导实验学校在校生过去三年中的发展变化情况。

（1）学生各阶段发展比较

番禺区学生发展指导实验学校2015级学生高一至高三阶段各方面发展

均分及差异检验结果详见表3。在积极发展方面，虽然学业、心理、生涯、生活发展水平在高二阶段略微下降，但整体呈上升趋势。在消极发展方面，学生抑郁和焦虑倾向在高二阶段得分最低（得分越低，抑郁、焦虑情绪越少），说明学生的抑郁和焦虑情绪在高二阶段得到一定程度的缓解；但得分在高三阶段出现回升，这可能与逐渐增加的高考压力有关。

表3 番禺区学生发展指导实验学校2015级学生高一至高三阶段各方面发展均分与差异性比较

单位：分

维度	高一阶段	高二阶段	高三阶段	差异性检验	排序
品德发展	3.96	3.97	3.78	124.19***	2,1>3
学业发展	3.63	3.61	3.79	84.25***	3>1,2
心理发展	3.78	3.75	3.82	8.72***	3>1>2
生涯发展	3.60	3.57	3.96	350.35***	3>1>2
生活发展	4.04	4.01	4.24	277.21***	3>1,2
抑郁	11.32	10.59	11.40	24.67***	3,1>2
焦虑	48.01	46.01	46.77	31.68***	1>3>2

注："1"代表高一阶段，"2"代表高二阶段，"3"代表高三阶段。

（2）学生各阶段发展与全国常模比较

如图4所示，在学业发展方面，学业发展水平整体呈上升趋势，且高三阶段学业发展水平高于全国常模。

如图5所示，在心理发展方面，番禺区2015级学生心理发展水平趋势呈U形，且高二至高三阶段增长幅度大于全国水平。但高二和高三阶段心理发展均分均低于全国均分，其原因可能与学生焦虑得分高于全国有关。

如图6所示，在生涯发展方面，番禺区学生生涯发展水平在高二至高三阶段出现大幅增长趋势，且高三阶段生涯发展水平高于全国常模。

如图7所示，在生活发展方面，番禺区学生在三个阶段的生活发展水平均高于全国常模，整体呈增长趋势。

如图8所示，在品德发展方面，学生品德发展水平整体呈下降趋势。其原因可能与发展指导活动人均参与次数在高二阶段以后下降有关。由于品德发展没有全国常模，因此无法与全国水平进行比较。

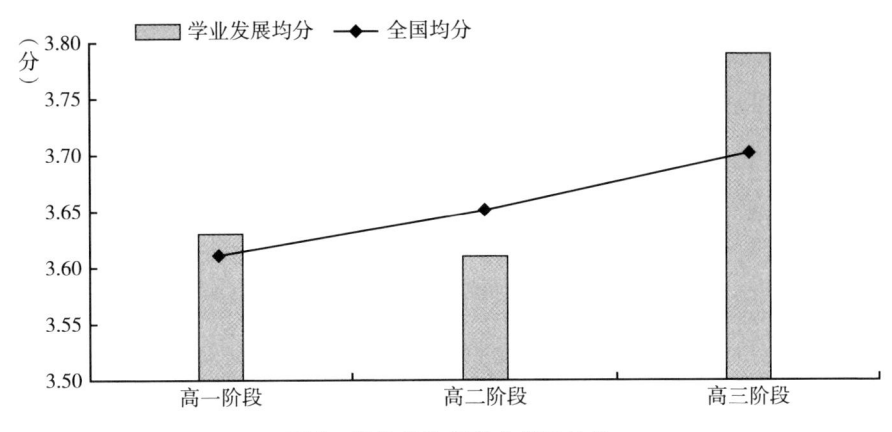

图 4 学生各阶段学业发展均分

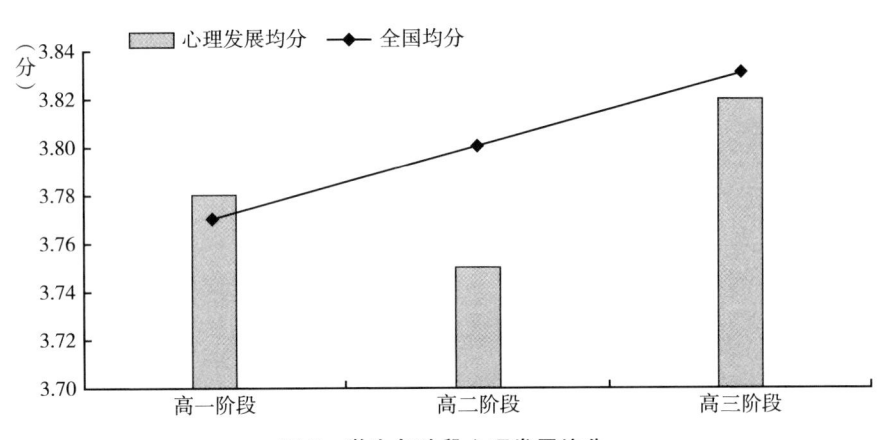

图 5 学生各阶段心理发展均分

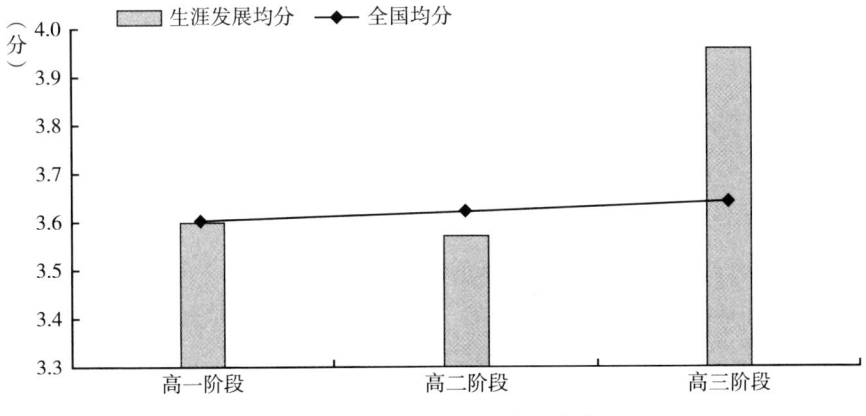

图 6 学生各阶段生涯发展均分

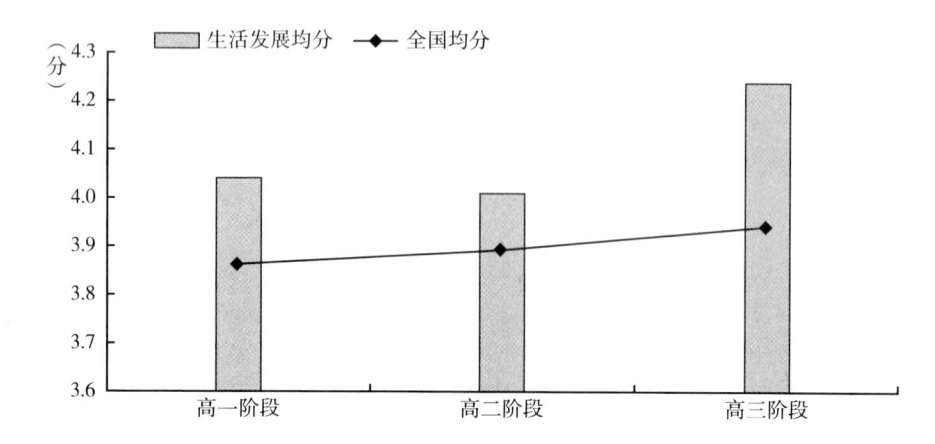

图 7　学生各阶段生活发展均分

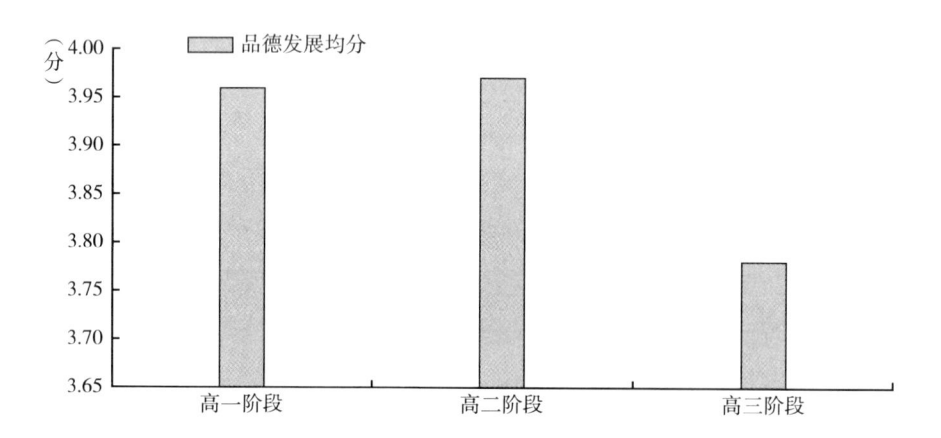

图 8　学生各阶段品德发展均分

如图9所示，在抑郁倾向方面，番禺区学生在三个阶段的得分均低于全国常模（抑郁得分越低，抑郁情绪越少）。番禺区抑郁水平发展趋势整体呈U形，高一至高二阶段，抑郁倾向得到一定的缓解；高二至高三阶段，抑郁水平出现回升趋势，这可能与不断增加的高考压力有关。

如图10所示，在焦虑倾向方面，番禺区学生在三个阶段的得分均高于全国常模（焦虑得分越高，焦虑倾向越明显）。缓解学生焦虑情绪是番禺区未来发展指导工作需要继续加强的部分。

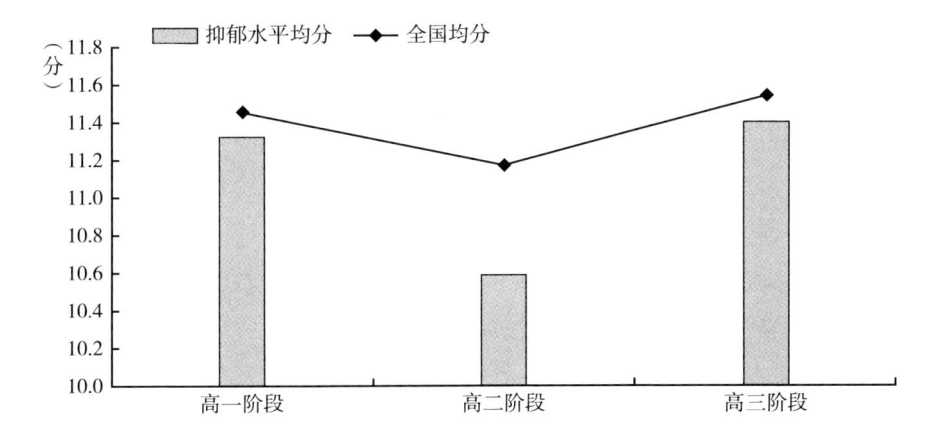

图 9　学生各阶段抑郁水平均分

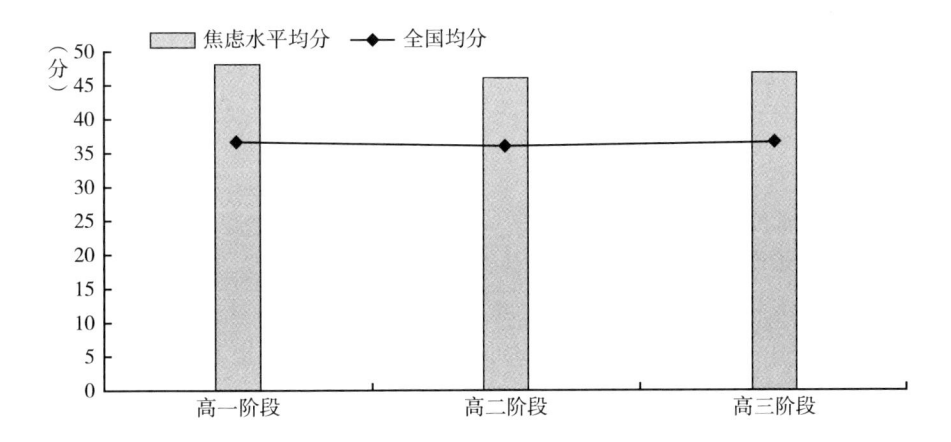

图 10　学生各阶段焦虑水平均分

五　问题与展望

第一，有关的机制研究还不够深入，系统性不强，部分问题还没能找到有效解决措施。例如，如何进行有效培训快速解决教师专业化问题，如何进一步调动教师的参与积极性，对教师的付出如何科学性评价等，这些问题都有待于下一步继续深入研究。

第二，对学生发展的评价研究还需要进一步探讨，目前主要是结合高中学生综合素质评价的有关指标，质性评价和量性评价如何结合让评价更客观、更有利于学生的成长，这些目前做得还不够。

第三，支持开展学生发展指导的实践基地建设尚且不足，还需要整合更多的社会资源，需要政府协调更多的职能部门一起参与，搭建一个更多元、更立体的能满足学生个性发展需要的实践基地，让学生在实践中体验，在体验中认知自我，寻找未来的发展方向。

B.15
广州市花都区民办中小学教学质量提升研究报告[*]

骆艳红[**]

摘　要： 本文通过分析花都区民办中小学教学质量的区域现状与困境，针对区域现状和困境，以"备课、堂测、作业"作为课堂改进的三个主要方面，提出并实践"蹲点式"指导、"整体式"培训、"跟进式"检查、"跟岗式"帮扶四个路径为解决方案，逐步提升民办学校的教学质量，从而带动花都整个区域教学质量水平的提高。

关键词： 民办中小学　教学质量　区域路径

花都区位于广州市北缘，全区总面积970.04平方千米，东接广州从化区，西连佛山三水和南海区，南与广州白云区接壤，北邻清远市。京广高速铁路、京港澳高速公路、广清高速公路、机场高速公路等纵贯全境。位于花都的广州白云国际机场是国内三大空中交通枢纽之一。

2018年末，花都区常住人口105.49万人，户籍总人口782351人，花都区登记外来暂住人口812489人，其中来自省内211985人，占全区外来暂住人口的26.1%，来自省外600504人，占73.9%。

---

[*] 本文系广州市教育政策研究课题"花都民办教育学业水平提升的解构研究"（项目批准号：BZCYJ1908）的研究成果之一。
[**] 骆艳红，广州市花都区教育局城区教育指导中心教研员，主要研究方向为民办教育、教育科研。

在基础教育阶段，全区有幼儿园117所（其中公办幼儿园35所）；公办中小学134所，在校学生117450人，教职工8370人；民办中小学46所，在校学生80937人，教职工5356人，专任教师3961人。民办教育规模约占花都总体教育规模的五分之二。

一 民办中小学教学质量的区域现状与困境

花都区委、区政府非常重视民办教育的发展，成立了民办教育工作领导小组，统一规划、指导与管理。先后出台了《花都区人民政府关于加强民办教育管理的意见》和《花都区人民政府关于促进民办教育发展的意见》（花府〔2011〕16号），将民办学校教师的资格认定、职称评定、业务培训、评先评优纳入全区管理。认真贯彻落实国家对民办教育实行的"积极鼓励、大力支持、正确引导、依法管理"的方针，切实有效地支持民办教育的发展。[1] 目前，全区民办教育管理逐步规范，办学声誉日益提高，出现了令人欣喜的发展局面，呈现良好的发展势头。

近年来，民办教育的快速发展，解决了大部分外来务工人员适龄子女就学问题，有效缓解了区内公共教育资源紧缺的状况。2018年，区内40所民办学校通过了广州市义务教育标准化学校评估，占比达87%。

花都区民办学校无论从数量还是质量上都取得了长足进步，既有黄冈中学广州学校、广州大学附属中学花都实验学校、灵格风中英文学校等高收费、高质量、高产出的民办学校，也有东晖学校、新星学校、凤凰中英文学校、龙华学校等普惠型民办学校，民办学校成为花都区义务教育的重要组成部分，满足了本区不同层次的社会需求。但优质的民办学校只占了全区民办学校的15%，也就是说大约有85%的民办学校是落后于现阶段教育发展需要的。从花都区每年的中考和高考成绩可以看到，民办学校的整体教学水平还有待提高，优秀的师资力量与高质量的管理团队等仍需扩充与提升。

---

[1] 罗腊梅：《民办高等教育政策变迁研究》，西南大学博士学位论文，2015。

总的来看，花都区民办学校在发展中面临着诸多问题和困难，在教学质量上存在的突出问题主要表现在以下几个方面。

（一）民办中小学学生学业水平普遍偏低

以 2017 年中考成绩为例，全区公、民办初中 64 所学校的中考成绩，总平均分为 481 分，公办学校平均分为 515 分，民办学校平均分为 445 分，其中 24 所民办学校总分低于 400 分，最低分不足 200 分。这些学校中考成绩与其他学校相差较大，学生对基础知识的掌握较为薄弱，严重影响了区域中考总体成绩，民办教育的学业水平发展与整个区域教育质量水平的高低息息相关，花都的区域整体学业水平提升也举步维艰。

（二）课堂常规落实不到位，教研力度不足

主要表现在：①教师的备课质量较弱，导致课堂的有效性大打折扣。调查发现：民办学校大约有 80% 的教师对教材和教师用书没有进行研读。②学生的基础知识掌握不牢固，教师没有检测学生的学习结果，导致学业水平逐步下滑。教研员随堂听课后，对学生进行基础知识的堂测，全对率只有 30% 左右。③作业设置和评价落实不到位，存在学生作业书写马虎、错误率高、教师批改流于形式等问题。

（三）教师流动性大，难以建立一支富有教学经验的骨干团队

民办学校教师生存状况堪忧，民办学校教师主要由刚毕业大学生、公办学校内退人员、往届大学生组成。刚毕业大学生由于刚刚踏入社会，缺乏工作经验，进入民办学校的主要心态是积累经验、锻炼自己，对工资要求不高。由于民办学校教师工资不高且没有相应的社会保障，教师流动性很大。教师流动性大、工作压力大、工作时间长，势必影响教学质量[1]。教师业务培训流于形式，学科专业水平难以提高。教学质量是私立学校喊得最响，但

---

[1] 劳凯生：《义务教育阶段民办中小学教师流失原因及对策》，《中小学校长》2013 年第 11 期。

却是成效最不明显的,况且教学质量的评判、教学成绩的提高,在学生流动性大的班级里很难衡量。

(四)家庭教育严重缺失

花都区的民办学校大多是以外来务工子弟为主要生源,学生父母基本没有时间和精力与子女交流,对子女思想和学业方面无暇顾及,严重影响学生身心健康发展及学业水平。

二 民办中小学教学质量提升的实施内容

基于以上这种现实背景,我们迫切地意识到,要提升花都民办学校的教学质量,首先必须探索出区域民办中小学教学质量提升的实施内容。经探索,根据花都区民办学校一线教师在实际教学中时常出现的问题,我们把民办中小学教学质量提升的实施内容分为三个方面(见图1)。

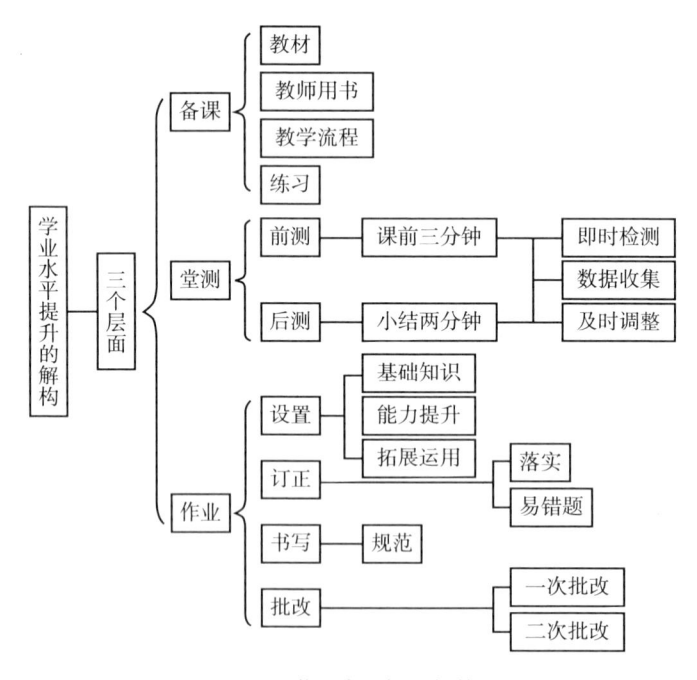

图1 学业水平提升解构

（一）聚焦集体备课

以"研读式"集体备课教研模式（见表1），组织民办学校教师深层研读教材，探索有效备课的途径[①]，由教研员和科组长进行备课质量的监控，并有针对性地进行指导。

改革备课形式，利用"研读式"的集体备课教研活动，指导教师利用教材、教师教学用书、课程标准、教辅书等进行备课，集中在如下"四个要求"上着力：

1. 要求教师对每一课的教学内容进行认真研读，创新性地将课时备课直接写在教材上；
2. 要求教师独立完成课后练习，并写出练习中的教学建议；
3. 要求教师在"教师用书"上标出教学目标、画出重难点、批注例题等；
4. 要求教师在教学建议上补充相关资料，以思维导图为工具把本节课的教学流程书写出来。

表1 民办学校"研读式"备课表

学科	年级	姓名	教材	《教师用书》	教学流程	课堂练习	等级评定

（二）聚焦课堂测评

任课教师组织学生进行课堂测评，并根据测量要求填写，从而检测课堂教学效果，对课堂教学进行及时反馈并做出调整。[②]

由于民办学校学生课堂测评低分率较高，因此牢牢抓住学生的基础知识训练就显得十分重要。我们认为，每节课的测评就是民办学校课堂实践中一

---

① 刘秀艳：《深层对话教材，探索有效备课的佳径》，《小学数学教育》2013年第4期。
② 黄伟星：《小学数学教学结果的测量与评价》，《小学数学教育》2013年第4期。

个量化的考查，更是提高学生学业水平的有效方式。测评的具体内容为各学科的基础知识。应用时间为3~5分钟，评价方式：即时评价—统计数据—及时调整（见表2）。

表2　民办学校学生课堂测评

学科	姓名	班别	知识内容	人数	全对（人数）	所占百分比	日期	检查建议	检查人员签名

（三）聚焦学业等级评定

学校教导处组织各学科科组长对学科作业进行检查和评价，并展示优秀作业作品，对完成情况较弱的学科进行针对性指导。学生的作业是课堂教学的延伸和补充，是对教学内容的有效巩固和扩展。作业的设置可以让学生的知识学习具有连贯性，还能体现学生学习的情况。教师科学、合理地设置作业，对学生学业水平的提升有着持久保障的作用。在教学实践中，学生的作业设置分为以下几类：基础知识、能力提升、拓展运用。

教师根据作业设置的类别给学生进行作业布置，做到量、质、优三方面相互协调，并建立和完善眉批、评价机制[①]。教师在批改作业的过程中，可以适当加入眉批，有针对性地对学生进行指导。教师的认真批改，是搭建教师与学生沟通的桥梁。另外，落实学生的订正更是查缺补漏的好方法，通过收集易错题，形成专项练习作业，能帮助学生巩固易错的重点知识。而规范学生的作业书写，更是民办学校学生"学业水平"提高的一个重要习惯养成。每年小学毕业综合测试、中考测试，我们都会发现学生由于书写马虎而被扣分，良好的书写习惯能够培养学生严谨、仔细的学习态度。教师还要对

---

① 李规华：《小学数学作业批改初探》，《基础教育参考》2011年第5期。

学生作业进行第二次批改，二次批改是对学生的订正进行复查、批阅，让学习薄弱的学生堂堂清、天天清（见表3）。

表3　民办学校学生学业等级评定

学科	年级	姓名	作业类型	知识内容	设置目的	能力提升	评价与建议	等级评定

三　民办中小学教学质量提升的区域路径

我们根据教学质量提升的实施内容摸索出一条适合花都区民办学校教学教研的有效路径。我们力图以民办学校为实践和研究的主阵地，去构建一种民办学校特有的立体式团队学习机制。我们期待形成教研引领、资源共享、导管促教的方式，营造一种区域性学习型的教研文化[①]，探讨如何采取积极有效的措施逐步提升民办学校的教学质量，构建带动花都整个区域教学质量水平的提高。我们通过四条区域路径，促进民办教育健康、有序、协调发展，从而更好地促进花都整个区域教学质量的提升。

（一）"蹲点式"指导：提升教学资源共享力

2018学年，花都区开展了教研员"蹲点"到校的教研创新活动。教研员"蹲点"民办学校，引入公办教学资源，使公办民办教学资源同步推进；以课题引领学校教学教研，系统性整体开展教学活动；联动学校教学管理层协助组织，培训学校科组长，使科组长同教师个体的专业发展抱团共同成长。现在花都区教研员蹲点的民办学校包括金晖学校、东晖学校、凤凰中英文学校、新星学校、崇文学校等，有的学校一个学期教研员蹲点达十多次，

---

① 杨健辉：《团队俱进，研修提升》，《广东教育学会成果选编》，2012。

在"蹲点式"教研指导中，提升了教学资源的共享力，使更多的学校得到了针对性、系统性、专业性的指导。

【蹲点式指导方案】教研员"蹲点式"指导到校之一：花都区金晖学校

前期准备：教研员通过听课调研、教师访谈、作业检查、质量监控等方式了解学校教育教学概况，并与学校行政、科组长共同制定学校提升教育教学质量的发展方案。

项目实施：

1. 方案制定：教研员组织学校教师全员学习"民办中小学教学质量提升的实施内容"，并对各科组长进行分工，明确"实施内容"中三个层面的具体要求。

2. 个人备课：落实个人备课情况，要求教师认真研读教材、教师用书、课程标准、教辅书及课后练习等，利用集体备课的时间分科组进行个人备课指导，科组长进行登记，以便记录教师的个人备课情况；对个别需要提升的老师进行标记，进行特别指导，要求复查备课情况。

3. 集体备课：组织主题式的集体备课，根据学生学情、学科需要、核心素养等制定集体备课的主题，并有针对性、系统性地进行研讨，寻找解决路径。

4. 课堂呈现：以课堂为主阵地，通过不同学科的课例展示，在课例展示和研讨中提高教师的教学能力，以学习者为中心，在提高教师专业素养的同时，提升学生的自主探究能力，从而提升课堂的效率。

5. 听评课：指导金晖学校的教师们主要围绕三个维度开展听评课活动，包括学生维度（学得怎样，指学生的参与情况、堂测情况、学的成效等）、教师维度（怎么教，指教师的教学行为）、课堂维度（教什么、课堂结构、教学目标、教学过程及课堂作业等）。教师们带着观测点进行观课，在课堂观察中反观自己的课堂，促进课堂实践的有效提高。

6. 落实检查工作：教研员协助教导处将作业分类检查并登记；对各班各科堂测检查并进行数据分析；每周教师例会对教学管理事宜进行剖析并提出改进建议。

项目小结与成效：通过教研员"蹲点式"指导金晖学校，从一线教学工作中了解到教师教学的实际问题，针对学校的具体情况，制定与之相符的指导方案，能有效地分析出民办学校的一些共性问题，在实际指导中提出解决的路径，让每个老师都能感受常规教学的规范过程。从实施内容的三个层面（备课、堂测、作业），提高教师教学技能，为学校打造一支学习型、研究型的教师队伍，为教学质量提升开拓一条有效路径。"强师"才能"强生"，经过一年的实践，金晖学校在2019年中考中获得了喜人的成绩，总平均分比上年提升了73.91分。

（二）"整体式"培训：提升教师教学专业性

平时各类的教研培训，对象一般是学校某部分的教师，或者是某个专题的碎片式培训，对于大多数新入职的民办教师来说，实用性、系统性、参与性并不强。[1] 基于以上问题，我们制定了"整体式"培训路径，借力教研员的专业导向，从教师的备课、堂测、作业设置与批改、专项练习、中考备课策略等方面进行培训，因为一个优秀的团队能催生一个优秀的学校，从这个角度讲，这里的"整体"指的就是民办学校各学科的团队和常规教学的整体培训。

在"整体式"培训中，我们充分发挥城区中小学教研员的专业导向作用，举办了35场民办中小学教师整体全员培训活动，培训力度和覆盖面都是前所未有的，每学年1000多名教师受惠。通过建立一个整体化的系统培训机制，帮助民办学校建成一支懂教学、会教学的教师团队，从而整体提升民办学校教师教学的专业水准。

【整体式培训方案】组建以教研员、教研理事、学科中心组成员为主的导师团队，全面开展学科性的民办中小学教师常规教学培训。

培训目的：根据实施内容制定培训计划和内容，通过对民办学校教师的整体培训，建设一支懂教学、会教学的教师团队，从而提高学生学业水平、

---

[1] 刘利民：《民办中小学发展现状、问题及对策研究》，南昌大学硕士学位论文，2018。

提升学校的教育教学质量。

研究对象：小学（语文、数学、英语）三大学科的全体任课教师

中学（语文、数学、英语、化学、物理、思想品德）六大中考科目的任课教师

培训时间：3~16周，每周六9：00~11：30

培训方式：教研员专业导向—公民办教学资源同步推进—骨干教师示范引领

培训的主要内容：

1. 教师个人备课的路径和要求；

2. 堂测内容的设计和实施方法；

3. 作业设置和批改。

（三）"跟进式"检查：提升教学常规执行力

重点围绕课堂教学，落实教师备课、作业、课堂小测等关键环节，建立科学规范的管理机制。组建民办学校课堂研究"指导团"，对民办学校进行"跟进式"检查。由学校教学管理者担当特约指导，骨干教师或科组长充当指导成员，明确"规范要求—落实到校—定期检查—质量监控"等关键环节的具体任务。课堂研究"指导团"定期对四个片区的民办学校进行课堂研究的跟进式检查和指导，提出发展性评价，进行学业质量监控[①]，形成过程性评价，同时作为年检中教育教学板块的积分累计，从而提升民办学校教学常规的执行力。

【跟进式检查案例】以城北学片活动开展为例：

前期准备：1. 组建课堂研究团队，明确人员分工；

2. 集中课堂研究人员开展检查项目的培训。

具体实施：1. 检查及指导内容：备课、作业、堂测、上课、听评课，

---

① 郭晓红：《义务教育阶段学生学业水平评价策略研究》，《教育实践与研究》2018年第11期。

即课堂研究的主要内容。

2. 检查路径：8：30～9：10——教师课例展示

9：15～10：00——评课

10：05～10：45——检查个人备课、堂测、作业情况

10：50～11：30——项目负责人进行检查反馈

3. 检查要求：（1）明确检查要求、项目及标准；

（2）项目负责人协调各校教学主管进行学科人员的分配；

（3）对检查项目的评分进行汇总并反馈给被检学校；

（4）形成学科小结材料，以便学校后续跟进和改进。

4. 指导时间：第8周、第17周（一学期两次）

5. 检查对象：启源学校、乔治中英文学校、龙华学校、哈博学校、华明学校等中小学各科目

（四）"跟岗式"帮扶：提升教研体系生产力

充分发挥公办学校在办学、管理、师资等方面的优势，通过民办学校全科组跟岗学习和公办学校科组长跟岗帮扶民办学校全科组的形式，帮助民办学校建立规范的教学常规，如如何落实教师备课、作业、课堂小测等。花都区公办学校中学部的培新中学、云山中学、秀雅学校，小学部的红棉小学、棠澍小学、乐泉小学在每个学年都帮扶民办学校教师开展"跟岗式"帮扶活动，每学年大约有600多名教师参加"跟岗式"帮扶项目。基于教学质量提升实施内容的三个方面进行全方位帮扶，促进了学校教育教学质量的提升，缩小了民办学校与公办学校的差距，从而整体提升了民办学校的教研体系生产力。

【跟岗式帮扶方案】以公办乐泉小学帮扶民办岐山小学为例：

前期准备：根据《城区公民办"跟岗帮扶"活动方案》制定双方学校的跟岗帮扶方案。

具体实施：

1. 帮扶团队建立：科组长（或学科骨干教师）、各级各学科备课组长

2. 帮扶内容：课堂呈现、个人备课、集体备课、堂测设计、作业批改、听评课、科组建设

3. 帮扶时间：每学期两次，分别在期中考前后。（第一段5、6、7周，第二段14、15、16周）

4. 帮扶路径：8：30~9：10——民办展示课

     9：15~10：00——评课（公民办参与）

     10：05~10：45——年级备课组长指导个人备课

     10：50~11：30——科组长指导科组集体备课（学科微讲座30分钟）

5. 帮扶学科：小学语文、数学、英语

6. 技术支撑：教研员引领—教学主管为导向—科组长（骨干教师）指导

7. 帮扶要求：（1）明确跟岗目标、主题、方法，做到有方案、有记录、有总结；

  （2）与被定点帮扶学校沟通联系，商讨具体跟岗帮扶方案；

  （3）提前一周进行磨课、科组作业检查和堂测指导；

  （4）民办学校教学主管落实教师的学习过程，形成科组原始资料；

  （5）每学期结束后，开展跟岗帮扶分享，完成一学年帮扶活动总结并进行表彰。

8. 参与跟岗帮扶学校：岐山学校、金晖学校、启源学校、同心学校、哈博学校、乐同学校、华明学校、龙华学校

四 民办中小学教学质量提升的成效分析

（一）学业水平有明显进步

2019年中考，全区71所学校参加考试，总平均分大幅提升，总平均分

为521分，全区平均分首次超过了500分，比2017年提高了42分，提升幅度远超广州市平均增幅。其中民办学校40所参加考试，总平均分达到500分，较2017年提高55分，其中只有12所学校平均分低于400分，较2017年24所学校平均分低于400分，学校数量减少了一半。可以说花都中考成绩快速上升，得益于民办学校教学质量的整体快速提升。

（二）教学规范有切实提升

多年的探索与实践使花都区民办学校教学走向了规范化，区域民办教育以培养专业学习团队为目标，力图形成富有活力、积极合作的教研组文化。它以教师专业学习、专业成长为宗旨，以共同解决"学业水平"的提升问题为载体，实现了教研团体教学的价值追求，成为成员间相互促进、专业共同发展的平台①。将"备课、堂测、作业"三个结构层面融入课堂、课后实践，并在花都的新星小学、凤凰中英文学校、金晖学校、东晖学校、启源学校、崇文学校、新晖学校等17间民办学校实践应用，效果显著，值得推广和应用。

现在，城区17所民办学校的教师从原来的80%没有研读教材和教师用书的情况，转变为90%以上的教师都对备课、教材、教师用书等进行认真研读，覆盖面广，辐射面大。经过一年的实践和落实，民办学校学生的课堂测评由原来全对率大约30%，上升至50%~80%，成效明显。

我们在第二学期的教学常规检查中发现，学生的书写、订正及教师二次批改等方面都有了很大改善，约有77%的民办学校能够做到规范作业的书写和批改，其中，凤凰中英文学校、启源学校、崇文学校、龙华学校、新晖学校等在这方面表现较为突出。但在易错题收集、专项练习的设计中，由于教师的教龄相对较短，教学经验相对缺乏，因此对专项练习的设置较为薄弱。经过跟岗学习和整体全员培训项目，部分教师的教学规范得到了切实提升。

---

① 朱永新：《中国教育需要进一步改革开放》，《中国教师报》2018年12月12日。

（三）教研体系有实质性的改善

通过教研员的"蹲点"教研，深入学校的课堂和教学管理，学校教研组建设可以实现教师专业发展从"散兵作战"向"团队发展"转变。引导教师把学习当成专业发展的内在需求，强调教师学科专业发展是一种自主引导、共同发展的过程，帮助教师学会学习。

教研员结合公办资源团队进入民办校园，以方案引导、教研员指导、培训落实、科组跟岗等活动为手段，基于民办学校教学出现的具体问题进行教学教研改革，从"备课、堂测、作业"三个方面进行教学质量提升研究，来帮助花都民办教育提质。2018学年，花都区开展"教育质量提升年"活动，以教学质量为生命线，把民办教师与公民办教师"拧在一起"开展合作研究，形成了优势互补的研究团队，充分发挥了各自的理论优势和实践专长，提高了课题研究的理论水准和实践效力，使教研体系有了实质性的改善。

（四）教师发展有坚实支撑

利用"整体式"的全员培训和公办学校的教学资源，向民办学校教师展示优质的教学常规，在合作团队的帮助下，提升教师的学科专业素养，一支相对稳定、适应素质教育的教师队伍已经初步形成；结合民办学校当前学业水平提升制约的因素，建立适合花都民办学校教学质量提升的体制机制，使民办学校在教学水平、教学质量、学生学业水平等方面有了质的飞跃。同时，在公办师资力量的鼎力支持下，民办师资的发展也有了坚实的支撑。

本文通过分析制约花都民办教育教学质量的主要因素，探讨本区域民办中小学教学质量提升的实施内容，在区域教育教学研究中，探索出一条适合花都民办教育的区域路径。本研究将教学常规中的备课、堂测、作业三个层面作为花都民办教育教学质量提升的实施内容，提出"蹲点式"指导—"整体式"培训—"跟进式"检查—"跟岗式"帮扶四个实施路径开展实践。在新时代背景下，通过多方协同联动和路径的优化，民办学校师资队伍建设正在前行，教师的教学教研专业素养明显提高，教学常规得到落实，课堂教学质量稳步提升。本研究已在花都区 17 所民办学校实施，初见成效，具有一定的推广价值。花都区在实践和探索过程中逐渐积累了民办教育教学质量提升的经验，在推进区域教研和质量提升上找到了适合本区特点、行之有效的举措和路径，促进了花都民办教育健康可持续发展，并为花都教育均衡发展做出了努力和贡献。

B.16
教育智库与区域合作模式研究报告
——以荔湾教育院区合作为例

徐启贵[*]

摘　要： 荔湾区与中国教育科学研究院合作共建教育综合改革试验区主要采取了"4+1"模式，即"四个推动和一个协同"，主要为：推动区域教育现代化和改革创新、推动课程和教学改革、推动多元优质的学校特色建设、推动教师队伍建设和促进家校协同共育。合作主要举措为：以专家高度导航教育改革方向；以项目建设谋划教育高位发展；以课程教学改革促进教育质量提升；以承办高规格活动擦亮教育品牌；以专业提升强化教师队伍建设；以合作办学探索教育体制创新；以家校合作共融促成良好教育生态。未来荔湾区将在高端教育智库的引领下，开展第二轮院区合作，在教育体制机制创新方面突破，在特色品质建设方面提升，在师资队伍活力方面激发，在生态德育方面拓展。

关键词： 教育智库　荔湾区　中国教育科学研究院

党的十九大作出了优先发展教育事业、加快教育现代化、建设教育强国的战略部署。2018年9月10日在北京召开的全国教育大会上，习近平总书

---

[*] 徐启贵，广州市荔湾区教育局党组书记、局长，主要研究方向为教育管理、教育政策。

记指出教育是国之大计、党之大计，是功在当代、利在千秋的德政工程。教育部也启动实施了"写好教育奋进之笔行动"，努力把习近平新时代中国特色社会主义思想转化为优先发展教育事业的生动实践。自2013年荔湾区与中国教育科学研究院签订合作协议以来，第一轮五年合作取得了丰硕成果，第二轮合作也于2018年拉开了新的序幕。本文介绍了教育智库与区域合作的研究现状，概括总结了荔湾区与中国教育科学研究院第一轮合作实践及成效，并就第二轮合作思路及建议做一些展望。

一　合作背景

（一）区域教育发展背景

作为别具岭南特色的广州中心城区，荔湾地理位置得天独厚，文化传承源远流长。在这里，既有达摩祖师西来初地的足迹，也有体现中西商贸往来的十三行和沙面；既有体现中国传统教育的广雅书院和陈氏书院，也有传承中西文化融合的诸如真光、培英、培正、协和等众多教育品牌，还有一大批如康有为、詹天佑、陈嘉庚、蒋光鼐、何香凝等仁人志士宣传思想、传播文化的历史足迹。这些，都是荔湾人致力于挖掘、传承与弘扬的文化宝库。

近年来，荔湾区全面贯彻党的教育方针，按照全区总体工作部署，紧紧围绕教育发展目标，坚持以改革促发展，以质量促公平，以均衡促民生，深化教育综合改革，推动区域特色发展，扎实推进素质教育，全面提升教育质量，稳步推进教育现代化建设。荔湾区先后成为全国义务教育发展基本均衡区、中国教育科学研究院教育综合改革试验区、广东省推进教育现代化先进区、广东省中小学校责任督学挂牌督导创新区、广东省社区教育试验区、广州市基础教育国际交流与合作试验区。众多昔日西关的书院、学堂，以其厚重的历史积淀发展成为今日国内外知名的、具有国际竞争力的现代化学校，此外还有一大批种类繁多的教育培训机构，全区基本形成了基础教育、职业教育、成人教育协调发展，公办、民办、联办等多种办学体制并存的大教育

格局。近年来，荔湾区高考成绩连年稳居广州市前列，努力推进全区教育优质、均衡、特色发展，加快教育现代化步伐，为荔湾建设国家重要城市核心功能区和现代化中心城区作出积极贡献。

（二）与高端教育智库合作背景

荔湾区教育事业虽然取得了显著的成绩，但是对照党的十九大对教育工作的新部署新要求，还面临不少困难与问题。一是教育资源布局不够均衡。南北片区、校际之间差距依然明显，教育质量存在短板，全区初级中学相对薄弱，优质的等级幼儿园数量偏少，教育基础设施有待改善。二是人才培养机制存在瓶颈。目前与全市人才分布相比，荔湾区高层次教育人才数量总体偏少，培养和激励机制有待完善。三是教育改革创新活力不足。改革创新举措不多，效果不够明显；校长队伍改革动力不足，教师管理机制僵化，流动困难，缺乏活力。四是优质教育资源供给不足。"入园难""择校热"等问题仍然比较突出，人民群众"上好学"的迫切愿望还没有得到充分满足等。这些都需要我们借助教育智库的力量，努力探索解决问题的最佳方案。

自2008年5月开始，中国教育科学研究院先后在东中西部有代表性区域成立了教育综合改革试验区，开启了中国教育科学研究院与地方政府协同推进区域教育综合改革的探索和实践。为突破荔湾教育发展瓶颈，在推进教育改革中实现新跨越，荔湾区积极参与中国教育科学研究院教育综合改革试验区建设。几年来的实践充分表明，试验区为我国区域推进教育改革提供了经验和样板，为区域之间联动发展搭建了桥梁，院区合作推进区域教育改革的思路和模式取得了丰硕成果。

二 合作现状

（一）院区合作模式

2013年，广州市荔湾区政府与中国教育科学研究院签订了《关于建立区域推进教育现代化荔湾实践基地》的协议，荔湾区教育发展研究院专门设立了推进教育现代化荔湾实践基地办公室，重点推进实践基地建设工作。

1. 合作指导理念

院区合作的指导理念就是充分利用中国教育科学研究院高端智库专家资源，着力于教育内涵发展，引领学校品牌建设和提升教师专业能力，创新教育模式，全面实施素质教育，全面提高教育质量和办学效益，努力把每一所学校建设成现代化学校，把每一位教师培养成专业化教师，为每一个学生提供优质学位，高度关注人民群众对教育公平、优质、可选择性要求，为荔湾人民的人生幸福与和谐发展服务，为建设好国家重要城市核心功能区和现代化中心城区服务。

2. 合作实践模式

荔湾区院区合作的实践探索主要采用了"4 + 1"模式，即"四个推动和一个协同"。"四个推动"主要为：一是推动区域教育现代化和改革创新，在中国教育科学研究院的平台上建立广泛的教育合作项目，构建开放合作的大教育格局。二是推动课程和教学改革，建立学校特有的文化下具有内生性的课程体系和课堂模式。三是推动多元、优质的学校特色建设。专家团队对区属每一所公办中小学、幼儿园进行特色品牌建设视导，足迹遍布全区大大小小学校，目前局属中小学、幼儿园已分批全部通过特色学校专家评估。四是推动教师队伍建设，启动荔湾区品牌校长教师培养工程，确保不让一名教师掉队。"一个协同"为家校协同共育，即以荔湾区家庭教育学院为平台，构建多层次、多形式的全民终身教育体系。为了保障合作项目顺利开展，荔湾区从加强组织领导、明确责任分工、加大经费投入、保障人员配备、加强监督检查等方面采取措施，保障了中国教育科学研究院教育综合改革试验区工作的顺利推进。

（二）主要合作举措

1. 以专家高度导航教育改革方向

中国教育科学研究院专家掌握着国内国际最先进的教育理念、最前沿的

教育发展讯息，具有深邃系统的教育思想，他们高水平的专业讲座、辅导报告、交流会等，开阔我们的视野、启迪我们的智慧。几年来，中国教育科学研究院基础教育研究所全面、全程、全员对口指导荔湾教育综合改革试验区，专家团队先后多次莅临荔湾进行深入调研指导，举行高水准专题讲座35次，各类交流座谈会100多次，实地考察、到校指导70多次，指导覆盖荔湾区100%的学校。此外，还多次召开项目对接会、汇报会、专题研讨会、专家咨询会等。这些面对面、手把手、心贴心的专家指导让我们固有的教育思想发生了刻骨的变革。这些先进理念的导航，让荔湾教育人站上更高的台阶，凝望未来教育的灯标，脚踏实地追寻教育的理想。这种有高度、有深度、有广度的思想层面的影响是荔湾教育人在上一轮合作中最大的收获。

2. 以项目建设谋划教育高位发展

在推动多元、优质的学校特色建设方面，在中国教育科学研究院指导下，荔湾区将特色发展作为区域战略目标，明确提出"到2020年，校校有特色，生生有特长，学校在特色建设中高水平、优质、均衡发展"的目标。一是坚持文化引领，深入挖掘区域传统文化、西关文化、校本文化三大资源，传承优秀传统文化，提升区域教育发展内涵。二是以专项冠名活动和"体教、艺教、科教"三结合促进特色发展，29所学校获得覆盖各学科的专项冠名活动权，区财政每年投入1700万元用于特色教育建设，从挖掘特色项目、开发特色课程到建设特色学校，从部分学校推广到全区所有学校，目前初步形成了"校校有特色，一校一品牌"。三是以詹天佑少年科学院、何香凝少年艺术学院、奥林匹克少年学院等"三学院"为平台，实施"体育、艺术、科技2+1+1项目"，目标是让每个中小学生在九年义务教育阶段能够掌握"两项体育运动技能、一项艺术特长和一项科技技能"，为学生的全面发展奠定良好的基础。除常规的"4+1"项目之外，荔湾区还借助中国教育科学研究院大智库的平台，参与了有全国影响力的实验项目，打造荔湾教育新品牌。2015年，荔湾区2所学校参加新一轮基础教育课程改革之学本课堂项目；2016年荔湾区成为未来学校创新计划项目试验区，21所区属中小学成为实验学校；2017年荔湾区成为全国首批"中国新样态学校联盟"

试验区，区内22所中小学、幼儿园成为首批实验学校。此外，荔湾区还将五年合作改革成果汇编成册，出版了《荔湾区教育改革实践样态系列丛书》（共13本），将改革实践成果转化为创新的理论成果。

3. 以课程教学改革促进教育质量提升

在中国教育科学研究院的专家引领下，荔湾区深化教科研机构改革，构建教、研、训、评四位一体模式。坚持科研引领，以课程、项目、课题研究和校本研修为载体，创新"二元五次"常态课研训模式，推进基于"4＋X"的研耕课堂结构，建立三级课题管理体系，推动学校特色课程设计和课堂教学改革，建立具有内生性的课程体系和课堂模式，努力构建"一校一课程、一校一模式"。

4. 以承办高规格活动擦亮教育品牌

依托教育综合改革试验区这个优秀平台，荔湾区承办了多场富有影响的高层次活动，进一步促进交流共享，不断扩大荔湾教育知名度和影响力。例如，成功举办全国第五届"学校文化内生和课程再造"论坛暨学校课程新样态研讨会、"中国家庭教育指导服务规范"专家论证会，搭建了课程改革和家庭教育的学术交流平台。2017年9月，高水平承办了中俄人文合作委员会第十八次会议配套活动——中俄教育战略对话，并应邀在大会上进行专题报告，将荔湾教育的改革经验和丰硕成果推向国际舞台。2017年11月，成功举办中国教育科学研究院青少年校园足球联赛和青少年校园戏剧联展，向来自全国16个试验区的教育同行展示了荔湾"一校一品"的丰硕成果。同时，在中国教育科学研究院的大力推荐下，荔湾区积极开展"美国青年教学使者进校园"项目，30多所学校共计3万多名师生参与中西文化交流，获得了良好的社会效应。

5. 以专业提升强化教师队伍建设

在中国教育科学研究院的引荐下，荔湾区有了更大平台、更多机会与先进地区交流互访、互通有无，使许多校长、教师在交流锻炼中成长为荔湾教育发展的中坚力量。近年来，荔湾区参加中国教育科学研究院"名校长名教师挂职研修项目"，共选派16位校长赴北京清华大学附属小学等国内名

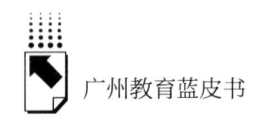

校进行挂职研修，同时区内5所中小学成为"中国教育科学研究院挂职基地校"，每年承担接待全国各地的名校长、名教师来荔湾交流分享。2017年荔湾区2名教师成功申报中国教育科学研究院访问学者。此外，在中国教育科学研究院的推荐下，荔湾区十多位校长在全国各类教育盛会中进行专题发言和经验分享，将荔湾教育的星火点燃，为更多教育人所知所向。2014~2016年，在中国教育科学研究院举办的试验区高质量课堂展示活动中，荔湾区连续三届获得小学组、初高中组一等奖。2016年、2017年荣获中国教育科学研究院全国初中生综合实践活动比赛一等奖。

6. 以合作办学探索教育体制创新

2017年11月，荔湾区人民政府与中国教育科学研究院签订合作办学协议，共建中国教育科学研究院荔湾实验学校，积极探索现代学校制度，创新课程体系建设，给予学校在办学理念、教学安排、人事管理等方面更大的自主权，深化现代学校制度和教育机制创新，努力把该校建设成示范引领国内基础教育发展的新样态样本学校。同时，成立了以该校为核心校的中国教育科学研究院荔湾实验教育集团，将教育集团化合作办学纳入区域教育发展整体规划，充分发挥优质学校的辐射作用和品牌效应。并以此为样板，引进广东广雅中学、广东实验中学等省市属优质教育品牌，创新实施"人员自聘、管理自主、经费包干"的办学模式，积极探索新体制学校建设。大力推动教育集团化办学，成立荔湾区"3+6"教育集团，与广东实验中学、广东广雅中学、广州市协和中学等省市属优质资源合作共建三大教育集团。同时成立以区属示范性高中等学校为龙头的六大教育集团，涵盖高中、初中、小学、幼儿园不同学段和公民办不同体制共42所学校54个校区，其组团量、参与面和推进力度为广州之最。通过多校协同、组团发展，扩大优质资源覆盖面，促进全区教育优质均衡发展。

7. 以家校合作共融促成良好教育生态

荔湾区率先成立了全省首家家庭教育学院，启动"十百千万工程"，组建专家智库、家庭教育讲师团，建立实验基地学校，开通家庭教育学院网站、微信公众号、微博和微课堂，开展了近60场家庭教育专题讲座，出版编写成果集 7 套，取得了良好的社会效果。2015 年成功举办了荔湾区家庭教育微论坛。通过各种讲座和活动，深层次改变家长教育观念，教会家长科学的育子方式方法，从而形成家校一致的良好育人环境。2016 年，国家教育部家庭教育工作调研组对荔湾家庭教育工作给予了充分肯定。

（三）主要合作效果

1. 教科研成果丰硕

近年来，荔湾区课题立项级别及研究成果质量逐步提高，获国家级课题立项 6 项，获成果奖 2 项；省级课题立项 57 项，获成果奖 3 项；市级课题立项 81 项，获成果奖 25 项。全面加强智慧校园建设，以"三通两平台"建设为抓手，150 个校区实现万兆接入区教育专网，全面实现"宽带网络校校通"。以大数据和云平台为支撑，完成视频教学教研一体化平台，所有公办中小学配备多媒体录播系统，形成完善的教育资源共享体系，将信息技术融入和渗透到教育发展的各个领域和工作的各个环节，推动信息技术与教育教学的深度融合。

2. 特色品牌日益彰显

在中国教育科学研究院指导下，荔湾区特色建设成效显著。目前，荔湾区共有 34 所中小学被评为广州市义务教育阶段特色学校，居全市前列。近年来，成功举办了第十二届全国学校品牌大会、第九届全国学校体育联盟（教学改革）现场展示会等大型活动，向来自全国各地的教育同行充分展示和分享荔湾特色教育的成果和经验。素质教育硕果累累。艺术方面，在第十八届至第二十二届中国少儿戏曲小梅花荟萃中，荔湾粤剧小红豆共获 15 个金奖；2018 年 8 月，成功承办广东省中小学生地方戏曲艺术展演活动，彰显荔湾良好的戏曲传承发展特色；荔湾童声合唱团连续三年夺得世界合唱大赛的"三连冠"；荔湾区青少年交响乐团在英国"伦敦国际音乐节"取得了三金一银的好成绩。科技方面，荔湾区学生参加世界无线电测向锦标赛、世界中小学生机器人大赛等世界大赛屡获金奖；三年来，荔湾区青少年在各级科技竞赛中获奖 3000 多项。体育方面，在广州市第十六届、第十七届青少

年运动会上，荔湾区连续两届蝉联学校体育组、竞技体育组两个组别团体总分"双第一"；荔湾籍运动员余贺新、刘婷婷在第十八届亚运会中勇夺4块金牌；一批学子多次在全国、省、市各类运动会上斩获个人、团体金奖，国家教育部学校体育美育改革督察组到荔湾区调研并给予了高度评价。

3. 教师专业成长成效卓然

几年来，随着教育改革的深入推进，荔湾区教师队伍建设也出现了可喜的变化。一是深化管理，提升队伍活力。近年来，荔湾区相继出台了相关意见、管理方案、实施办法等，通过规范选拔和管理，建设高素质干部教师队伍。如制定《荔湾区关于推进基础教育公办教师"区管校聘"管理改革实施方案》，进一步促进教师资源合理配置。二是加大交流，优化队伍结构。2014~2017年，荔湾区面向全国招聘教师700多名，提拔交流干部190多人次，为学校发展提供持续人才支撑。三是强化培训，提升教师素养。荔湾区积极推进"强师工程"，实施"教师海外培训计划"，引进国际优秀师资团队举办"校长教育领导力国际培训"，对新入职教师开展为期三年的全景式研培整合的专业培训，建立教师全员专业培训网络，成立校长教师培训实践基地，全面提升教师整体素质和专业水平。目前，荔湾区拥有省、市名校长、名教师35人，省特级教师9人，正高级教师6人，省、市名校长、名教师、名班主任工作室主持人23名。

三 未来合作展望

五年合作中，荔湾区教育事业虽然取得了显著的成绩，但是对照党的十九大对教育工作所作的新部署新要求，院区合作还有诸多有待完善与深入推进的内容。在院区合作实效指标性督导与评估、各项目组年度规划的区域发展性、成果提炼的系统性与影响力等几个方面还需要进一步提升。在项目间联动方面，如何充分利用中国教育科学研究院专家智库的国内外学术研究团队力量，结合合作项目整体推进，提高科研成果高水准的转化方面还需进一步加强。

2018年，荔湾区与中国教育科学研究院启动了第二期教育综合改革实验合作，未来将以"五大项目"为抓手，力争在办学体制创新、特色品牌创建、校长教师发展、家庭教育深化、教育国际交流等方面开展更加全面深入的合作。

（一）积厚成势，找准突破，探索体制机制创新举措

改革是发展的不竭动力，只有在教育体制机制创新上大胆实践探索，才能适应新时期教育发展的要求。一是探索多种新型学校办学模式。荔湾区将以西关广雅实验学校、中国教育科学研究院荔湾实验学校、广东实验中学荔湾学校等为研究范式，探索教育体制机制创新的新型办学模式，积累经验，形成可操作、可推广的荔湾模式和荔湾方案，并在未来一批新建学校中推广实践，加快区域教育现代化发展。二是深入推进教育集团化建设，加强顶层设计和制度创新，变革学校管理机制与管理结构，突破体制障碍，重点探索集团内教师流动和管理的新机制、教育资源共享和管理的新措施、中小学对口招生和特长生衔接发展的新办法以及建立集团化办学督导评估办法和指标体系等，突破校际壁垒，促进整体发展。三是探索信息时代教育治理新模式。通过全面推进智慧校园建设，综合运用人工智能、云计算等新兴信息技术，构建"可感知、可诊断、可分析、可自愈"的智能感知环境和新型的教育教学空间。深入推进信息技术环境下的教学改革，探索基于"互联网+"云班、网络学习空间的新型教学模式，构建精准、生成、个性的新型课堂。利用信息技术实现教育管理的数字化，利用大数据开展学业质量、教师发展、区域教育发展监测和督导评估，推进基于大数据的教育治理模式创新。

（二）沉淀特色，提升品质，促进学校建设各放异彩

以新样态学校和未来学校建设为抓手，打造面向未来的荔湾教育品牌。一是推进新样态学校建设。带动更多学校加入"中国新样态学校联盟行动计划"，在中国教育科学研究院专家的引领下，使更多学校成为"有人性、

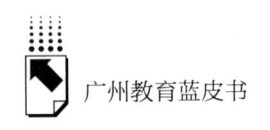

有温度、有故事、有美感"的新样态学校。二是推进未来学校建设。积极参与"中国未来学校创新计划"项目，以未来学校实验室为载体，在STEM教育、空间课程技术融合、课程创新、项目式学习等方面展开研究。三是深化特色学校建设。在现有特色学校和特色项目成果的基础上，不断丰富特色内涵，把特色项目做实做细，做精做强，沉淀学校特色，打造学校品牌，使区域内每一所学校都成为特色鲜明的优质学校。四是探索教学及课程改革。在中国教育科学研究院的指导下，围绕"立德树人"的培养目标，全方位开展课程建设、课堂模式构建和教学新常规建设活动，积极引导学校结合荔湾本土文化和自身办学特色，创建具有校本特色的课堂模式。

（三）突破障碍，激发活力，强化校长教师队伍建设

国之大计，教育为本，教育大计，教师为本。教师队伍建设是教育未来发展的关键。一是突破藩篱推行"区管校聘"，探索建立中小学教职工编制"周转池"制度，形成区域统筹、余缺调剂、周转使用的管理新机制。二是建立人力资源共享机制，探索各种形式的人员交流机制，打造区域教师调配和共享平台，让教师校际交流实现互动和双向选择，打破学校界限壁垒，实现人力资源的科学调配和共享。三是打造专业教师队伍，以中国教育科学研究院专家团队为主体建立导师团队，以工作坊和专题研讨等形式指导荔湾名教师培养对象，形成研究共同体，参与各项专题研究和挂职跟岗，培养造就更多的骨干教师、卓越教师、教育家型教师。

（四）深度拓展，创新模式，凝练生态德育"荔湾方案"

习近平总书记在全国教育大会上指出，教育必须把培养社会主义建设者和接班人作为根本任务。为实现这一目标，在下一阶段中，荔湾区将继续坚定不移地落实立德树人根本任务，创新生态德育模式，提升新时代学校德育效能。一是倡导以自主、体验、共生理念下推进生态型德育和家庭教育项目的实践与研究。在以内生、共生、续生、衍生为核心内涵，实现全员参与、

全方位育人、全学科育人、全过程育人，推动形成荔湾德育品牌。二是进一步完善荔湾区生态德育模式建设，以新时代中国特色社会主义思想和社会主义核心价值观为指引，以政府为主导，以学校为主体，以专业科研力量为支撑，以特色课程为载体，融合学校、家庭和社会等多方力量，综合运用课程、文化、活动、实践等协同育人方式，构建区域性生态型德育建设和发展模式。三是以实施"一十百千万"工程为主线，以提升家庭背景下社会全体公民家庭教育素养为核心，依托家庭教育学院，健全管理制度和工作机制，积极探索具有区域特色的家庭教育理论和实践体系，使家庭教育工作成为生态型德育建设和发展的重要动力和支撑。

（五）多元开放，合作交流，提升区域教育国际化水平

习总书记说过，"只有开放合作，道路才能越走越宽"。要实现教育发展，需要扎根本土，放眼世界，在开放交流中实现自我成长。一是在更高的舞台，辐射教育国际影响。积极参与更多的国际交流与合作，争取主办国际教育论坛、学术会议和活动赛事，扩展荔湾教育国际视野和品质。二是以更宽的视野，推进教育国际交流。强化与粤港姊妹学校、加拿大艾伯塔省姊妹学校等的交流，进一步推动区内学校与不同类型地区和国家学校之间的合作与交流；鼓励更多学校和师生积极参与国际教育类竞赛或展示活动，开展体育、艺术、科技交流，传播中华优秀传统文化和荔湾文化；进一步扩大教师海外培训规模，实现从学前教育到高中教育阶段的全覆盖。三是以更快的步伐，推进国际理解教育。学习借鉴国际先进的教育理念推动课程和教学改革，大力开展国际理解教育及相关主题实践活动，开展教育国际化示范校建设，打造国际理解教育特色品牌，使其成为荔湾对外交流的示范窗口和闪亮名片。四是以更大的力度，优化涉外教育服务体系。积极推动海外引进策略，支持海外优质教育资源参与辖区办学；支持有条件的学校开设国际部；健全中小学校招收国际学生管理服务制度，为海外人员子女入学、接受中国课程教育提供便利；鼓励中小学校积极参与汉语国际化推广，展示中华文化魅力，增强文化自信。

未来几年，荔湾教育的目标是力争实现各领域全面领先，努力创建全国前列、全省一流、广州示范的教育现代化先进区。相信在中国教育科学研究院的理念引领、战略谋划以及全方位的支持帮助下，荔湾教育将在整体上实现大跨越、大发展，进而为荔湾区推动"四个出新出彩"，打造"湾区门户、广州名片、产业高地、现代商都"贡献新力。

B.17 2019年南沙区"人工智能+智慧教育"发展报告

杨子莹 吴伟超 汤普*

摘　要： 智慧教育以培养智慧型人才为最终目标，以人工智能、物联网、云计算、大数据等新一代信息技术为驱动和支撑，打造智慧教育环境，以融合当前最先进的教育理论、系统理论和高新技术为路径，构建包含智能教学、交互式学习的新型教育体系，以及智能、快速、全面的教育分析系统，为师生提供精准推送的教育服务；实现日常教育和终身教育定制化，是教育信息化发展的高级阶段和未来方向。近年来，南沙区开展了"人工智能+智慧教育"的实践与探索，以深化应用为核心，逐步建成具有南沙特色的"人工智能+"教育信息化体系。未来，南沙区应推进智慧教育各类环境进一步优化提升，推进智慧管理和评价向纵深发展，进一步促进教育教学深度融合和创新。

关键词： 智慧教育　人工智能　智慧课堂

---

* 杨子莹，中小学高级教师，原南沙区教育发展中心副主任，主要研究方向为教育管理、学校课程、教育信息化和英语教学等；吴伟超，中小学一级教师，南沙区教育发展中心信息技术教研员，主要研究方向为教育信息化建设、应用、推广和小学信息技术教学等；汤普，南沙区教育发展中心电子技术工程师，主要研究方向为计算机网络及教育信息化。

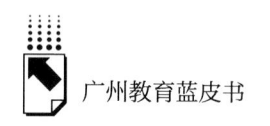

近年来，南沙区立足"粤港澳全面合作示范区、新型城市化发展先行区和样板区及广州城市副中心、粤港澳大湾区城市群核心门户城市"的功能定位，以"大手笔""高起点""高规格""新思维"为教育发展方向，践行"适合的教育"理念，坚持"存量提质、增量提速"基本思路，充分发挥教书育人和服务社会功能，大力推行智慧教育，促进信息技术与教育教学深度融合，深入推进课堂教学、人才培养、教育治理、服务供给模式变革，进一步提升区域教育信息化整体水平，逐步建成具有南沙特色的"人工智能+智慧教育"体系，致力于构建"立足广州、服务湾区、面向世界"的国际化教育新格局。

一 背景概述

当前，教育信息化发展已经进入技术与教育教学深度融合阶段。教育部2012年出台的《教育信息化十年发展规划（2011~2020年）》（教技〔2012〕5号）、2016年出台的《教育信息化"十三五"规划》（教技〔2016〕2号），广东省教育厅2017年出台的《广东省教育信息化发展"十三五"规划》（粤教基〔2017〕91号）等规划均提出教育信息化发展应以深化应用为核心，要充分发挥大数据、云计算、人工智能等技术对教育教学改革和发展的作用。南沙区的教育信息化建设和应用虽已初具规模，但与全区经济建设的快速发展及教育现代化的目标要求、与国内外教育先进区相比还有较大的距离，与"智慧南沙"的要求还不相适应，面临着不少挑战，主要有以下几方面。

第一，信息技术与教育教学未能深度融合，亟须实施人工智能技术构建智慧化、创客化课堂，促进教育模式转变和学习方式变革，实现因材施教。

第二，教育资源的共享程度有待教育服务智能互联互通技术的提高。亟须实施教育服务智能互联互通技术促进学区内优质数字资源共享、优秀教学模式与经验共享、区校管理一体化，建设智慧学区，促进教育优质均衡发展。

第三，新高考改革亟须采取深度学习等方式实现学生发展规划、选课走班、评价选优，全面响应新高考的教、评、管综合改革。

第四，教学质量数据采集分析不够完善，亟须采用教育大数据伴随式采集技术实现教学过程数据动态采集分析应用，建立南沙区教育大数据仓库，实现精准化教学和管理。

第五，教育管理效能提升面临较大瓶颈，亟须应用全区教育数据智能交换等技术使管理工作集成化、规范化、移动化，提升行政办事效率，实现智慧管理。

二 南沙区教育信息化工作目标和思路

为推动人工智能、大数据等先进信息技术融入教、学、考、评、管各个环节，服务教育改革发展，着力做好教育信息化顶层规划，南沙区教育信息化工作以南沙教育云平台建设为中心，打造智慧校园和学习社区两类环境，充分收集业务数据，形成教育基础数据、教育资源和教育行为跟踪三类数据资产库，全过程过态数据采集、个性化教学推荐，智能语言评测，智能自动批改四类智慧技术，服务区域管理者、校长、教师、学生、家长五大核心用户，最终形成智慧教学、智慧学习、智慧考试、智慧评价、智慧管理和智慧保障六大应用场景，逐步形成南沙智慧教育"123456"发展体系（见图1）。

（一）工作目标

南沙区教育信息化工作以"适合的教育"为引领，落实立德树人根本任务，树立以学生发展为中心的智慧教育理念，从尊重教育规律和学生身心发展规律出发，充分利用大数据、云计算、人工智能等先进技术，以深化应用为核心，积极探索"人工智能+教育"模式，通过优化课程结构、提升课堂教学、丰富课外活动等形式，把个体发展的选择权交给学生，构建"互联网+"条件下的人才培养模式，实现因材施教、精准教学和个性化学习，努力让每个学生都能享有公平而有质量的教育。

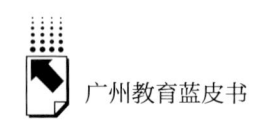

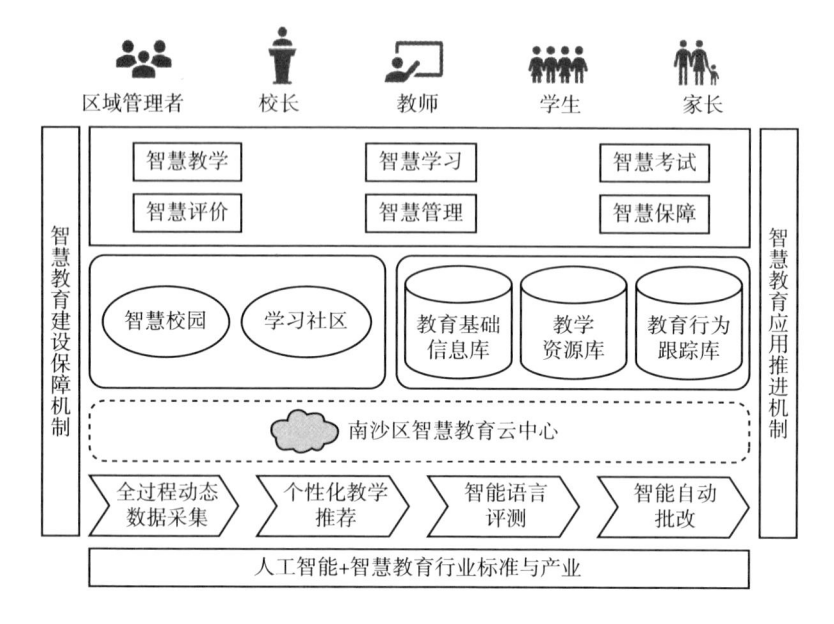

图 1　南沙智慧教育"123456"发展体系

（二）工作推进思路

坚持育人为本，全面贯彻落实教育部和省、市教育信息化发展路径要求，以"适合的教育"为引领，坚持存量提质、增量提速，坚守教书育人和服务社会基本定位，落实应用驱动和机制创新两条方针，以教育现代化为主线，以促进信息技术特别是智能技术与教育教学深度融合为核心，以能力素养培养为重点，大力推动人才培养模式变革，全面推进智慧教育基础环境提升工程、智慧教学应用能力提升工程、智慧教育资源共建共享工程、智慧管理应用能力提升工程、师生信息素养提升工程、学生评价机制创新工程"六项重点工程"，深化教育治理体系及能力建设，提高教育教学质量和教育治理水平，以教育信息化支撑和引领教育现代化。

（三）创新管理和保障体系

1. 完善管理体制

建立信息化工作领导小组，由分管信息化工作的副局长担任组长，以教研、科研、培训及信息化推进为一体的区教育发展中心作为牵头部门，联合各智慧校园实验校、专家指导团队，负责整项工作的战略决策、过程监督及统筹管理；建立信息化工作执行小组，负责建立具体的执行保障机制，包括学校各阶段主要工作任务、工作安排、培训制度、管理制度、应用推广方案等，如《广州市南沙区教育云资源管理暂行办法》《广州市南沙区教育数据管理暂行办法》《南沙教育云平台管理暂行办法》《南沙教育云信息安全管理暂行办法》《广州市南沙区教育云账号管理办法》等全过程规范化的管理制度，确保了信息化建设、应用、管理工作得到全面落实。

2. 创新应用推进机制

2019年6月，区教育局印发《南沙区"人工智能＋智慧教育"应用推进工作方案》，区内各智慧校园实验校制定了《智慧校园实验校应用推进工作方案》（简称"一校一案"），初步形成"区教育局搭建平台、学校积极推动、师生主动探索、专家定向引导、承建方技术维护"的推进模式，加强多方合作，共同探索具有南沙特色的智慧教育应用推进机制。

3. 建立完善的研训机制

为了让更多师生了解智慧教育的相关理论，体验智慧课堂创新应用和大数据精准教学，确保相关人员能够清晰认识各项智慧应用产品的功能和特色，区教研部门建立了完善的研训机制，确保各类智慧应用落到实处。一是组织专家团队到实验学校开展应用推进工作宣讲和现场调研；二是联合各实施方按角色组织专项培训工作，包括区教研员培训、学校管理员培训、教师集中功能培训、学生及家长培训、教师学科融合培训等；三是定期组织名师讲学、微课等各项赛课活动，组织开展教研跟踪辅导和校内外交流研讨课，并确保每学期至少举办一次大型智慧教育研讨交流活动；四是加强研训活动宣传，陆续发表"启航智慧学习，做有温度的适合的教育"等十多篇"人工智能＋教育"系列报道，促进区内外的教育教学交流，激活师生积极性。

三 南沙区教育信息化的主要成效

南沙区高度重视教育信息化工作，不断加大教育信息化统筹投资力度，依托"六项重点工程"，提升教育信息化整体水平，推动"人工智能+智慧教育"项目实施，全面推进智慧教学、智慧教研、智慧管理和智慧服务四类应用，逐步形成"新课堂、新课程、新教研、新评价、新校园、新治理"的智慧教育发展新形态。

（一）推进智慧教育基础环境提升工程，打造智能化环境

立足"适合的教育"理念，南沙区教育信息化建设从智慧教学、智慧管理、多元评价三个维度出发，打造与智慧教育发展相适应的基础网络环境，搭建智慧课堂、创新实验室等智能教学环境，营造支撑智慧教育体系的集成统一的数据环境，全面服务区域管理者、校长、教师、学生和家长，深入推进课堂教学、人才培养、教育治理、服务供给模式改革，为新时代区域创新人才培养、教育资源共享、教育教学质量提升等提供全面支持。

基础网络环境：区内教育单位全部接入南沙综合业务光纤网，实现网络统一出口；所有学校完成"校校通"工程建设，实现千兆进学校、百兆进场室的目标；配置监控摄像头等校园安全设施，建成上网行为管理、日志追踪等安全系统，形成与教育改革发展相适应的网络安全体系，网络与信息安全有可靠保障。

智能教学环境：视频会议系统、智能录播室实现在全区中小学全覆盖；智慧课室覆盖全区所有高中班级，实现所有学科全覆盖，所有教学角色全覆盖，教学场景全覆盖，数据采集全覆盖，惠及1万多名师生；建成一批创新实验室，实现3D打印、虚拟现实、智能机器人等创客化课堂教学。泛在教学环境的搭建，改变了以往的灌输式以教定学传统，打造以学习者为中心的个性化教与学。

集成数据环境：建成南沙教育云平台，打造成省内首个区级教育大数据平台，实现通用教育业务的集中化管理和信息资源的按需分配，形成基于统一数据环境的集成、智能的智慧教育平台。为教育科学决策提供有效支持，为教师实施精准化教学和学生个性化学习提供数据支撑，以及推进以学生个性化发展为本、科学多元的评价体系。

（二）推进智慧教学应用能力提升工程，创新教育教学模式

大力推进智慧教学，促进"适合的教育"在区内深化落地。利用信息化手段，探索创设基于人工智能、物联网、云计算、虚拟现实、3D打印等新技术和大数据系统的智能学习环境，推行自主、合作、探究式的学习方式和启发、讨论、参与式的教学方式，通过优化课程结构、提升课堂教学、丰富课外活动，促进课程改革和教育资源公平化，持续推动智慧教学应用能力提升，创新教育教学模式。

南沙区已建成220个智慧课室和15间创新实验室，实现了高中班级智慧课堂全覆盖，同步配置精准教学与个性化学习系统，实现智慧教学应用常态化。通过人工智能和大数据技术，推进了智慧教学应用能力提升，促进了教师教学方式和学生学习方式的变革；多元化的创新课程体系锻炼了学生创新能力和学科核心素养。目前，智能备课、智能授课、智能评测、智能作业、智能录课等教学提升应用已在各实验校常态化应用。以南沙一中为例，该校通过应用智慧课堂，学生成绩有了显著提升，在2019年高考中，率先实现了所有学生都可以上大学的新突破。

智慧教学相关情况如下（以下统计截至2019年6月）：

1. 智慧课堂覆盖情况

南沙区智慧课堂覆盖13所学校，学校覆盖率为15.8%，实现区内所有高中班级全覆盖，有效用户总数10498人，其中教师1017人，学生9481人。

2. 学习资源分享情况

常态化智慧课堂应用积累的备课、授课资源累积：10813份；南沙一

中资源积累和分享工作意识较高，后续需要强化其他学校资源积累和分享工作（见图2）。

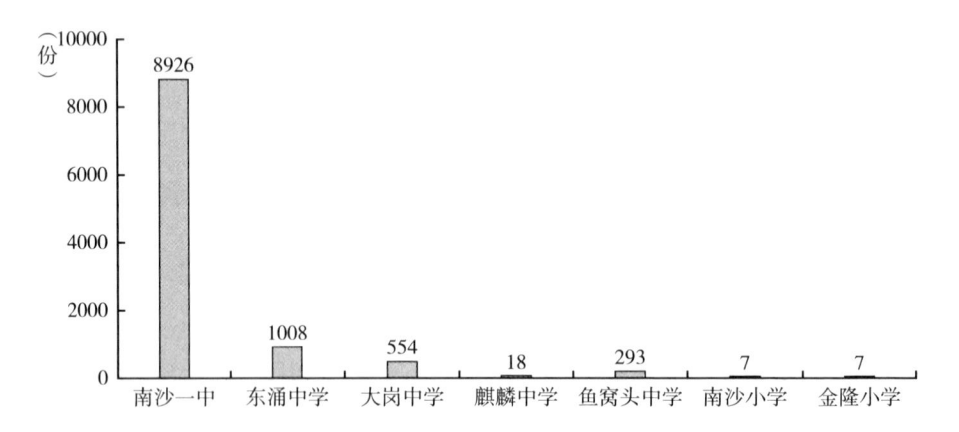

图2 南沙区各实验学校资源分享情况

3. 授课及活跃教师情况

使用智慧课堂累计授课29939次，6月份活跃老师数479名，6月份教师授课率平均数为54.75%（见表1、图2、图3）。

表1 南沙区实验学校授课及活跃教师情况统计

学校名称	累计授课次数（次）	有效教师数（名）	6月份活跃教师数（名）	6月份活跃度（%）	6月份教师授课率(%)
南沙一中	13011	354	181	51.13	32.49
东涌中学	2935	97	85	87.63	57.73
大岗中学	6823	100	67	67.00	56.00
麒麟中学	1854	68	41	60.29	38.24
鱼窝头中学	1239	78	47	60.26	38.46
南沙小学	3474	63	47	74.60	60.32
金隆小学	603	11	11	100.00	100.00
合计	29939	771	479	71.56	54.75

4. 智慧课堂功能应用情况

教师通过智慧课堂系统一键投屏、掌控课堂，让自己脱离讲台束缚，走

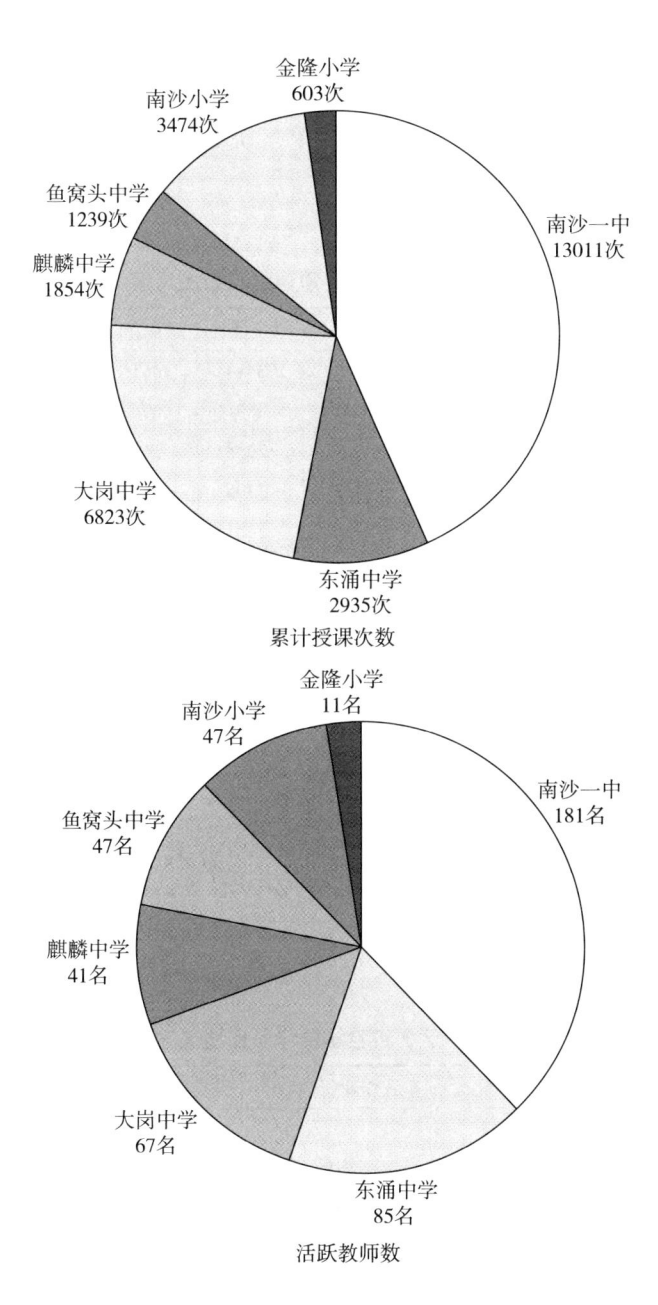

2019年南沙区"人工智能＋智慧教育"发展报告

图3 南沙区各实验学校累计授课次数及
6月活跃教师数统计

进学生当中，师生立体化交互，实施提问、投票、讨论、抢答、随机作答、表扬、小组 PK 等多种互动模式（见表2）。从学校的课堂互动类型来分析，智慧课堂系统帮助教师与学生开展立体化互动交流，满足课堂互动中各场景下的需求，使课堂变得更生动。

表2 南沙区各实验学校智慧课堂功能应用情况统计

学校名称	班级空间	电子白板	电子课本	电子课件	课堂互动	拍照讲解	我的微课
南沙一中	41284	16666	25811	73414	14616	23150	3631
东涌中学	272	5110	8040	9891	4763	4450	173
大岗中学	240	4262	9897	17238	2670	13148	209
麒麟中学	1043	2867	2082	7306	4121	2169	176
鱼窝头中学	350	2408	6080	5131	2926	2052	481
南沙小学	125	2044	14728	9221	5059	11959	234
金隆小学	12	1579	1010	1883	631	5164	10
合　计	43326	34936	67648	124084	34786	62092	4914

5. 作业应用情况

累计布置作业 12613 次，作业份数 186059 份，作业平均提交率 53.42%；一半以上学生都可以作答并按时提交作业（见表3、图4）。从这一点可以看出，"智慧课堂"方便了教师布置作业和学生提交作业，助力教育减负增效。

表3 南沙区各实验学校作业反馈情况统计

学校名称	作业布置次数(次)	布置作业份数(份)	提交作业份数(份)	作业提交率(%)
南沙一中	7202	88527	55685	62.90
东涌中学	1344	58167	38117	65.53
大岗中学	421	16754	8571	51.16
麒麟中学	624	13245	9065	68.44
鱼窝头中学	330	3935	1609	40.89
南沙小学	2615	2607	1377	52.82
金隆小学	77	2824	909	32.19
合　计	12613	186059	115333	53.42

综上，在智慧课堂应用方面，教师能便捷获取优质教学资源，大量减少了备课时间，提高了备课质量。通过全过程教学、测验、评价、考试、考核数据动态循环采集与数据分析，教师可以精准掌握班级整体情况和学生学情，及时优化教学方案，动态调整教学重心；通过机器人伴学、智能语音测

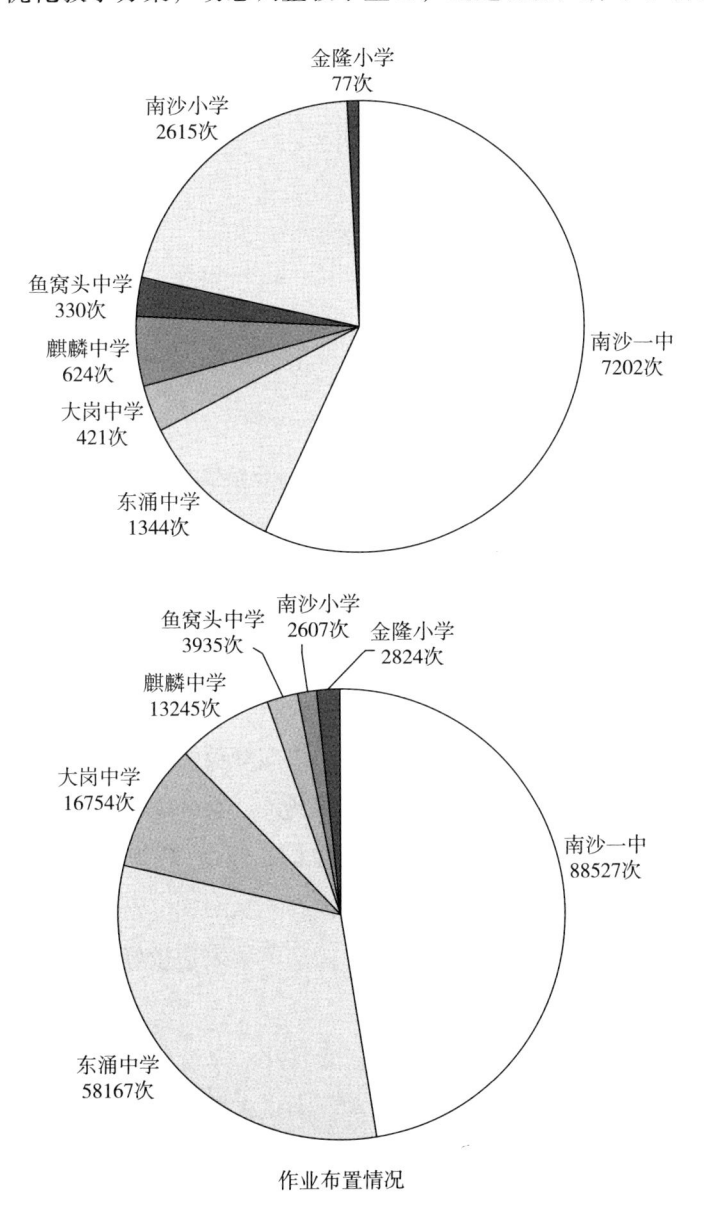

金隆小学 77次
南沙小学 2615次
鱼窝头中学 330次
麒麟中学 624次
大岗中学 421次
东涌中学 1344次
南沙一中 7202次

鱼窝头中学 3935次
南沙小学 2607次
金隆小学 2824次
麒麟中学 13245次
大岗中学 16754次
东涌中学 58167次
南沙一中 88527次

作业布置情况

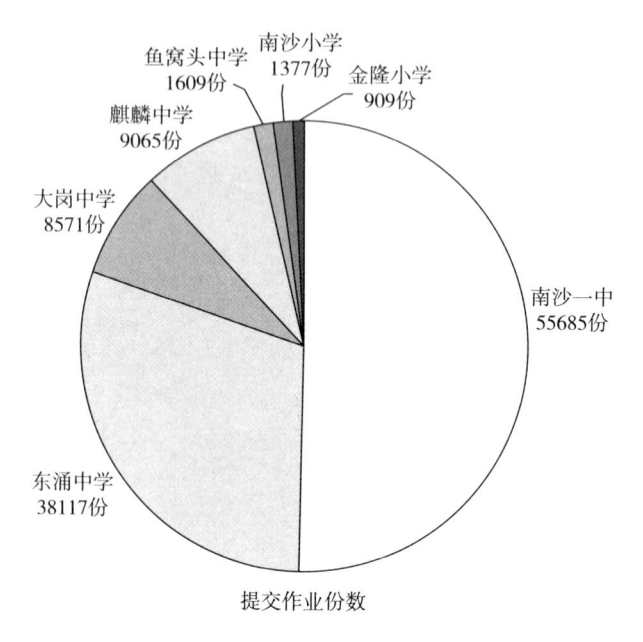

图4 南沙区各实验学校作业反馈情况统计

评、智能作业批改等新型学习方式，学生可以形成个人知识图谱，有针对性地进行自我学习。同时，针对学生薄弱知识点，智能系统可以进行个性化学习资源的推送，帮助学生提高学习效率。

智能语音和英语作文智能评测已在南沙各智慧实验学校实现常态化应用，学生借助这些功能模块可以有效提高语文和英语的学习能力。智能语音技术可以让学生了解自己的朗读水平、流畅度、准确度等，并针对英语的元音辅音和语音语调等纠正发音不标准的单词，还可以进行人机对话训练等。英语作文智能评测可以识别学生的手写内容，从结构、语法等多个维度进行自动评价，并指出具体错误和类型，标记文章中表达较好的地方，实现智能批改。

此外，学校通过多元化、科学化、个性化、系统化的课程体系，利用创新实验室开展教学、社团、科技等活动，学生大胆尝试、动手实践、探究实验，形成创意设计、制作产品，教师进行创新创客教育和跨学科融合的

STEAM 教育活动，包括数学、物理、信息技术等多学科融合的项目式学习，人工智能开发场所和机器人设计、3D 打印、虚拟演练等活动，促进学生在文化基础、自主发展和社会参与等方面核心素养的发展，锻炼动手动脑能力，提高科技制作创新意识，培养团队合作精神。

（三）推进智慧教育资源共建共享工程，提升区域教育资源供给服务能力

南沙区充分发挥"互联网＋教育"优势，借助覆盖全区中小学的智能录播室、视频会议系统等现代技术设备，学校、教师可通过网络教研、视频会议等新形式，或以名师引领，进行跨区域的集体备课、听课评课、主题研讨等一系列教研活动，打破时空限制，在线上汇聚各类教学、研讨、研修、培训类资源，实现优质教育资源共建共享，提升供给服务能力。一是实现了市内外优质教学资源和教学案例在我区辐射共享；二是实现区内薄弱学校教科研帮扶，"名师课堂"共享，全方位构建新教研体系，全面提高教学质量。

（四）推动智慧管理应用能力提升工程，探索大数据辅助的科学决策和教育治理机制

立足智慧教育"123456"应用体系，利用人工智能和大数据等新技术建成南沙教育云平台，并将其打造为广东省首个区级教育大数据平台。集智慧校园管理、新高考教务教学管理、学区化校园共享、招考信息服务、学生学业水平质量监测、教育大数据决策与服务支持等功能为一体，动态采集师生在各类教学、测验、评价、考试、考核等教育决策管理场景、教与学活动场景，以及个人自主学习场景活动中产生学习和行为过程数据，打通了校园场景，为学生、老师、校长、区域管理者进行学习、决策提供有效及时的数据支撑。目前，南沙智慧教育云平台已初步完成标准应用的可视化结果呈现，主要通过统计智慧课堂和精准教学与个性化学习系统两个核心场景，形成反映不同教育现状的数据指标，管理者通过解读具体指标，判断当前教育

工作的成效，为科学决策提供有效支撑服务。

依托南沙教育云平台，教师对学生的学习全过程进行动态、实时的诊断分析和反馈，指导其形成良好的学习习惯；教师可以根据分析数据进行课程教学的改进和学科诊断；管理者可以直观地根据教学各环节的具体应用情况，进行辅助决策；家长可以及时查收学校、教师发布的教学、考试、出勤等信息，及时了解孩子的身心健康、学习成绩及变化情况，根据孩子个性需求提供培养策略，推动教育管理从"人管电控"向"智能管控"转变。

（五）推进学生评价机制创新工程，构建南沙教育"一生一案"

南沙区通过南沙教育云平台跟踪监测教学评估过程，开展学情分析，准确评估教学和学习效果，依托学生综合素质评价指标体系和评估模型，全方位、多层次伴随性采集学生学业数据、行为数据、综合素质评价数据等，构建基础教育阶段的学生成长档案、基于大数据精准服务的教学方案、基于学生知识图谱构建的个性化学习档案，积极探索以学生个性化发展为本、科学多元的评价机制，构建南沙教育"一生一案"。通过形成多维度学生画像，变单一评价为综合性多维度评价，推进学生评价机制创新，有效支撑学生综合素质评价体系和方式改革，为教师实施精准化教育和学生个性化学习提供反馈支撑，推进以学生个性化发展为本、科学多元的评价体系，实现课堂教学和学习方式的及时调整，让每一个学生都能探寻适合自己的学习方式。

（六）推动师生信息素养提升工程，提升师生信息化应用能力水平

南沙区利用信息技术支撑课程结构优化，内容扩充，形态重构，过程监测，实施"人工智能+教学改革"，改善师生的教与学环境和方式，提高师生信息化应用能力水平，推进学科基础课程、跨学科创新课程等体系建设，注重学生关键能力和核心素养的培养，全面推动师生信息素养提升。目前，全区智慧教育相关的各级在研课题达35项，课题内容包括管理组织、资源建设、教学模式、教学方法、学校特色等方面。近三年来，全区共有超过3600多位教师通过该系统参加了"一师一优课"晒课活动，晒课的数量超

过了 4100 节，使用录播课室进行录制的实录课达到了 1600 多节。智慧教育云平台已积累教学教研类数据资产 33 万余份，包括：实录类 4190 份；试卷类 319369 份；报告类 13716 份。师生在各类科技类比赛中也取得不错的成绩，共获得国家级奖励 150 项，省级奖励 439 项，市级奖励 2267 项。

四　思考与展望

（一）推进智慧教育各类环境进一步优化提升

目前，南沙区的智慧教育建设虽然取得了很大的突破，但与智慧教育可持续发展要求还有一定差距。未来我区将进一步加大智慧课室、创新实验室等新型网络学习空间和泛在支撑平台的覆盖。同时，针对南沙区今后智慧教育相关应用的大规模推进，与智慧教育发展相配套的网络带宽资源需加快协调布署。各类智慧应用的进一步建设需要各部门的大力支持。

（二）推进智慧管理和评价向纵深发展

目前，南沙教育云平台已初步完成标准应用的可视化结果呈现，实现基本的教务管理、新高考选课走班等教学管理和基于学生个性化评价的"一生一案"。未来，我区将按照"数字政府"的要求，充分利用人工智能神经网络算法的高效性和准确性，梳理信息资源目录，建立教育数据标准体系和开放接口，完善升级集资源、服务于一体的教育大数据平台，深化各级教育公共服务平台对接，助力南沙区教育管理高效科学决策，实现区域教育资源均衡和合理配置。

（三）促进教育教学进一步深度融合和创新

随着信息技术迅速发展及其在教育教学中的广泛应用，传统课堂已向信息化、智能化发展。南沙区对智慧教学的应用也在不断探索，由于应用推广时间较短，新技术与教育教学融合创新与预期还存在一定差距，如何用好智

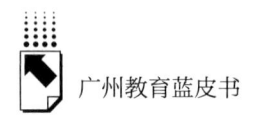

慧课堂、数字教学资源、精准教学等新技术，将是全体南沙教育人不断努力和改进的方向。我们将联合专家团队按学段、分学科主动探索教学优化的策略与方法，探索跨学科融合创新、自适应学习等新型教育教学模式，提升学生的学科核心素养，促进信息技术与学科深度融合，找到将智慧教育产品常态化应用的解决方案。

南沙教育未来将以"人工智能+智慧教育"为抓手，着力打造特色教育品牌，全面有序推进教育信息化建设，积极构建智慧教育链：智慧型管理者—智慧型教师—智慧型家长—智慧型学生，助推智慧成长，实现个性化、精准化教学和智慧管理，为南沙教育事业营造富有智慧气息和生命活力的融合发展新模式。

B.18
2015~2018年黄埔区初中学位供给侧结构性改革研究报告

许逊 周南旋 焦非非*

摘　要： 本文通过对黄埔区初中学位供给侧现状的调查与分析发现，黄埔区初中学位供给总量仍需加大，供给质量仍待提升，供给结构仍要优化，供给机制仍需完善。未来，黄埔区初中学位供给侧结构性改革应以科学规划来确保初中学位供给总量，以多措并举来构建初中学位供给体系，以财政投入来强化初中学位供给支撑等，从而促进黄埔区义务教育高质量可持续发展。

关键词： 义务教育　初中学位　供给侧结构性改革

党的十九大报告指出，深化供给侧结构性改革，要坚持去产能……扩大优质增量供给，实现供需动态平衡。2019年7月30日召开的中共中央政治局会议强调，要坚持稳中求进工作总基调，坚持以供给侧结构性改革为主线，坚持新发展理念，推动高质量发展，促进经济持续健康发展。经济领域有"供给"和"需求"，教育领域同样有"教育供给"与"教育需求""学位供给"与"学位需求"。由此看来，供给侧结构性改革不仅是

---

* 许逊，广州市黄埔区教育局党组成员、副局长，中学地理高级教师，主要研究方向为基础教育、教育督导与评估；周南旋，广州市黄埔教育研究中心主任，中学化学高级教师，主要研究方向为教育政策、课程教学、教育评价；焦非非，教育博士，广州市黄埔区教育研究中心书记兼中学历史教研员，中学历史高级教师，主要研究方向为教育政策、教育管理、历史课程与教学。

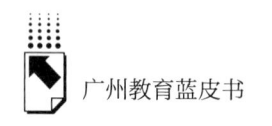

经济领域的事,也是教育领域的事。在初中学位供给与需求的关系框架中,问题的实质就是以政府为主导提供的初中学位资源与社会公众对初中学位的供需数量、供需质量和供需结构不匹配,从而导致学位供需矛盾比较突出。初中学位供给改革已成为当前地方政府发展义务教育的战略选择。

黄埔区位于广州市东部,依托广州经济技术开发区,地处穗港澳黄金三角中心地带,是华南地区对外经济、文化交流的重要门户。全区总面积484.17平方公里,辖16街1镇,总人口111.41万。区域内现有初中学校共34所,其中公办初中学校21所,民办初中学校13所,广东省义务教育初中标准化学校32所,广州市义务教育初中特色学校8所。黄埔区委、区政府致力于建设兴业宜居的现代化新区,扎实推进教育基本公共服务均等化,全力保障教育公平,全面增强教育综合实力,不断扩大优质教育资源,促进初中义务教育优质均衡发展,努力办好人民满意的义务教育。黄埔区正在改革初中学位供给,整合政府、社会和家庭的资源,优化初中学位供给结构,提升初中学位供给的数量和质量。

一 问题陈述

(一)研究背景与意义

当前,义务教育领域初中学位有效供给不足、资源配置失衡、结构性供需错置等供需矛盾日益显现,大力推进初中学位供给侧结构性改革,是推动黄埔区初中学位供给与需求达到更加契合的迫切任务。

基于初中学位供给侧结构性改革的教育公共服务研究,就是要顺应供给侧结构性改革对初中教育的新期待,揭示黄埔区初中学位供给服务的政策现状、制度创新和政策走向,扎实推进初中学位供给基本公共服务均等化,不断扩大优质初中学位供给资源,促进黄埔区义务教育优质均衡发展,打造广州东部基础教育高地。

（二）概念界定

教育供给侧，是指教育政策、教育制度、教育资源、教育产品和教育服务的供给方，其主体一般包括政府、教育管理者、学校以及学校内从事教学科研工作的教师。[1]

教育供给侧结构性改革，就是指围绕教育资源和教育服务供给主体方式的改革。即在顶层设计的框架下，通过一系列深度的体制机制改革和政策举措，厘清教育领域政府和市场的责任边界，理顺由主体之间关系构成的教育管理体制，优化以办学体制为核心的教育资源与服务供给方式，明晰社会发展的需求与现代教育体制之间的关系，实现教育治理体系和能力现代化的提升，进而更加有效地服务于国家经济社会发展的人力资本需求、服务于民生改善。具体言之，就是淘汰落后、低端、过剩、无效的教育供给，转而提供更加高端、优质的教育供给，以满足不同层次的教育需求，从供给的角度来缓解"教育供给"和"教育需求"之间结构性短缺问题。[2]

初中学位供给侧结构性改革是指用改革的办法推进初中学位供给侧结构调整，减少无效和低效初中学位供给，扩大有效和中高端初中学位供给，增强初中学位供给结构对需求变化的适应性和灵活性，促进初中学位供给的多样化和优质化，更好地满足人民群众日益增长的个性化发展的教育需求。

（三）研究内容

本研究以黄埔区义务教育初中学位供给情况为案例，主要分别从学位供给总量、学位供给结构等两个维度，对初中学位供给现状进行分析和审视，为深化初中学位供给侧结构性改革提供事实依据，进而提出优化黄埔区义务教育初中学位供给侧结构性改革的政策建议。

---

[1] 周海涛、朱玉成：《教育领域供给侧改革的几个关系》，《教育研究》2016年第12期。
[2] 庞丽娟、杨小敏：《关于教育供给侧结构性改革的思考和建议》，《国家教育行政学院学报》2016年第10期。

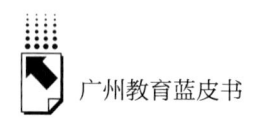

二 现状分析

义务教育初中学位供给侧结构性改革，就是要促进传统的初中学位"需求侧拉动"转向更加注重"供给侧推动"。只有以优化学位供给结构、提高学位供给质量为改革核心，才能从根本上解决学位供给问题。为了解黄埔区义务教育初中学位供给侧现状，本研究主要以黄埔区初中教育统计数据（2015~2018学年）、黄埔区教育公共服务平台、黄埔区统计局等数据发布资料为数据来源，以学位供给总量、学位供给结构等为分析维度，对黄埔区义务教育初中学位供给侧现状进行调查与分析。

（一）供给总量分析

1. 初中学位供给总量逐年提升

从图1可以看出，黄埔区义务教育初中学生在校生数逐年稳步增长。初中学生在校生数由2015学年的19547人增加到2018学年的23490人，增加了3943人，增长20.17%，年均增长率约为6.31%（见图1）。这就说明黄埔区初中学位实际供给总数是呈逐年上升的基本态势。

2. 初中学位供给总量严重不足

《城市居住区规划设计规范GB50180-93（2016年版）》明确提出，居住区公共服务设施的配建水平应以每千居民所需的建筑和用地面积（简称千人指标）做控制指标，千人指标是一个包含了多种影响因素的综合性指标，具有很高的总体控制作用。[1] 千人指标可分为人口千人指标、建筑面积千人指标和用地面积千人指标。教育设施属于分级规模控制的设施，应根据居民小区实际居住人口、按照入学年龄人数比例估算所需的各级学位数来确定中小学和幼儿园规模，从而控制适宜的建筑面积和用地面积，并提出千人

---

[1] 中华人民共和国国家质量监督检验检疫总局、中华人民共和国建设部：《城市居住区规划设计规范GB50180-93（2016年版）》，中国建筑工业出版社，2016。

2015~2018年黄埔区初中学位供给侧结构性改革研究报告

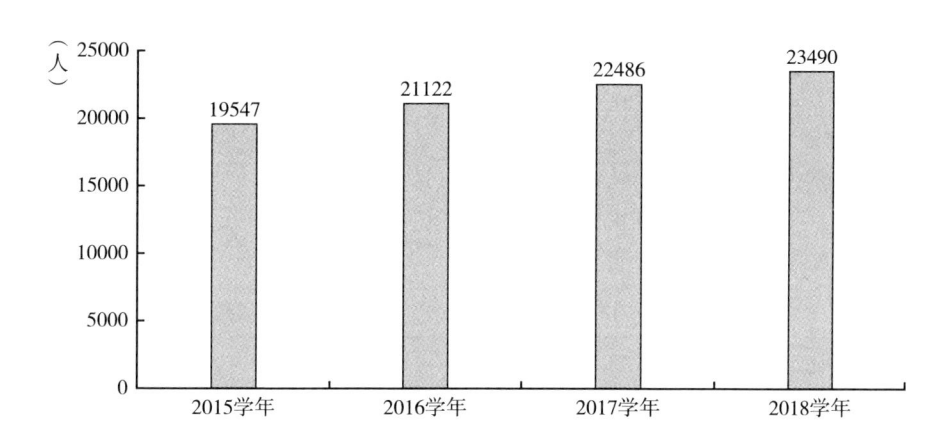

图1　2015~2019学年黄埔区初中在校学生人数

资料来源：黄埔区初中教育统计数据、黄埔区教育公共服务平台、黄埔区统计局。

指标来控制教育服务规模。我国多数地区的中小学校布点规划和控制性详细规划主要是根据千人指标进行测算，并开展中小学校规划和布局。根据广州市规划局颁布的《广州市社区公共服务设施设置标准（2014年修订版）》，广州市规划的初中千人学位指标应为47~35位/千人（见表1）。[1]

表1　广州市初中千人学位指标数

初中规模(班)	服务规模(万人)	规划初中千人学位指标(位/千人)
18	1.9~2.6	47~35
24	2.6~3.4	46~35
30	3.4~4.1	45~37
36	4.1~4.9	44~37
规划初中千人学位指标均值		41

资料来源：广州市规划局。

综合《广州市社区公共服务设施设置标准（2014年修订版）》规定的初中千人学位指标及相关研究结论，我们以41位/千人的标准对2015~

---

[1] 广州市规划局：《广州市社区公共服务设施设置标准（2014年修订版）》，2014。

2018学年黄埔区已供给的初中学位总量进行分析可以看出，2015～2018学年的黄埔区初中千人学位指标一直保持在22位/千人左右的低水平。如果按41位/千人的标准和黄埔区的常住人口数量进行测算①，黄埔区2015～2018学年初中学位缺口每年达2万个左右（见表2）。黄埔区初中学位供给尚有很大缺口，也即说明黄埔区初中学位供给总量仍然严重不足。

表2 2015～2018学年黄埔区初中学位供给总量缺口分析

学年度	常住人口（万人）	户籍人口（万人）	在校学生数（人）	千人学位指标现状（位/千人）	千人学位指标标准（位/千人）	应提供学位数（个）	在校学生数与应提供学位数之差（个）
2015	89.82	43.95	19547	22	41	36818	-17271
2016	108.25	45.75	21122	20	41	44362	-23240
2017	109.13	48.94	22486	21	41	44731	-22245
2018	111.41	52.76	23490	22	41	45674	-22184

资料来源：黄埔区初中教育统计数据、黄埔区教育公共服务平台、黄埔区统计局。

（二）供给结构分析

目前，黄埔区内共有34所公民办初中学校或完全中学初中部，分布在黄埔区的北部、中部和南部。②北部是指知识城、新龙一带，包括九佛街道等三个街镇，有初中学校3所；中部是指原萝岗区、科学城板块，包括萝岗街道等五个街镇，现有初中学校11所；南部主要是指原黄埔区、开发区，包括大沙街道等九个街镇，现有初中学校20所（见表3）。③"中强、南弱、北缺"是黄埔教育办学条件不平衡状态的概括，也是黄埔区初中学校布局不合理现状的描述。

---

① 本研究中黄埔区、镇街常住人口的数据均来自广州市统计局、黄埔区人民政府广州开发区管委会官网。
② 刘云：《黄埔教育局长专访：打造广州东部教育高地，取消择校热促教育均衡发展》，黄埔观察，https://mp.weixin.qq.com/s?_biz=MzA4Nzg5MjE2OQ%3D%3D&idx=2&mid=2651525115&sn=1e7b527726a8ba0836bd6b246bc84749。
③ 广州市黄埔区人民政府、广州开发区管委会：《工作机构街镇区域概况》，http://www.hp.gov.cn/hp/qhsj/ztzl_list_tt.shtml，最后检索时间：2020年3月9日。

2018年，黄埔区城镇化率已达91.65%，其城市化水平已经达到很高水平。因此，本部分分析不再从城乡结构比较，而侧重从区域分布结构、公办与民办学校结构、不同类型学位结构三个方面进行现状分析。

表3 黄埔区教育区域划分情况

教育区域	街镇范围	辖区初中学校	备注
北部	九佛街道 龙湖街道 新龙镇（共3个）	九佛中学、九佛二中、镇龙中学（共3所）	2015年原萝岗区与原黄埔区合并，成立新黄埔区。2018年街镇区划部分有调整
中部	萝岗街道、联和街道、永和街道、长岭街道、云埔街道（共5个）	玉岩中学（初中部）、广州科学城中学（初中部）、广州市第117中学、玉泉学校（初中部）、华峰中学、北京师范大学广州实验学校（初中部）、广州二中开元实验学校、广州二中苏元实验学校、玉岩天健实验学校、华南师范大学附属外国语学校（初中部）、南方中英文学校（共11所）	
南部	大沙街道、鱼珠街道、黄埔街道、文冲街道、红山街道、南岗街道、穗东街道、夏港街道、长洲岛街道（共9个）	广州市第86中学（初中部）、广州市第123中学、广州石化中学（初中部）、港湾中学、双沙中学、新港中学、广州开发区中学、东区中学、广州开发区外国语学校（初中部）、黄埔军校纪念中学、黄埔广附实验学校、华南师范大学附属初级中学、黄埔中大附属外国语中学、崇德实验学校、东联学校、春晖学校、东晖学校、国光学校、育才学校、同仁学校（共20所）	

1. 初中学位供给区域结构分析

（1）初中学位区域分布极不均衡

按照相关规范要求，幼儿园服务半径为300米，小学服务半径为500~800米，中学服务半径为800~1500米，初中学生基本上按所属地段区域就近入学。[①] 从2018学年黄埔区初中在校生数的绝对规模来看，初中学位供

---

① 中华人民共和国建设部、中华人民共和国国家发展计划委员会、中华人民共和国教育部：《关于批准发布城市普通中小学校校舍建设标准的通知》（建标〔2002〕102号），http://www.csdp.edu.cn/article/589.html，最后检索时间：2020年3月7日。

给总量区域分布不均，供给主要集中在南部区域，占学位总数的61.14%；其次是中部区域，占学位总数的28.65%；北部区域最少，仅占学位总数的10.21%（见图2）。北部和中部区域的初中在校学生总数远不及南部的总量。

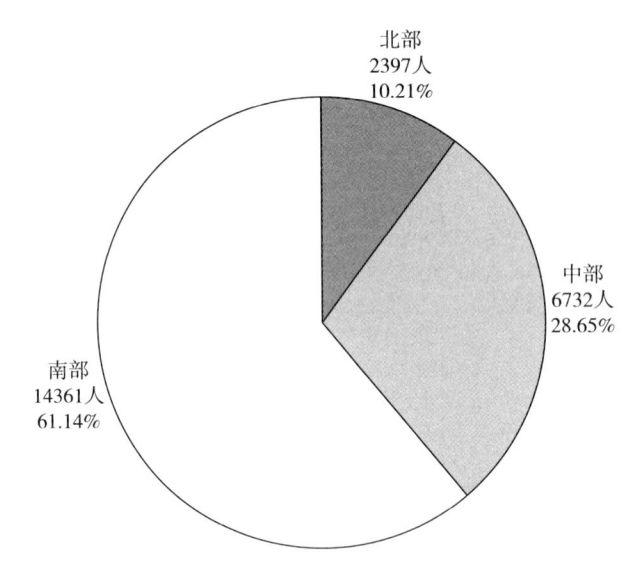

图2　2018学年黄埔区初中在校生的教育区域分布

资料来源：黄埔区初中教育统计数据、黄埔区教育公共服务平台、黄埔区统计局。

（2）初中学位供给总量缺口区域分布差异大

从表4可以看出，2018学年黄埔区三个教育区域的千人学位数差异较大，南部区域最高（26位/千人），中部区域最低（17位/千人）。如果按41位/千人的标准进行测算，2018学年三个教育区域的初中学位供给量均有不同程度的学位缺口，分别是北部缺2974个，南部缺9050个，中部缺10160个，说明黄埔区初中学位供给量的区域分布极不均衡。

2.初中学位供给量公、民办结构分析

本研究提出了初中学校服务压力的概念，其中公办学校服务压力＝常住人口数量/公办学校学位数量，民办学校服务压力＝常住人口数量/民办学校

表4 2018学年黄埔区初中学位供给缺口的教育区域比较

区域	常住人口(万人)	在校学生数(人)	千人学位指标现状(位/千人)	千人学位指标标准(位/千人)	应提供学位数(个)	在校学生数与应提供学位数之差(个)
北部	13.12	2397	19	41	5371	-2974
中部	41.14	6732	17	41	16892	-10160
南部	57.15	14361	26	41	23411	-9050
全区	111.41	23490	22	41	45674	-22184

资料来源：黄埔区初中教育统计数据、黄埔区教育公共服务平台、黄埔区统计局。

学位数量。[1] 如果把该数值进行比较，数值越大者说明学校区域服务压力越大，也就是说初中学位供不应求的形势更严峻。从表5可以看出，就教育区域初中学校服务压力来看，公、民办初中学校服务压力差异明显。从2018学年黄埔区教育区域常住人口数和公、民办初中学校在校生数为基准估算，民办学校服务压力高达166人/学位，而公办学校服务压力67人/学位，相差两倍多。从教育区域来看，南部的民办初中学校服务压力是公办学校的1.6倍，中部的民办初中学校服务压力是公办学校的4.2倍，北部没有一所民办初中学校，服务压力只能完全由公办学校承担。公、民办学校区域服务压力差异较大，说明黄埔区初中学位区域供给量存在公、民办结构不均，但黄埔区教育区域内初中学位供给主体"一公独大"的局面已有较大改观。

表5 2018学年初中学校服务压力教育区域公、民办比较

区域	常住人口数(万人)	公办在校学生数(人)	公办学校服务压力(人/学位)	民办在校学生数(人)	民办学校服务压力(人/学位)
北部	13.12	2397	54	0	0
中部	41.14	5436	76	1296	318
南部	57.15	8917	64	5444	105
全区	111.41	16750	67	6740	166

资料来源：黄埔区初中教育统计数据、黄埔区教育公共服务平台、黄埔区统计局。

---

[1] 查吉德：《教育供给侧结构性改革研究》，广东教育出版社，2019。

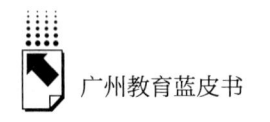

3. 不同类型初中学位供给分析

按照办学性质、管理体制、办学效益、经费来源、收费标准等，黄埔区初中学校可以划分为公办学校、合作办学公办学校、民办名校、务工子女民办学校、高收费民办学校。从表6可以看出，公办初中学校共有21所，提供初中学位17561个。其中，传统公办初中学校16所，提供初中学位13708个，学位数供给占比58.36%；合作公办初中学校5所，提供初中学位3853个，学位数供给占比16.41%，公办学校初中学位供给量占黄埔区初中学位供给总量七成多。民办学校初中学位供给量占黄埔区初中学位供给总量不到三成，其中务工子女民办学校与高收费民办学校占主体，分别是务工子女民办学校7所，提供初中学位2771个，学位数供给占比11.79%；高收费民办学校5所，提供初中学位2352个，学位数供给占比10.02%。由此可见，优质公办学校初中学位供给仍然是初中学位主要供给方，这就较好地保障了义务教育初中学位供给质量。

表6　黄埔区初中学校不同学校类型的学位供给情况

学年度	公办学校			合作公办学校			民办名校		
	所数	学位数	占比(%)	所数	学位数	占比(%)	所数	学位数	占比(%)
2018	16	13708	58.36	5	3853	16.41	1	802	3.42

学年度	务工子女民校			高收费民校			合计		
	所数	学位数	占比(%)	所数	学位数	占比(%)	所数	学位数	
2018	7	2771	11.79	5	2352	10.02	34	23490	

资料来源：黄埔区初中教育统计数据、黄埔区教育公共服务平台、黄埔区统计局。

三　初步成效

初中学位供给侧结构性改革就是要改变当前黄埔区初中学位供给侧中存在的不适应需求变化的突出问题。近几年来，随着黄埔区域经济发展、社会（人口）发展、教育发展等方面的急剧变化，初中学位供给面临着巨大的挑战，但是黄埔区积极推进初中学位供给侧结构性改革，义务教育初中学位供给取得初步成效。

（一）增加初中学位供给总量

按 2018 年黄埔区常住人口 111.41 万人测算，义务教育初中学位缺口达到 22184 个。近三年来，黄埔区小学毕业即将升入初中的学生数以每年千人的速度增长，这也就意味着三年后初中学位供给缺口达到 3000 个。随着广州经济开发区、广州科学城、中新知识城、鱼珠临港商务区的迅猛发展和各大楼盘小区的大量涌现，流入常住人口和新增进城务工随迁子女规模急剧扩张，导致黄埔区初中学位供求矛盾突出。"全面二孩"人口生育新国策实施后，户籍人口出生率迅速攀升，对未来初中学位供给也会造成很大压力。为此，黄埔区想方设法引导中心城区人口向新开发区域转移，科学规划初中教育资源，近三年高起点配套楼盘初中学校 3 所、合作办学初中学校 1 所，新增初中学位近 3000 个。通过加大初中学位供给总量力度，在很大程度上满足了公众对初中学位的刚性需求。

（二）优化初中学位供给结构

黄埔区三个教育区域学校布局结构不合理，北部区域初中学位供给量仅占 10.21%，区域学位占有总量的比例过低；中部初中学位供给缺口达 10160 个，占初中学位供给总量缺口的一半。公民办学校初中学位供给结构不均，民办学校服务压力是公办学校服务压力的两倍多。公办学校、合作办学公办学校、民办名校、来穗人员子女民办学校、高收费民办学校多元供给不同类型的初中学位，其中公办学校供给量占 70%。黄埔区做到统筹初中教育资源，实现初中学位供给主体结构多样化和区域结构科学化。比如，创设了公办初中学校委托管理模式，玉岩中学托管了玉泉学校、广州二中托管了会元学校、广州六中托管了黄埔军校纪念中学；创办了系列高校附属初中阶段学校，如北京师范大学广州实验学校、黄埔中大附属外国语实验中学、华南师范大学附属初级中学、华南师范大学附属外国语学校；创立了高中名校兴办初中学校，如广州二中苏元实验学校、黄埔广附实验学校、玉岩天健实验学校、广州二中开元学校。这些初中学校都分布在黄埔区的北部、中

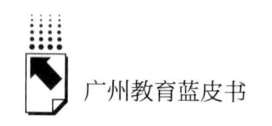

部、南部三个不同的教育区域，初步实现了初中学位供给主体结构、产品结构和方式结构以及教育区域空间布局结构的优化，为公众提供更优质、多样性、可选择的初中学位供给服务。

（三）完善初中学位供给机制

目前，义务教育初中学位供给对象的户籍限定依然存在，"两为主"（以流入地政府为主、以公办学校为主）随迁子女入学政策落实不到位，公、民办学位供给无法"自由切换"。黄埔区积极探索多校协同、区域组团、同学段联盟、跨学段联合等多种办学模式供给初中学位，组建了横向连通和纵向贯通的大沙片学区等十一大学区、广州市第八十六中学教育集团等五大中学教育集团[1]，充分发挥学区化、集团化办学模式优势和优质品牌学校示范辐射作用，增加区域优质初中学位供给总量。黄埔区新建玉泉学校等九年一贯制学校，改设华峰中学为华峰九年一贯制学校，解决好义务教育小学对口免试就近直升初中工作；增加了政府购买服务的内容和范围，划定地段区域内"人户一致"的小学毕业生，按义务教育公办初中学校收费标准安排初中学位，如黄埔中大附属外国语实验中学必须接收黄埔花园人户一致户籍生，黄埔广附实验学校必须接收万科金色悦府小区人户一致户籍生。[2]国家规定随迁子女入学"两为主"政策，在外来务工子女教育尚未形成全市统一的教育行政治理模式时，黄埔区较早地采取了积分入学办法。现在积分入学已和抽签入学、统筹入学和电脑派位相结合，每年为外来务工人员子女提供800多个公办初中学位，并实施了黄埔区义务教育初中起始年级部分招生指标分配到重点企业。近三年来，黄埔区生均预算内教育事业费、生均

---

[1] 黄埔区十一个学区分别为：西区学区、东区学区、萝岗片学区、永和片学区、镇龙片学区、永和片学区、九佛片学区、大沙片学区、双沙片学区、南岗片学区、长洲岛学区；五大中学教育集团分别为：玉岩中学教育集团、广州市第八十六中学教育集团、科学城中学教育集团、广州开发区外国语学校教育集团、知识城中学教育集团。

[2] 广州市黄埔区教育局：《关于印发广州市黄埔区义务教育阶段学校招生工作实施细则的通知》（穗埔教〔2019〕92号），http：//www.gzns.gov.cn/zwxxgk/zdlyxxgk/jyxx/201804/t20180428_367876.html，最后检索时间：2020年3月7日。

预算内公用经费持续增长，同时加大对薄弱初中学校的政策倾斜和扶持力度。如投入4700多万元用来建设广州市第87中学（现广州开发区外国语学校），投入近20亿元用来新建初中、小学6所，千方百计提升初中学位供给质量。黄埔区完善初中学位供给机制与模式，执行好初中学位供给职责、供给主体、运行机制、保障措施等制度安排。

四 对策建议

本研究表明，黄埔区义务教育初中学位供给数量、供给结构等方面与公众的优质化、个性化和多元化需求还有一定的差距，且还面临未来黄埔区社会经济发展的挑战，因此需要充分考虑初中教育事业发展的主客观影响因素，改革优化初中学位供给，提高初中学位供给水平。

（一）科学规划确保初中学位供给总量

1. 以常住人口数规划初中学位供给量

若要确保义务教育初中学位供给总量充足，我们必须改变现有观念，即从以户籍人口为基数的学位供给思路向以常住人口为基数的学位供给思路转变。当前黄埔区正处于人口快速增长时期，精准掌握初中学龄人口变动规律是科学规划初中学位供给的前提。由于人口净流入区域的初中学位需求急剧增长，从而导致了这些区域初中学位供给能力与需求之间的矛盾。2018年黄埔区常住人口111.41万人，户籍人口52.76万人，非户籍人口58.65万人，非户籍人口占比达52.64%。大批楼盘的崛起和高新企业的落户，随迁初中学龄子女流入广州经济开发区、中新知识城等黄埔区北部、中部区域，这都说明随迁子女异地入学已成为一种普遍现象。面对这种人口变化趋势，如果还是传统地以户籍小学毕业生数、初中三年毛入学率来规划初中学位供给量，这显然不能解决初中学位供需矛盾。我们以41位/千人的初中千人学位指标和黄埔区常住人口为基准估算，发现2018学年应供给的初中学位缺口达2万多个。《国家基本公共服务体系"十二五"规划》明确提出，要逐

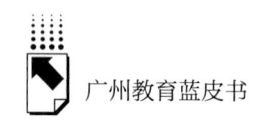

步将基本公共服务领域各项法律法规和政策与户口性质相脱离，保障符合条件的外来人口与本地居民平等享有基本公共服务，逐步实现基本公共服务由户籍人口向常住人口进行扩展。[1] 建议黄埔区政府及时根据《广州市社区公共服务设施设置标准（2014年修订版）》的相关规定，以常住人口数为基数科学规划所需的初中学位供给总量，从缩小区域差异角度考虑初中学位供给的增量问题，从教育优质均衡实施政策层面思考初中学位科学分配的问题。继续完善黄埔区义务教育初中招生积分入学工作机制。统筹考虑黄埔区常住人口规模、学龄人口变动趋势、计生政策调整、现有教育资源状况、地理环境、交通条件、中小学校服务半径、建设标准和教学保障能力等因素，对黄埔区域内未来五年初中教育学龄人口时间、空间变化情况开展科学预测，对新增初中学位需求和缺口情况进行分年度、分学段全面测算，列出学位需求清单，作为初中教育基础设施分期规划建设的依据。

2. 布局调整均衡初中学位供给

初中学校布局是某个区域地理空间上的分布结构，与社会经济发展水平和人口分布状况密切相关，它直接影响初中教育资源利用和初中教育优质均衡发展。增加新的初中学位不应是简单的区域平均增量，政府相关部门应该趁此作为初中教育资源再次合理规划和科学布局的调整机遇，以便进一步适应初中教育公共服务的规律，保障小学毕业生能就近享有初中教育资源。我们以41位/千人的初中千人学位指标和2018年黄埔区教育区域常住人口为基准估算，发现黄埔区三个教育区域初中学位缺口差异较大。这一估算为黄埔区政府规划和扩充初中学位供给总量，并注重初中学校布局调整提供了预警。学校布局和调整的标准通常有两个：一是学生上学的距离，二是学校覆盖的服务人群数量。[2] 在规划初中学校布局和调整时，既要考虑初中学校覆盖的服务人群数量，又要保障大多数小学毕业生能就近地段免试入学，从而

---

[1] 国务院：《国务院关于印发国家基本公共服务体系"十二五"规划的通知》（国发〔2012〕29号），http://www.gov.cn/zwgk/2012-07/20/content_2187242.htm，最后检索时间：2020年3月7日。

[2] 石人炳：《国外关于学校布局调整的研究及启示》，《比较教育研究》2004年第12期。

实现初中学位结合居住小区就近平衡学位需求及供给。为确保小学毕业生就近免试入学，设置初中学校的规模标准应当具有一定的灵活性。建议北部教育区域预留更多教育用地，加强民办初中寄宿制学校建设，加快广州实验中学（初中部）招生步伐，吸纳南部区域小学毕业生到北部住校学习；中部教育区域高标准规划政策配套楼盘小区初中学校，建成后无偿转交政府办学；南部教育区域加快解决改建、扩建、重建初中公办学校，重新有效盘活已移交的原黄埔区厂企初中学校教育资源存量。这样不仅有效地扩充了初中学位供给总量，也更好地回应了初中生就近入学的需求。

（二）多措并举构建初中学位供给体系

1. 政府主导提供初中学位供给基本公共服务

初中义务教育公共服务的需求层次可分为初中教育基本公共服务和初中教育非基本公共服务。提供教育基本公共服务与保障教育基本公共服务均衡是政府教育公共服务职能的底线。[1] 初中教育基本公共服务，是指我国在当前经济发展水平基础上满足基本初中教育需要、惠及最大多数初中学生的初中教育公共服务，属于初中教育公共服务的"最低纲领"。[2] 初中学位供给是每个小学毕业生都应公平且普遍享有的基本教育公共服务，是诸多教育公共服务中极具保障性质与公平色彩的教育服务类型。当前初中教育基本公共服务面临着诸多问题，其中学位供给总量不足、学位供给质量不高、学位供给结构失衡等问题尤为突出。为保障社会教育公平，政府必须成为提供初中学位基本公共教育服务的核心主体。政府是初中教育公共服务的主导者和安排者，统筹决定提供什么服务、为谁服务、提供多少服务、谁服务付费等，这是政府主导公共服务的具体体现。[3] 初中学位供给质量取决于教育用地、

---

[1] 张佳伟、顾月华：《基本公共服务均等化视野下新型城镇化与义务教育均衡发展的区域研究——基于江苏省苏州市的实践分析》，《教育发展研究》2017年第10期。
[2] 蒲蕊：《基于公平价值取向的政府义务教育服务责任》，《华中师范大学学报》（人文社会科学版）2013年第6期。
[3] 许复妮：《论培育教育公平的政府责任再造》，《长春理工大学学报》（社会科学版）2013年第7期。

教师资源、教育经费、教育建筑等要素的供给。建议黄埔区政府落实教育用地保障，优先学校建设用地指标，实行教育用地储备制度，以划拨方式提供非营利性初中教育设施项目土地使用权；落实经费保障，强化政府教育服务供给主体责任和义务，确保教育事业发展的"三个优先"和教育经费"三个增长"到位，以公平为价值取向合理配置和使用义务教育经费；落实教师保障，在教师专业发展和师资均衡配置方面提供经费支持及技术协助，给薄弱学校的校长和教师提供更多的专业发展机会；落实建设保障，新建规模住宅小区高标准配套教育设施且必须举办为公办初中学校，内生性供给足量初中学位，保障所有初中学生都能平等地享有初中教育基本公共服务的权利。需要注意的是，政府提供的基本责任仅限于保障基本权利、基本机会和基本质量标准，而超出基本范围和标准的服务应尽量交由教育市场供给，个人承担其成本。

2. 市场适度提供初中学位供给非基本公共服务

初中教育非基本公共服务是指高于初中教育基本公共服务水平和标准的初中义务教育公共服务。初中教育非基本公共服务主要是满足公众多样化的公共需求，重点面向要求享受超出初中义务教育基本公共服务标准的初中学生提供个性化和多样化的初中教育服务。[1] 我们认为，部分家长意愿支付更多的费用用以接受个性化和多样化的初中教育非基本公共服务，政府在发挥主导作用保障基本标准服务以外，可以适度引入非基本教育公共服务市场机制。当下，在我国优质初中教育公共资源相对不足的情况下，降低"制度性交易成本"，合理运用市场机制来配置初中教育资源，发挥市场机制在初中教育非基本公共服务提供的融资与生产的效率优势，有助于促进初中教育公共服务的多样化。由于初中教育非基本公共服务具有使用的排他性、消费的竞争性、效用的可分性，其产品接近私人产品属性，导致其公益性、公共性逐渐减弱，因此政府必须对市场进入初中教育非基本公

---

[1] 朱德全、李鹏、宋乃庆：《中国义务教育均衡发展报告——基于〈教育规划纲要〉第三方评估的证据》，《华东师范大学学报》（教育科学版）2017年第1期。

服务进行合理的约束、规范和监管。黄埔区内的华南师范大学附属外国语学校、黄埔中大附属外国语中学每学年的学杂费高达十二万元以上，虽然各方质疑天价学费的合理性及其背后的乱象，但部分家长个性化、多元化的教育需求仍然强烈。可见，在初中义务教育非基本公共服务供给中，市场只能有限介入。建议黄埔区政府加强教育服务监管和规范教育市场行为、确保合理盈利的同时，在不违背教育伦理底线和公共服务的基本精神的前提下提供符合初中义务教育规律与社会发展规律、满足个性化教育需求与体现公共利益性质的初中义务教育，最终促进黄埔区初中义务教育高质量发展。

义务教育公共服务供给多元化，是指在政府的主导下，吸引民营企业、个人和社会组织共同参与义务教育公共服务。政府以义务教育公共政策制定为参照，对初中学位供给数量和质量标准进行权衡，以市场机制为杠杆和以公众需求为导向，对公共部门、私人部门和社会组织的参与进行协调，多渠道与多层面完成初中学位公共服务的供给。义务教育公共服务供给的多元主体，是指政府部门、企业、私人部门、个人，以及公民社会中的非营利性组织、慈善团体、第三部门等。[①] 现实社会的情况是，如果只单纯依靠政府供给，不引入市场机制和社会参与，就会导致义务教育公共服务成本增大，效率降低，政府负担加重，无法满足义务教育多样化需求，从而不利于供给主体提升义务教育公共服务效率与质量。建议黄埔区政府通过向民办初中学校购买服务的方式解决公办初中学位供给不足的问题；以出租闲置土地、校舍等方式参与非营利性民办初中学校办学；与高等院校、科研院所合作举办公办性质的初中学校；支持和规范社会力量兴办教育，鼓励社会力量通过独资、合资、合作等形式举办初中学校；引入社会志愿机制，政府通过购买、补助、教育券、合同外包等方式，鼓励引导社会多元主体参与服务提供的积极性。

---

① 李军鹏：《政府购买公共服务的学理因由、典型模式与推进策略》，《改革》2013年第12期。

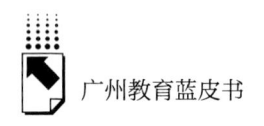

（三）财政投入支撑初中学位供给

1. 明确政府初中教育财政事权与支出责任

国务院有关财政支出责任改革指导意见明确提出，科学合理划分中央和地方财政事权和支出责任，形成中央领导、合理授权、依法规范、运转高效的财政事权和支出责任划分模式，落实基本公共服务提供责任，提高基本公共服务供给效率，促进各级政府更好履职尽责。① 广州市在义务教育初中阶段实施的是"以区为主"的管理体制，各区政府需要承担发展初中义务阶段教育的主要职责，具体落实初中义务教育阶段的整体布局、规划设计、经费统筹、发展建设等举措，而中央、省、地市政府发挥初中义务教育财政投入的方向引领、统筹、奖励和补助的作用。这看似清楚的财政责任划分实际上很模糊，区级政府具体承担怎样及多大的财政投入和支出责任并不明晰。在实际操作中，区政府所采取的具体财政投入模式与相关财政支出责任是由该区域的经济发展水平、财政税收水平、初中教育财政获取比例、行政领导对初中教育认识程度等因素综合决定的。由于初中义务教育筹资主要依靠区级政府，在区域经济发展水平和税收水平相差较大的背景下，区级初中义务教育财政支出水平会有显著的区域差异。广州市政府的有关职能部门应该着眼于初中义务教育阶段财政支持的地方性法律法规建设，对各区政府的义务教育财政支出责任给予明确指引，这样不仅能让区政府增强对初中义务教育事业的责任感与使命感，还能最大限度保障初中义务教育阶段的公共性和公益性。区级政府对初中义务教育财政投入比例应作为衡量区级政府对初中义务教育财政投入规模的重要指标，因为这不仅从政策上对区级政府进行引导、规范和评价，还在一定程度上起到约束作用。建议黄埔区要具体落实和完善区级初中义务教育经费财政投入机制，进一步提高初中义务教育事业费的所占比例，并要在土地出让收益教育资金中按照相应比例提留初中义务教

---

① 国务院：《关于推进中央与地方财政事权和支出责任划分改革的指导意见》（国发〔2016〕49号），http：//www.gov.cn/zhengce/content/2016 – 08/24/content_5101963.htm，最后检索时间：2020年3月7日。

育专项资金。从快从简确定区级政府对初中义务教育的财政投入与支出责任，以政策为导向对初中义务教育财政投入总量进行保障。

2. 优化政府初中教育财政投入结构与路径

财政投入结构是指在总量一定的情况下关于财政投入的分配状况。教育财政投入结构的优劣直接决定教育经费的使用效益。[1] 基于初中义务教育事业发展的基本格局和基本目标，初中教育财政投入结构可以分为基础性投入、激励性投入和倾斜性投入等三个部分。基础性投入重点是为保障公办初中义务教育资源的数量稳步发展和质量稳步提升；激励性投入是重在激发不同性质和类型的义务教育举办者主动为公众提供有质量的初中义务教育服务的积极性；倾向性投入是重在保障财政经费向初中义务教育事业发展薄弱环节和领域的分配以确保义务教育事业的底线均衡。[2] 然而，现实情况是，初中义务教育财政投入不足、初中师资整体建设相对薄弱，从这个层面来说，需要政府在不同地域、不同类型的初中学校之间实施合理的资源配置，不断优化初中义务教育财政投入结构。对于扶持经济欠发达区域初中义务教育发展，建议学习借鉴杭州市的相关政策，把"扶持资金"项目放在"奖励资金"之前，规定市财政进行转移支付补助，解决初中义务教育阶段教师待遇不均衡的困境。对于不同类型初中学校间公共资源的合理配置，建议参照北京市的财政投入思路和做法，破除公、民办学校财政投入二元结构惯性思维的阻碍，加大平等财政扶持力度，淡化公、民办概念，均等提供财政补贴扶持，突出初中义务教育的公共性和公益性。对于保障财政经费的倾斜分配，建议区内学校在编外合同制教师的"补助项目"中增加非在编教师工资补助。

政府对初中义务教育财政投入的主要对象是公办初中学校。据不完全统计，地方政府教育财政有九成投入到了公办学校，只有一成投给了民办学校。我们认为，在确保黄埔区现有初中阶段义务教育财政有效投入的同时，应探索多种途径以进一步优化实施教育财政投入方式。2018年3月广东省

---

[1] 陈纯槿、郅庭瑾：《教育财政投入能否有效降低教育结果不平等——基于中国教育追踪调查数据的分析》，《教育研究》2017年第7期。

[2] 杨蓉、刘婷婷：《中国教育经费配置结构分析》，《全球教育展望》2019年第6期。

财政厅、广东省教育厅印发了《广东省城乡义务教育补助经费管理办法》，规定根据在校初中学生数进行生均定额补助，生均定额补助所需经费在省财政专项经费中按分担比例安排，区级政府根据财力按分担比例相应加大投入，其中公用经费补助资金每生每年1950元、免费教科书每生每年205元、校舍改造补助资金每生每年100元。[1] 这种财政投入政策对解决初中义务教育"入学难、入学贵"问题是有明显成效的。2015年10月，广州市教育局联合发展和改革委员会、财政局、人力资源和社会保障局印发了《关于进一步加强民办义务教育分类扶持和管理的实施意见（征求意见稿）》，对广州市民办学校教师发放从教津贴，规定"从2015学年开始，支持民办学校建立教师从教津贴和年金制度，对符合条件的民办学校由政府予以经费补助。政府对符合条件的民办学校按其实有专任教师人数，以每人每月1000元的标准给予补助。对符合条件的教师发放从教津贴每月600元至1200元，以及按照不低于财政核拨经费20%的比例缴纳年金费用"。[2] 义务教育初中民办学校教师从教津贴的发放，可以让大批优秀初中民办教师安心留在民办学校从事初中教育教学工作，这对稳定初中民办教师队伍将起到举足轻重的作用，对初中义务教育整体水平的提升也具有深远的影响。当然，初中义务教育财政投入方式应该是多元的。既有针对初中学校的投入，又有考虑对单个家庭的补助；既有对初中教育设施设备的投入，又有对师资人力的直接投入；既有普遍性的补助投入，又有强化质量提升的奖励补助。只有这样，初中义务教育事业才能真正获得健康有序发展。

---

[1] 广东省财政厅、广东省教育厅：《广东省城乡义务教育补助经费管理办法》（粤财教〔2018〕23号），http：∥zwgk.gd.gov.cn/006939991/201803/t20180314_756172.html?from=singlemessage&isappinstalled=0，最后检索时间：2020年3月7日。

[2] 广州市教育局、广州市发展和改革委员会、广州市财政局、广州市人力资源和社会保障局：《关于进一步加强民办义务教育分类扶持和管理的实施意见（征求意见稿）》，http：∥www.gzedu.gov.cn/gzsjyj/tzgg/201510/6d46d872f94149ed9aaac92dd7e23286.shtml，最后检索时间：2020年3月7日。

Abstract

Based on the theoretical and practical research from a professional perspective, this book summarizes the achievements, experiences and challenges in the process of high-quality development of education at all levels in Guangzhou during 2018 – 2019 in the form of annual report. The book analyzes the current situation and existing problems of high-quality development of education at all levels in Guangzhou, and puts forward corresponding countermeasures and policy suggestions. The book is divided into general reports, chapters about high quality development of education at all levels, investigation and regional chapters. The general report analyzes the new progress and measures in the high-quality development of education in Guangzhou in 2018, and looks forward to the new situation and new challenges in the high-quality development of education in Guangzhou in 2019. Chapters about high quality development of education at all levels expounds the typical forms of high-quality development of education in Guangzhou from the perspectives of financial guarantee conditions of compulsory education, collectivization of basic education and intelligent education. In the investigation chapters, empirical research was carried out on the inter-kindergarten differences in the expenditure of kindergarten education, the allocation of educational resources in ordinary high schools, the temporary employment of teachers in public primary and secondary schools, and the 430 practical courses after school in primary and secondary schools, etc., so as to grasp the current situation, analyze the existing problems and put forward specific countermeasures and suggestions. The regional chapters present the exploration and research on promoting the high-quality development of education in various regions of Guangzhou from multiple perspectives, including the construction of a regional scientific nurturing and guidance service system for 0 – 3 year old infants, the promotion of the quality of regional universal kindergarten care and education, the construction of a regional public service system for preschool education, the cultivation of reading ability of primary school students, teaching and research innovation to promote the high-quality development of regional compulsory education, the regional promotion of high school students' development and guidance, the improvement of teaching quality of private primary and secondary schools, the exploration of education think tank and regional cooperation mode, the exploration of artificial intelligence + intelligent education, and the implementation of supply-side structural reform of junior high school degree.

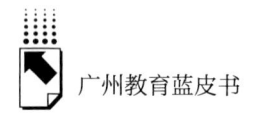

Keywords: Guangzhou Education; High Quality Development; Regional Education

Contents

Ⅰ General Report

B. 1 Analysis on the Development of High Quality Education
in 2018 and Prospects for 2019   *Zha Jide, Li Yuan* / 001
    1. Overview of Education Development in Guangzhou in 2018   / 002
    2. Innovative Mensures for Education Development in
       Guangzhou in 2018   / 004
    3. The New Situation and Challenges Facing the Education
       Development in Guangzhou in 2019   / 010
    4. Education Outlook in Guangzhou in 2019   / 013

Abstract: In 2018, Guangzhou took the structure reform of education supply side as the main line to accelerate the development of high quality education and improve the quality of education at all levels. The popularization of preschool education has been continuously promoted; the balanced development of compulsory education has continued to consolidate; the quality of ordinary high school education has improved significantly; the vocational and lifelong education system has been more perfect; and a breakthrough has been made in the construction of high level universities. In order to better meet the new strategy of the bay area of Guangdong, Hongkong and Macau, the new orientation of urban functions, the new requirements of economic and social development and the opportunities and challenges of the people for the new educational needs, Guangzhou must take the new development concept as the guidance, adhere to the innovation driven development, expand the supply of high-quality resources, deepen the reform of education mode, improve the constrution of service-oriented education system, and comprehensively enhance the level of education internationalization.

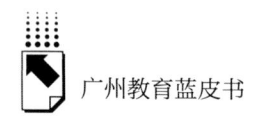

Keywords: High-quality Development; Supply-side Structural Reform; Guangzhou

II Development of High Quality Education at All Levels

B. 2 The Development Report of the Financial Guarantee Conditions for Compulsory Education in Guangzhou 2018

Zhang Haishui / 017

Abstract: This study is fcased on the comparison and analysis of Guangzhou, Beijing, Shanghai, Shenzhen, Hangzhou and other cities' financial security conditions of compulsory education. The result shows that Guangzhou promotes the development of compulsory education with high quality with relatively less financial funds. In order to promote the high- quality development of compulsory education, Guangzhou should further deepen the reform of fiscal and taxation system in the future, form a fiscal and taxation distribution structure adapted to the orientation and needs of Guangzhou's urban development, improve the mechanism and policy of social forces participating in the provision of public services, scientifically develop and appropriately adjust financial education funds, and further improve compulsory education. We should further optimize the policy atmosphere of personal education and cultural consumption, investment and donation, and promote the consumption, investment and donation of education.

Keywords: Compulsory Education; High-quality Development; Government Finance; Guangzhou

B.3 Report on the Development of Basic Education Collectivization of Guangzhou in 2019 .... *Li Keke* / 028

Abstract: In order to improve the quality of basic education and "running education to the satisfaction of the people", Guangzhou has adopted group-based schools, and the total amount of high-quality basic education resources in each district has been continuously expanded and distributed more evenly. Based on a comparative study of the advanced experiences and practices of group education in basic education groups in Beijing, Shanghai, and Hangzhou, this report analyzes the status of group education in basic education groups in Guangzhou. Governance is modernizing; structural reforms on the supply side of basic education resources are carried out to promote the radiating of high-quality educational resources from municipalities to peripheral urban areas; focusing on the symbiosis of connotations to realize the co-construction and sharing of resources; leading cultural construction and creating the group's vision of common development. Compared with Beijing, Shanghai, and Hangzhou, the group education of Guangzhou Basic Education started late, and the problems are also complicated. In addition to the common characteristics of schools, the dilution of high-quality school resources, and the relationship between government and schools, Guangzhou basic education group education still has a new education governance structure between the government and various education groups that has not yet formed, lacks in-depth communication and coordination; teacher mobility and training mechanisms have not been perfected; insufficient application of information technology for basic education group education; basic education groups problems such as the lack of a corresponding assessment mechanism for the effectiveness of running schools. Put forward the work ideas for future group education in Guangzhou: improve the management system of group education in education and standardize the governance structure; focus on connotative development and promote the co-construction and sharing of high-quality education resources in the group; strengthen the construction of the internal information platform of the group and improve the distribution of education and teaching resources Balanced status question; Multipronged measures to promote the flexible flow of key teachers within the group; Multiparty leveraging to broaden channels for group-based education; increase funding; improve incentives; improve supervision and evaluation mechanisms.

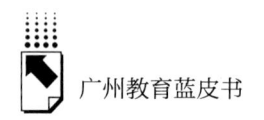

Keywords: Basic Education; Group-running Schools; Guaugzhou

B.4 Report on Guangzhou Smart Education Development in 2019

Li Zanjian, Jian Minger / 047

Abstract: In recent years, Guangzhou has adopted the principles of overall planning, innovative application, pilot advancement, and demonstration and leadership to comprehensively promote intelligent education and practice the concept of promoting education modernization with education informatization. This article selects five typical practices of smart education reform in Guangzhou for case analysis. Guangzhou smart education leads development with top-level design, develops supporting environmental construction, and initially builds a co-construction and sharing system of high-quality digital educational resources. Promote the reform and advancement path promoted by the radiation of construction and application. Combining the characteristics of Guangzhou, it is proposed to combine the national "Guangdong-Hong Kong-Macao Greater Bay Area" strategy and 5G technology development strategy to promote the high-quality and balanced development of Guangzhou's smart education.

Keywords: Smart Education; Smart Campus; Educational Governance; Artificial Intelligence; 5G Technology

Ⅲ Surveys

B.5 A Research Report on Inter-kindergarten Differences in Education Expenditure of Kindergartens in 2018

Liu Xia / 064

Abstract: The equilibrium of the actual expenditure of educational funds is not only an important indicator to reflect the fairness of education, but also related to the overall balanced development of preschool education. Based on the empirical data of educational funds expenditure of 121 kindergartens, it is found that the per-student expense is quite different and relatively low in most kindergartens, while it is significantly different in different types of kindergartens. The per-student public fund is quite different and relatively low in most kindergartens, while it isn't significantly different in different types of kindergartens. The per capita expenditure for staff is quite different and relatively low in most kindergartens, while it is significantly different in different types of kindergartens. The proportions of public funds and special infrastructure expenditure are both significantly different in different types of kindergartens, while the proportion of personnel funds isn't significantly different. Based on inter-kindergarten differences in educational funds expenditure, we must strive to build the preschool education fund investment mechanism that multiple subjects share reasonably, formulate and strictly implement the basic standards of per-student fund, pay attention to rationality of the education expenditure structure in different types of kindergartens.

Keywords: Preschool Education; Funds for Preschool Education; Educational Funds Expenditure; Inter-kindergarten Differences

B.6 Research on the Allocation of Education Resources in
High Schools in Guangzhou from 2016 to 2018 *Du Xinxiu* / 089

Abstract: This study selected 10 indicators from three kinds of educational resources to investigate the allocation of educational resources in public high schools in different areas and levels of schools in Guangzhou. The results show that there are significant differences in human resources, material resources and financial resources among regions. There are significant differences in human resources and public expenditure per student among schools at different levels. Factors that affect ordinary high school education resources allocation differences mainly Efficiency-First target, the decision-making of management system and program configuration mode. It is recommended that the policies should be based on the goal of fair priority resource allocation, the city-level management should be strengthened and differentiated allocation of resources should be implemented to promote the diversified of development general high school.

Keywords: General High Schools; Education Resource Allocation; Fair Allocation; Diversified Development

B.7 A Study on the Temporary Teachers in Primary and
Middle School in Guangzhou *Yang Jing* / 112

Abstract: Affected by the austerity policy and the drastic change of the school-age population, temporary teachers have become an important part of the teaching staff of public primary and secondary schools in megacities. Temporary employment of teachers can alleviate the shortage of teachers, but it is easy to cause contract disputes and withdrawal problems. If large-scale promotion, local finance is difficult to support. Therefore, the management of temporary teachers should be strengthened and the quality of temporary teachers should be improved as a whole. Establish a salary protection mechanism for temporary teachers; Invigorate the enterprise establishment stock, establish the provincial level overall plan, the teacher establishment management mechanism of special organization; To establish a dynamic verification mechanism of teacher staffing based on the school-age population with residence permit to fundamentally solve the contradiction between supply and demand of primary and secondary school teachers.

Keywords: Temporary Teachers; the Contradiction between Supply and Demand; Personnel Allocation; Treatment Guarantee; Guangzhou

B.8 A Study on the 430 Practical Curriculum After Class Within School in Guangzhou Primary and Secondary Schools in 2019

Zheng Jiayu / 133

Abstract: Based on series of surveys and seminars about the 430 practical curriculum after class within school in Guangzhou primary and secondary schools, also drawing on the relevant experiences of both at home and abroad, some strategies and suggestions have been put forward. In the meanwhile, the purposes of the study are as follows: a curriculum system after class within school with Guangzhou characteristics will be constructed, the 430 practical curriculum after class within school with Guangzhou pattern will be formed, and a service work after class within school will be normalized.

Keywords: Primary and Secondary Schools; Practical Curriculum; Service After Class; Guangzhou

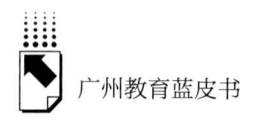

IV Regional Articles

B.9 A Practical Research Report on the Construction of 0 −3 Infants and Toddlers Appropriate Parenting Guidance and Service System in the District
—Taking Tianhe District of Guangzhou as an Example
Tian Meiping, Guan Ruishan / 146

Abstract: In the hope of promoting young children's wellness, it is important to establish a 0 −3 infants and toddlers appropriate parenting guidance and service system. Aiming to establish infants and toddlers parenting guidance and service system and improve the quality of early childhood education public service of the whole district, Tianhe provides on-site service to parents and other caregivers with online interaction as a supplement. Tianhe has basically formed the structure of the parenting guidance and service system consisted of the arrangement of government, guidance from early childhood educators, and the whole society participation. In order to improve the service system, it is recommended to further expand the scope of scientific guidance for 0 −3 −year −old infants and toddlers, improve the guidance system, conduct 0 −3 −year −old teacher training, and support the development in early childhood education in rural areas and migrant workers areas.

Keywords: Infants and Toddlers; Appropriate Parenting; Tianhe District of Guangzhou

B.10 Study on Countermeasures to Improve the Quality of Child Care and Education in Kindergartens in Liwan District from 2015 to 2018
Zhou Wei / 159

Abstract: Research about kindergarten education quality evaluation is an important measure to improve the quality of kindergarten education. Based on the analysis and research on the data related to the evaluation of the quality of care and education in 42 inclusive kindergartens in Liwan district, guangzhou from 2015 to 2018, it is found that there are many problems in inclusive kindergartens, such as improper use or inadequate provision of hardware facilities, weak construction awareness of kindergarten-based curriculum, narrow space for teachers' professional development, and insufficient comprehensive development of children. In order to effectively improve the quality of kindergarten care and education in the region, it is suggested to continue to strengthen the policy support for the quality improvement and evaluation of kindergarten care and education in the region, to promote the curriculum reengineering and cultural improvement of kindergarten care and education in the region with the help of a team of national experts, and to deepen regional research and cultivation and build regional teaching and research culture.

Keywords: Inclusive Kindergartens; the Quality of Education; Education Evalution; Liwan district of Guangzhou

B. 11 Practical Research on Constructing Regional Preschool Education Public Service System

Li Jia, Zeng Weijie and Jiang Yijing / 177

Abstract: In the current and long-term period, the development of inclusive preschool education is the core and future direction of preschool education development in China. As a national reform pilot zone of preschool education, Panyu District of Guangzhou City which based on local conditions, explored the model of regional inclusive preschool education public service system. This study analyzes the effectiveness, measures and experience of the inclusive preschool education public service system in Panyu District.

Keywords: Universal; Preschool Education; Public Service System; Pan Yu District

B.12 A Practical Research Report on the Cultivation of Reading Ability of Primary School Students in Haizhu District, Guangzhou in 2018 *Chen Haiyan, Xie Liwen and Lin Yuying* / 203

Abstract: The survey shows that the reading ability of primary school students needs to be improved. This study proposed reading force "three dimensions five levels" model, think the power of reading refers to readers in the reading activities of accumulation of reading, reading ability and reading three aspects of the comprehensive level of affection, reading ability is the core of reading forces, including "extracting information" "interpretation and integration", "analysis and inference" "reflection and evaluation" "to" "ability to apply" five levels. Regional improvement of pupils' reading ability should be based on the main position of the classroom, strengthen the goal consciousness of reading strategy learning, optimize reading teaching in and out of class, and promote the reform of Chinese reading teaching. Build the reading resource database of "lunch story house", realize the network of extracurricular reading courses that extend each other in and out of class and link family and school, and promote "whole students" reading. With the help of "smart growth reading platform", we will promote "general subject" reading through subject reading and interdisciplinary project learning.

Keywords: Reading Ability; Reading Ability; Reading Strategy

B.13 Promoting High-quality Development of Regional Compulsory Education Through Teaching and Research Innovation: Experiences and Prospects *Wu Xingping* / 221

Abstract: The paper discusses, with respect to current policy environment and social needs in China, four aspects of teaching and research innovation to achieve high-quality development of regional compulsory education. These innovative practices include conducting field research guided by practical problems and educational research aiming at improving the quality of teaching and research, and enhancing school teachers' professional growth through the teaching and research curricularisation and teaching innovation supported by ICT, namely 'smart teaching and research'. The following measures are suggested for further development: to address the problem of uneven teacher development among schools by strengthening classroom teaching and research, and to meet the needs for improving beginner teachers' educational and teaching ability by increasing training investment, deepening the integration of teaching and research into school district management through research in the primary and secondary schooling transition, and breaking away from assessment only for the goals of examination scores set by higher authorities by promoting smart education in the region.

Keywords: Teaching and Research Innovation; Compulsory Education; High-quality Development

B.14 A Practical Research Report on Regional Development Guidance for Senior High School Students

Li Yaowei, Li Jincheng / 234

Abstract: This project to xiao-yi fang "5L & 5S high level development guidance model" theory as the core, the combination of Panyu district regional culture and various experimental school school characteristic experiment, put forward the five step instruction model in three dimensions: the bureau of education, scientific research institution (university), school three institutional division of labor cooperation, including the students needs assessment scheme, schools, school plan formulation, the school work evaluation work and school improvement five steps. This paper puts forward the Panyu model which includes six strategies including management mechanism, expert guidance, school connotation, individual scheme, resource platform and guarantee mechanism.

Keywords: Panyu District; High School Students; Development Guidance

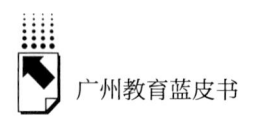

B. 15　A Research Report on the Improvement of Teaching Quality in Huadu District Private Primary and Secondary Schools in Guangzhou　　　　　　　　　　*Luo Yanhong* / 251

Abstract: This article through the analysis of the area of Huadu district private primary and secondary school teaching quality present situation and predicament, aimed at the status and difficulties area, preparing test # homework as class improved three main aspects, proposed and practice guidance of casing type integral training follow up type check with duty type support and so on four paths as the solution, gradually improve the teaching quality of non-governmental schools, thus promote flower higher levels of overall teaching quality of the whole area.

Keywords: Huadu District Private Primary and Secondary School; Teaching Quality; Regional Path

B. 16　Research Report on Educational Think Tank and Regional Cooperation Mode
——*Take Liwan Education Institute District Cooperation as an Example*
　　　　　　　　　　　　　　　　　　　　　　Xu Qigui / 266

Abstract: Liwan district cooperates with National Institute of Education Sciences to build a comprehensive education reform experimental area, which mainly adopts the "4 + 1" mode, namely "four promotion and one coordination". It mainly includes: promoting regional education modernization and reform and innovation, promoting curriculum and teaching reform, promoting the construction of diversified and high-quality school characteristics, promoting the construction of teachers' team and promoting home school collaborative education. The main measures of cooperation are: to guide the direction of education reform with a high degree of experts; to plan the high-level development of education with project construction; to promote the improvement of education quality with curriculum teaching reform; to undertake high-level activities to polish the education brand; to strengthen the construction of teachers with professional improvement; to explore the innovation of education system with cooperative learning; to promote a good education ecology with home school cooperation and integration. In the future, under the guidance of high-end educational think tanks, Liwan District will carry out the second round of hospital district cooperation, make breakthroughs in the innovation of educational system and mechanism, improve the construction of characteristic quality, stimulate the vitality of teachers and expand the ecological moral education.

Keywords: Education Think Tank; Liwan District; National Institute of Education Sciences

B.17 Report on the Development of Artificial Smart +

Smart Education in Nansha District in 2019

Yang Ziying, Wu Weichao and Tang Pu / 279

Abstract: The ultimate goal of smart education is to cultivate smart talents. It is driven and supported by the new generation of information technology, such as artificial smart, Internet of things, cloud computing, big data, etc. To create an smart education environment, and to integrate the most advanced education theory, system theory and high-tech as the path to build a new education system including smart teaching and interactive learning and smart a rapid and comprehensive education analysis system, which provides teachers and students with accurate education services and realizes the customization of daily education and life-long education, is the advanced stage and future direction of the development of e-learning. In recent years, Nansha District has carried out the practice and exploration of artificial smart + smart education, with deepening application as the core, and gradually built an artificial smart + education information system with Nansha characteristics. In the future, Nansha District should promote the optimization and improvement of various environments for smart education, promote the in-depth development of smart management and evaluation, and further promote the deep integration and innovation of education and teaching.

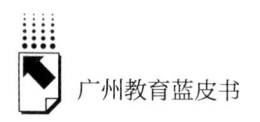

Keywords: Smart Education; Artificial Smart; Smart Classroom

B.18 A Study on the Structural Reform of the Supply-side of the Junior High School in Huangpu District from 2015 to 2018 *Xu Xun, Zhou Nanxuan and Jiao Feifei* / 295

Abstract: The investigation and analysis on the supply side of junior middle school seats in Huangpu District show that the total supply of junior middle school seats in Huangpu District still needs to be increased, the quality of supply still needs to be improved, the supply structure still needs to be optimized, and the supply mechanism still needs to be promoted. In the future, the structural reform of junior middle school seats supply in Huangpu District should ensure the total supply of junior middle school seats with scientific planning, construct the junior middle school seats supply system with many measures at the same time, and strengthen the support of junior middle school seats supply with financial investment, so as to promote the high quality and sustainable development of compulsory education in Huangpu District.

Keywords: Compulsory Education; Junior High School Degree; Supply Side Structural Reform

社会科学文献出版社

皮 书

智库报告的主要形式
同一主题智库报告的聚合

❖ 皮书定义 ❖

皮书是对中国与世界发展状况和热点问题进行年度监测，以专业的角度、专家的视野和实证研究方法，针对某一领域或区域现状与发展态势展开分析和预测，具备前沿性、原创性、实证性、连续性、时效性等特点的公开出版物，由一系列权威研究报告组成。

❖ 皮书作者 ❖

皮书系列报告作者以国内外一流研究机构、知名高校等重点智库的研究人员为主，多为相关领域一流专家学者，他们的观点代表了当下学界对中国与世界的现实和未来最高水平的解读与分析。截至2020年，皮书研创机构有近千家，报告作者累计超过7万人。

❖ 皮书荣誉 ❖

皮书系列已成为社会科学文献出版社的著名图书品牌和中国社会科学院的知名学术品牌。2016年皮书系列正式列入"十三五"国家重点出版规划项目；2013~2020年，重点皮书列入中国社会科学院承担的国家哲学社会科学创新工程项目。

中国皮书网

（网址：www.pishu.cn）

发布皮书研创资讯，传播皮书精彩内容
引领皮书出版潮流，打造皮书服务平台

栏目设置

◆ 关于皮书
何谓皮书、皮书分类、皮书大事记、
皮书荣誉、皮书出版第一人、皮书编辑部

◆ 最新资讯
通知公告、新闻动态、媒体聚焦、
网站专题、视频直播、下载专区

◆ 皮书研创
皮书规范、皮书选题、皮书出版、
皮书研究、研创团队

◆ 皮书评奖评价
指标体系、皮书评价、皮书评奖

◆ 互动专区
皮书说、社科数托邦、皮书微博、留言板

所获荣誉

◆ 2008年、2011年、2014年，中国皮书网均在全国新闻出版业网站荣誉评选中获得"最具商业价值网站"称号；

◆ 2012年，获得"出版业网站百强"称号。

网库合一

2014年，中国皮书网与皮书数据库端口合一，实现资源共享。

权威报告·一手数据·特色资源

皮书数据库
ANNUAL REPORT(YEARBOOK) DATABASE

分析解读当下中国发展变迁的高端智库平台

所获荣誉

- 2019年，入围国家新闻出版署数字出版精品遴选推荐计划项目
- 2016年，入选"'十三五'国家重点电子出版物出版规划骨干工程"
- 2015年，荣获"搜索中国正能量 点赞2015" "创新中国科技创新奖"
- 2013年，荣获"中国出版政府奖·网络出版物奖"提名奖
- 连续多年荣获中国数字出版博览会"数字出版·优秀品牌"奖

成为会员

通过网址www.pishu.com.cn访问皮书数据库网站或下载皮书数据库APP，进行手机号码验证或邮箱验证即可成为皮书数据库会员。

会员福利

- 已注册用户购书后可免费获赠100元皮书数据库充值卡。刮开充值卡涂层获取充值密码，登录并进入"会员中心"—"在线充值"—"充值卡充值"，充值成功即可购买和查看数据库内容。
- 会员福利最终解释权归社会科学文献出版社所有。

数据库服务热线：400-008-6695
数据库服务QQ：2475522410
数据库服务邮箱：database@ssap.cn
图书销售热线：010-59367070/7028
图书服务QQ：1265056568
图书服务邮箱：duzhe@ssap.cn

卡号：767486361376

基本子库
SUB DATABASE

中国社会发展数据库（下设12个子库）

整合国内外中国社会发展研究成果，汇聚独家统计数据、深度分析报告，涉及社会、人口、政治、教育、法律等12个领域，为了解中国社会发展动态、跟踪社会核心热点、分析社会发展趋势提供一站式资源搜索和数据服务。

中国经济发展数据库（下设12个子库）

围绕国内外中国经济发展主题研究报告、学术资讯、基础数据等资料构建，内容涵盖宏观经济、农业经济、工业经济、产业经济等12个重点经济领域，为实时掌控经济运行态势、把握经济发展规律、洞察经济形势、进行经济决策提供参考和依据。

中国行业发展数据库（下设17个子库）

以中国国民经济行业分类为依据，覆盖金融业、旅游、医疗卫生、交通运输、能源矿产等100多个行业，跟踪分析国民经济相关行业市场运行状况和政策导向，汇集行业发展前沿资讯，为投资、从业及各种经济决策提供理论基础和实践指导。

中国区域发展数据库（下设6个子库）

对中国特定区域内的经济、社会、文化等领域现状与发展情况进行深度分析和预测，研究层级至县及县以下行政区，涉及地区、区域经济体、城市、农村等不同维度，为地方经济社会宏观态势研究、发展经验研究、案例分析提供数据服务。

中国文化传媒数据库（下设18个子库）

汇聚文化传媒领域专家观点、热点资讯，梳理国内外中国文化发展相关学术研究成果、一手统计数据，涵盖文化产业、新闻传播、电影娱乐、文学艺术、群众文化等18个重点研究领域。为文化传媒研究提供相关数据、研究报告和综合分析服务。

世界经济与国际关系数据库（下设6个子库）

立足"皮书系列"世界经济、国际关系相关学术资源，整合世界经济、国际政治、世界文化与科技、全球性问题、国际组织与国际法、区域研究6大领域研究成果，为世界经济与国际关系研究提供全方位数据分析，为决策和形势研判提供参考。

法律声明

"皮书系列"(含蓝皮书、绿皮书、黄皮书)之品牌由社会科学文献出版社最早使用并持续至今,现已被中国图书市场所熟知。"皮书系列"的相关商标已在中华人民共和国国家工商行政管理总局商标局注册,如LOGO( )、皮书、Pishu、经济蓝皮书、社会蓝皮书等。"皮书系列"图书的注册商标专用权及封面设计、版式设计的著作权均为社会科学文献出版社所有。未经社会科学文献出版社书面授权许可,任何使用与"皮书系列"图书注册商标、封面设计、版式设计相同或者近似的文字、图形或其组合的行为均系侵权行为。

经作者授权,本书的专有出版权及信息网络传播权等为社会科学文献出版社享有。未经社会科学文献出版社书面授权许可,任何就本书内容的复制、发行或以数字形式进行网络传播的行为均系侵权行为。

社会科学文献出版社将通过法律途径追究上述侵权行为的法律责任,维护自身合法权益。

欢迎社会各界人士对侵犯社会科学文献出版社上述权利的侵权行为进行举报。电话:010-59367121,电子邮箱:fawubu@ssap.cn。

社会科学文献出版社